融合型·新形态教材

复旦学前云平台 www.fudanyun.cn

U0731058

普通高等学校学前教育专业系列教材

学前教育
数字化教育技术应用

谢忠新　主编

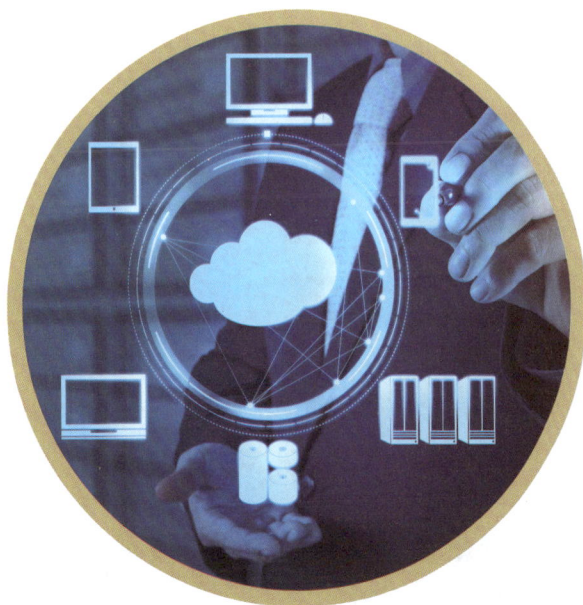

复旦大学出版社

復旦社云平台
fudanyun.cn

复旦社云平台
数字化教学支持说明

为提高教学服务水平，促进课程立体化建设，复旦大学出版社建设了"复旦社云平台"，为师生提供丰富的课程配套资源，可通过"电脑端"和"手机端"查看、获取。

【电脑端】

电脑端资源包括PPT课件、电子教案、习题答案、课程大纲、音频、视频等内容。可登录"复旦社云平台"（fudanyun.cn）浏览、下载。

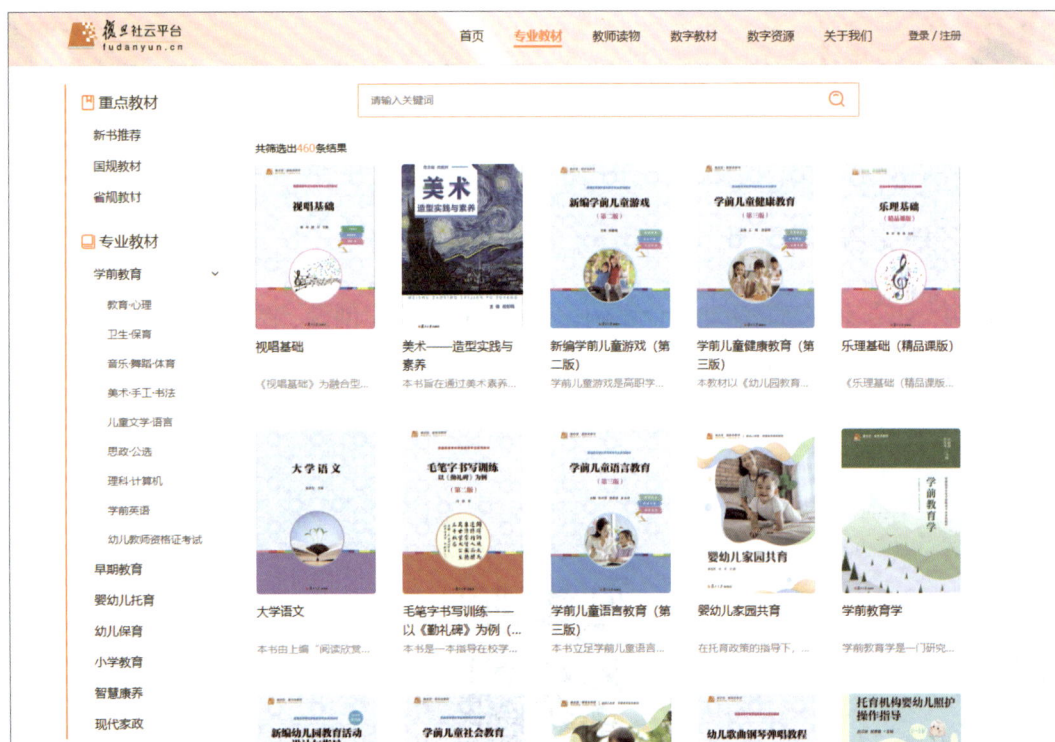

Step 1 登录网站"复旦社云平台"（fudanyun.cn），点击右上角"登录／注册"，使用手机号注册。

Step 2 在"搜索"栏输入相关书名，找到该书，点击进入。

Step 3 点击【配套资料】中的"下载"（首次使用需输入教师信息），即可下载。音频、视频内容可点击【数字资源】，搜索书名进行浏览。

PPT 课件、音视频、阅读材料：用微信扫描书中二维码即可浏览。

扫码浏览

更多资源，如专家文章、活动设计案例、绘本阅读、环境创设、图书信息等，可关注"幼师宝"微信公众号，搜索、查阅。

平台技术支持热线：029-68518879。

"幼师宝"微信公众号

目　　录

前　言

党的二十大报告指出："推进教育数字化,建设全民终身学习的学习型社会、学习型大国。"教育数字化是数字技术与社会进步共同推动的必然趋势,是我国开辟教育发展新赛道和塑造教育发展新优势的重要突破口。学前教育数字化是教育数字化的重要组成部分,大力开展数字技术在学前领域的融合应用,推进学前教育数字化是推进学前教育现代化的战略选择。

幼儿园教师是推动数字技术在学前教育领域融合应用的核心力量,数字时代的学前教育需要理解数字时代的特点,直面数字技术对幼儿生活、思维和发展的现实影响。这对幼儿园教师的数字基础能力提出了更高要求,提升幼儿园教师数字素养是当前学前教育的一项重要任务。2023 年 2 月,教育部发布《教师数字素养》行业标准,为教育数字化背景下培育、提升教师数字素养提供了理论指导与方向指引。2023 年 4 月,世界经济合作与发展组织(OECD)发布《强势开端Ⅶ:在数字时代为儿童赋权》报告,报告首次发布了幼儿园教师数字能力框架,为各成员国发展幼儿园教师数字能力提供了统一的指导标准。2025 年 2 月,教育部颁布《学前教育专业教学标准(高等职业教育专科)》,首次将"数字化教育技术应用"列为专业基础课程。

提升幼儿园教师数字素养是一项系统工程,需要多方合力支撑。对高等院校而言,需开设相关的课程。因此,高等院校已开始将"具备良好的数字素养"纳入学前教育专业培养目标,并根据国家专业教学标准的规定开设专业基础课程"数字化教育技术应用"。

我们精心编写的这本《学前教育数字化教育技术应用》,旨在为学前教育专业的学生提供一本系统、实用的教材,帮助他们深入了解数字技术在学前教育中的应用,掌握相关知识与技能,培养适应新时代教育需求的专业素养。在编写过程中,我们注重内容的实用性和前瞻性,紧密结合学前教育的实际需求,力求使教材内容既符合当前教育技术的发展趋势,又能满足学前教育专业学生的教学需求。

本教材具有以下几个方面的特色。

1. 内容全面,覆盖学前教育数字技术的全链条

教材内容不仅涵盖了数字技术对学前教育的影响(模块一),还详细介绍了数字化教学设备的使用(模块二)、数字化教育资源的获取与应用(模块三)、多媒体课件与数字微课的设计开发(模块四和模块五),以及数字化环境下幼儿教育活动的设计与实施(模块六)。这种从理论到实践的全链条覆盖,确保学生能够系统地掌握学前教育数字化的各个方面。

教材特别关注数字技术支持下的幼儿数据采集、处理与分析(模块七)以及家园共育(模块八)。例如,通过利用 WPS AI 制作幼儿体检报告、利用 SPSS 开展幼儿阅读能力影响因素分析等实践活动,让学生学会运用数字技术进行幼儿数据的处理与分析,为教育教学提供科学依据;并通过数字技术支持下的家园共育情况调查、利用 H5 页面制作家园共育主题班会海报等项目,帮助学生掌握如何利用数字技术加强家园沟通与合作。这在同类教材中较为少见,体现了教材对学前教育实际需求的深度把握。

2. 注重实践能力的培养,项目驱动式教学

主题实践活动贯穿全书,每个模块都设计了具体的主题实践活动,如利用一体机及白板创设数字化互动学习环境(模块二)、幼儿园牙齿健康教育活动海报设计与制作(模块三)、利用 AI 制作"幼儿七步洗手法"演示型多媒体课件(模块四)、"小球的旅行"微课设计与开发(模块五)等。这些实践活动紧密结合实际教学场景,帮助学生将理论知识转化为实际操作能力。教材中的任务导向明确,每个实践活动都明确了情境与任务、活动分析、方法与步骤,这种结构化的设计能够帮助学生快速理解任务目标,掌握操作流程,提高学习

效率。

3. 紧跟技术前沿，突出 AIGC 等新技术的应用

教材在多个模块中引入了 AIGC（人工智能生成内容）技术，如 AIGC 助力数字化教育资源生成与应用（模块三）、AI 辅助制作多媒体课件（模块四）、AIGC 辅助开发数字微课（模块五）等。这不仅体现了教材的前沿性，也帮助学生掌握最新技术在幼儿园教育中的应用，提升他们的技术敏感度和创新能力，使教材内容更具时代感和实用性。

4. 强调家园共育，助力学前教育的生态化发展

教材专门设置了"数字技术支持下的家园共育"模块（模块八），涵盖了家园共育情况调查、利用 H5 页面制作家园共育海报、利用互动平台开展家园共育等内容。这体现了教材对学前教育生态化发展的重视，强调教师不仅要关注幼儿在园内的学习，还要通过数字化手段加强与家长的沟通与合作，共同促进幼儿的全面发展。教材关注数据驱动的家园共育，通过幼儿数据采集、处理与分析（模块七）为家园共育提供科学依据，帮助教师和家长更好地了解幼儿的发展需求，制定个性化的教育方案。

5. 结构清晰，易于教学与学习

教材采用模块化结构，每个模块围绕一个核心主题展开，内容独立且相互关联。这种结构既方便教师根据教学进度灵活安排教学内容，也便于学生系统学习和复习。每个模块都分为"知识与技能学习"和"主题实践活动"两部分，前者为实践提供理论支持，后者则帮助学生巩固知识、提升技能，这种设计层次分明、逻辑清晰。

6. 实用性强，贴合院校学生的需求

教材内容紧密结合学前教育专业的教学目标，注重培养学生的实际操作能力和职业素养。通过大量的实践活动和项目案例，帮助学生快速掌握数字化教育技术在学前教育中的应用，为未来的职业发展打下坚实基础。教材内容的设置充分考虑幼儿教育行业对数字技术的需求，帮助学生掌握未来就业中所需的关键技能，如多媒体课件制作、微课开发、家园共育等，具有很强的职业导向性。

本教材由谢忠新负责全书的策划与设计，参加编写的人员主要包括李晓晓、曹杨璐、李盈、刘冠群、王荣、褚金岭、王浩等老师。其中，模块一由李晓晓、刘冠群、王荣、王浩编写；模块二由李晓晓编写；模块三由李盈编写；模块四由王荣编写；模块五由曹杨璐、李盈编写；模块六由褚金岭编写；模块七由刘冠群编写；模块八由曹杨璐编写。谢忠新、李晓晓对本教材作了全面的统稿。书中参考、引用了一些专家与学者的著作、论文，对此表示衷心的感谢！

本教材配有教学资源，如素材、课件、微课等，请至复旦社云平台 www.fudanyun.cn 下载（搜索书名"学前教育数字化教育技术应用"）。

最后，我们衷心感谢所有为本书编写提供支持和帮助的专家、学者以及一线幼儿教师。由于时间和水平有限，书中难免存在不足之处，恳请广大读者批评指正，以便我们在今后的修订中不断完善。

编　者
2025 年 1 月

模块一 数字技术与学前教育

大数据、人工智能等新一代信息技术的飞速发展,推动着社会生活迈向数智时代,教育也面临着以数字化、智能化、智慧化为特征的转型趋势。党的二十大报告明确提出"推进教育数字化"要求,落实教育数字化战略行动部署。教育数字化转型已经成为数智时代教育改革的重要趋势。我们亟需把握技术给教育发展带来的机遇,进一步领会数字技术的内涵,深入分析数智赋能教育变革的可及前景,推动教育高质量发展。

一、数字技术的发展及其对教育的影响

随着数智时代的来临,大数据、人工智能以及生成式人工智能等数字技术正推动社会各领域变革,教育亦不例外。数字技术对现有教育体系和运转方式产生巨大的影响,驱动教育走向革命性重塑,为教育数字化转型带来了诸多机遇。

(一)数字技术的认识

在当今这个飞速发展的时代,"数字技术"一词频繁地出现在我们的生活和工作中,它正在以前所未有的速度改变着我们的世界。但数字技术究竟是什么意思呢? 简单来说,数字技术是指借助一定的设备将各种信息,包括图、文、声、像等,转化为电子计算机能识别的二进制数字"0"和"1"后进行运算、加工、存储、传送、传播、还原的技术。数字技术的核心在于数字化,即将现实世界中的事物和现象以数字形式表示和处理。

人工智能是数字技术的前沿领域。那么,什么是人工智能呢? 人工智能(Artificial Intelligence),是一门旨在模拟、延伸和扩展人类智能的科学。它通过计算机程序来模拟人类的思维过程和行为方式,让机器具备感知、学习、推理、决策等能力。人工智能的核心在于机器学习算法,这使得机器能够从数据中自动学习模式和规律,无需针对特定任务进行明确的编程。

生成式人工智能是人工智能领域的重要分支,是一种基于算法和模型生成文本、图片、声音、视频、代码等内容的技术。不同于传统人工智能的分析功能,生成式人工智能能学习并生成具有逻辑的新内容。AIGC 是生成式人工智能领域的重要概念。AIGC,全称为人工智能生成内容(Artificial Intelligence Generated Content),是一种利用人工智能技术自动生成内容的生产方式。它能够基于机器学习模型,通过对大量数据的学习和分析,生成文本、图像、音频、视频等多种形式的内容。AIGC 的关键特征在于其强大的内容创作能力,它打破了传统内容创作依赖人力的模式,极大地提高了创作效率。

从早期简单的计算机辅助教学(CAI),到泛在的"互联网+教育",再到"人工智能+教育"以及如今的生成式人工智能赋能教育,技术的不断发展为教育注入了新的活力,推动着教育的深度创新与全方位变革。

教育领域的数字技术主要是指利用大数据、人工智能等技术来改进和优化教育过程的技术手段。数字技术为打造技术融合的教育场景,实现高效教学与个性化学习,提高教育管理效能、优化教学资源供给等提供了支撑,通过信息技术与教育教学的深度融合,引领教育领域向全新的教育模式和教育观念转变。

(二)数字技术对教育的影响

随着大数据、人工智能技术等数字技术的飞速发展,其在教育领域的应用越来越广泛,已经应用于教、学、管、评等各个教育场景中,以人机协同的方式赋能学生、教师、管理者等多类教育主体。

1. 大数据与人工智能对教育的影响

（1）以智助教，提升教学水平和效率

对教师而言，以智助教主要体现在两个方面：一是提供教学支持，减少教师重复性工作。通过技术手段帮助教师收集学生的学习数据，如将作业拍照扫描进行自动批改、归类，个性化的数据采集可以免去教师大量复杂而繁琐的整理和统计工作，有效减轻教师负担。二是提供教学反馈，促进教学水平提升。利用人工智能技术采集教学影像，通过深度学习网络对教师的提问技巧、教学策略运用、教姿等进行识别，分析学生的课堂行为和情感，帮助教师客观、准确地反观课堂中的教师行为和学生行为，从而帮助教师更好地改进自己的教学，促进教学水平提升。

（2）以智助学，推动个性化学习

对学生而言，以智助学主要体现在促进学生的个性化发展。利用大数据和人工智能技术对学生的学习进度、习惯、测试结果进行跟踪分析，帮助其找到知识薄弱点，为每个学生量身定制学习方案，满足其个性化的学习需求。基于量化数据集构建精准预警分析模型，预测学生后续一段时间内的学习状态，提供有针对性的教学干预措施，提高学生学习效果。

（3）以智助评，实现评价个性化多元化

评价不再是静态、一次性的，而是实时、持续的评价，教师可及时了解学生的学习状况，并据此做出教学调整。基于深度学习模型分析洞察学生独特的学习模式，提供更加具体和精细的评价结果。此外，数字技术的引入，使得评价的维度不再局限于知识掌握，而是涵盖了情感、行为和认知等多个维度，拓宽了教育评价的深度和广度，从而为学生提供更加全面有效的学习反馈。

（4）以智助管，促进管理智能化高效化

对管理者而言，通过教育大数据的深度挖掘与分析，能够优化资源分配、实现精细化管理，并通过智能监控系统提升校园安全。通过融合多模态的丰富数据源，实时分析，为学生在校的学习与生活提供更优质化、精准化、个性化的支持服务，提升对学生需求的响应速度和质量。

2. 生成式人工智能对教育的影响

随着自然语言处理、机器学习、大数据等技术的发展和迭代，生成式人工智能应运而生[①]。2022 年 ChatGPT 横空出世，作为生成式人工智能技术的现象级应用，以其强大的行业赋能作用迅速成为全球关注的焦点。在教育领域，生成式人工智能作为一种革命性技术，正推动和催生着新一轮教育理念与实践的深度革新。

（1）迈向人机协同新阶段

从教学业务流程的视角，生成式人工智能促进了常规教学业务自动化。教师可利用生成式人工智能辅助设计教学设计、作业题目、教学课件等教学资源，减轻教师的备课负担。从教学模式创新视角，生成式人工智能使得教学模式从"师—生"二元结构转变为人机协同的"师—机—生"三元结构。教师不再是知识的唯一来源，而是与机器共同参与学生的学习过程。教师充当引导者和指导者的角色，对学生进行指导、情感沟通以及价值导向等，而学生则成为学习的主体，通过与机器互动来获取知识和解决问题。

（2）重构对话学习新方式

孔子的杏坛讲学与苏格拉底的产婆术均将对话视为一种重要的学习方式和教育手段。生成式人工智能的自然语言理解和表达能力以及大模型庞大的知识库，支持学生通过实时对话的方式进行自主学习，推动对话学习向智能化方向发展。生成式人工智能能够基于深度学习算法对学生的提问进行理解，并迅速做出针对性回答；同时，能根据学生知识水平和反应适时调整对话内容的难易和深度，提供私人导师般的个性化指导，使学生获得定制化的学习体验；基于生成式人工智能连续对话能力在多个话题中建立上下逻辑关系，助力跨领域的复杂对话和深度讨论，从而促进学生知识视野的拓宽和系统性思维的培养。

（3）开辟资源生成新纪元

生成式人工智能的发展推动教育资源迈入 AI 生成内容新纪元：一是实现教学资源从人工创造向智能

---

① 焦建利，黄星云.ChatGPT 与 Sora 如何革新学习、课程与教学[J].国家教育行政学院学报，2024，(04)：60—68.

生成的转变。生成式人工智能可基于海量教育数据,根据教学场景需求,自动生成多模态教学资源。二是从面向所有学生的供给向个性化学习资源供给转变,针对每个学生的个性化学习诉求,智能生成定制化教学资源,实现以学生需求为导向的教学资源生产模式。三是实现多来源多渠道的资源整合。依据预设标准融合不同来源的教育资源,实现智能化筛选和动态整合,从而提供更加全面的教学资源。

在数智时代,我们要顺应技术的发展趋势,将数字技术深入到教育教学和管理全过程、全环节;运用数字技术开展差异化、精准化、个性化教学,推进规模化教育与个性化培养的有机结合;同时,规范技术使用的科学伦理,从而适应时代的教育需求。

二、数字技术对学前教育的影响

在21世纪信息技术迅猛发展的背景下,教育领域正经历着前所未有的变革。尤其是学前教育,作为儿童教育的起始阶段,其数字化转型显得尤为关键和迫切。随着云计算、大数据、人工智能等技术的不断进步,数字技术不仅重塑了教育的教学方式和管理方法,还极大地扩展了教育的时空界限,为学前儿童提供了一个更加个性化、互动和生动的学习环境。

(一)教育数字化与学前教育数字化

云计算、大数据、人工智能等技术的飞速发展和广泛应用,加深了各领域数字化的程度,其基本理念是利用人工智能、云计算、区块链等技术,通过挖掘现有数据来创造新的价值,以发挥技术生态系统的全部潜力,实现更高层次的信息化[1]。数字化的信息生态已经逐渐成为人类生存和实践的全新场域[2]。对于教育领域来说,教育数字化已成为推动全球教育改革和发展的关键动力。教育数字化涉及教育资源的数字化、教育活动的网络化以及教育管理的智能化,目的是通过现代信息技术,优化教育过程,提升教育质量和效率。具体来说,教育数字化不仅仅是传统教学内容和方法的电子化表现,更是一种全新的教育模式和学习方式的创新。它通过集成和应用多媒体、增强现实及人工智能等技术,使教育内容更加生动、更容易互动和个性化,同时也极大地扩展了教育的时空界限,使得学习可以不受时间和地点的限制,随时随地进行。

学前教育是针对儿童(0~6岁)进行的预备教育,目的是促进儿童性格完整健康、行为习惯良好、具备初步的自然与社会常识[3]。作为基础教育的重要组成部分,学前教育是实现可持续发展的关键手段。有研究表明,学前教育的数字化有益于儿童的创造力和认知发展[4],可见,学前教育的数字化也非常重要。在学前教育的数字化中,可以通过游戏化学习、互动故事和模拟场景等形式,激发儿童的学习兴趣和探索欲,开发儿童的观察力、思维力和创造力。除了教育内容和方法的数字化以外,学前教育数字化更强调通过各类技术提升教育质量和效果。包括使用智能设备和教育软件在内的一系列数字工具,如智能教具、教育机器人以及互动电子白板等,这些工具能够根据儿童的年龄特点和学习需求,提供相应的学习内容和实时的反馈。此外,学前教育数字化还关注家庭与学校之间的信息流通和互动,数字化平台可以帮助家长更好地参与到孩子的学习与成长中,同时也为家长提供了与教师沟通和交流的便捷渠道。

(二)数字技术为学前教育带来的机遇与挑战

数字技术提升了信息处理能力,也改变了数据的应用方式,极大地推动了各行业向自动化和智能化的转型。通过智能化处理和高效利用数据资源,优化决策过程,提升运营效率,在教育、医疗、金融等领域显示出巨大的潜力。目前,数字技术已经成为教育生态中的重要组成部分,对于学前教育来说,数字技术的应用

① 祝智庭,胡姣. 教育数字化转型的本质探析与研究展望[J]. 中国电化教育,2022,(04):1—8+25.

② 陈思睿,余胜泉. 教育数字化转型的数据赋能基础与实践[J]. 电化教育研究,2024,45(06):66—73. DOI:10. 13811/j. cnki. eer. 2024.06.008.

③ 邢西深,许林. 2.0时代的学前教育信息化发展路径探究[J]. 中国电化教育,2019,(05):49—55.

④ Chen Y, Ding Z. Effects of digitalization in preschool education on the creative and cognitive development of children [J]. Education and Information Technologies, 2024:1-25.

推动了学前教育的高质量、均衡发展①，也为学前教育带来了新的挑战。

1. 机遇

数字技术的发展为提升学前教育质量带来了前所未有的机遇。通过技术的有效应用，学前教育的各个方面都得到了显著改善，从教学方法的革新，到个性化学习体验的提升，再到教育管理的优化和评价机制的改进，数字技术无疑正在改变着学前教育的未来。

数字技术在教学方法上的革新，极大地丰富了学前教育的教学手段。传统的学前教育多以教师为中心，教学内容和教学方法相对固定。而通过应用人工智能和虚拟现实技术，学前教育能够实现互动式学习和情景化教学。例如，虚拟现实技术可以创造出逼真的学习环境，让孩子们在虚拟世界中进行探索和学习，增加了学习的趣味性和沉浸感。此外，智能教学助手的引入，也使得教师能够更加轻松地进行课堂管理和教学内容的安排，提高了课堂的教学效率。

数字技术为个性化学习体验提供了强大的支持。每个孩子都有独特的学习节奏和兴趣爱好，传统的"一刀切"教学方法难以满足每个孩子的需求。通过大数据和人工智能技术等数字技术，对每个孩子学习行为和学习习惯进行精确分析，从而为每个孩子量身定制个性化的学习路径和学习内容，实现个性化的教学内容推荐，帮助教师根据每个孩子的特点制定不同的学习计划，使得数字技术助力教师减负"可为"②。例如，智能学习平台可以根据孩子的学习进度和学习效果，自动调整学习内容的难度和类型，确保每个孩子都能够在适合自己的节奏中进行学习。又如，借助生成式人工智能，如文心一言等幼儿的对话代理③开展教学，进而提升学前教育效果。

利用数字技术来展开的管理活动，即"数字治理"，助推学前教育治理高效、过程透明、双向沟通渠道顺畅，有助于提升学前教育的质量，促进学前教育公平④。例如，通过物联网、大数据等数字技术加快智能校园的建设。在智能校园中，教育管理者可以通过数据驱动的决策支持系统，实时了解校园内的各种动态，包括学生的出勤情况、教学设备的使用情况、校园安全状况等。这些数据不仅帮助教育管理者做出更加科学和高效的管理决策，还可以提高校园管理的透明度和安全性，保障孩子们在一个更加安全和有序的环境中学习和成长。

在教育教学评价方面，数字技术同样发挥了重要作用⑤。传统的评价机制多以考试成绩为主，无法全面反映孩子的学习效果和综合素质。而通过应用人工智能和大数据技术，可以实现对孩子学习行为的全方位监测和分析。例如，智能学习平台可以记录孩子在学习过程中的各种数据，包括学习时间、学习频率、正确率等，通过对这些数据的分析，生成全面的学习报告，为教师和家长提供详细的反馈。这种评价方式不仅更加科学和全面，还可以帮助教师和家长及时发现孩子在学习过程中存在的问题，并采取针对性的措施进行干预和改进。

在当前教育新基建的浪潮中，数字技术正以前所未有的速度重塑着教育生态的演进轨迹。资源供给模式正逐步从相对封闭的状态向开放共享的方向转变，展现出更为包容和协作的特质。同时，教学模式也在经历从传统僵化到多元灵活的蜕变，更加注重学生的主体性和创造性。在学习方式上，传统的枯燥单一模式正被生动互联的新模式所取代，为学生提供了更为丰富和多元的学习体验。此外，教育评价也在经历从同质化到个性化的转变，更加关注每个学生的独特性和发展潜力。总之，数字技术正在为学前教育带来新的机遇。

2. 挑战

尽管学前教育数字化取得了诸多成就，但也面临着一些问题和挑战，包括教师的信息素养、数字化教育

① 蔡迎旗，占淑玮，张丽莹. 数字技术赋能学前教育可持续发展何以可能[J]. 教育研究与实验，2023(06)：95—102.
② 周隆华，徐建华. 数字技术助力中小学教师减负：大有可能与何以可为[J]. 中小学教师培训，2024，(01)：29—34.
③ Luo W, He H, Liu J, et al. Aladdin's Genie or Pandora's Box for early childhood education? Experts chat on the roles, challenges, and developments of ChatGPT [J]. Early Education and Development, 2024,35(1):96—113.
④ 罗江华，王金玉. 学前教育数字治理的内涵诠释、核心要素和实施进路[J]. 现代教育管理，2024，(01)：37—48.
⑤ 王理想，石琳，廖永红. 基于数字技术的教育教学评价研究[J]. 电子技术与软件工程，2021，(12)：196—198.

资源质量和技术应用伦理等多个方面。

首先,教师的信息素养是学前教学数字化的重要影响因素①。教师不仅是学前教育数字化的实施者,也是教育理念和方法的引领者。然而,许多教师对新兴的数字化工具和资源不够熟悉,缺乏相关的培训和支持,影响了数字化教学的效果,教师的数字素养和技术应用能力亟待提高。在数字化教育环境下,教师需要不断学习和掌握新的技术手段,提高自身的数字化素养和教学能力,才能更好地适应和推动学前教育的数字化转型。同时,教师还应关注儿童在数字化学习中的实际体验和反馈,及时调整教学策略,确保数字化教育的效果和质量。

其次,数字化教育资源的质量参差不齐也是一个值得关注的问题。学前数字教育资源融入幼儿园教学活动,对激发幼儿学习兴趣、促进幼儿理解与记忆、减轻教师负担、创新教学组织形式、提高教学质量等都有着十分重要的意义②。然而,学前数字教育资源公共服务建设的理念滞后和供给质量不高等现实问题阻碍了学前教育数字化的进程③。除此之外,市场上充斥着大量的教育软件,其中不少产品缺乏科学性和规范性,内容质量不高,甚至存在一些不适宜幼儿使用的内容。这不仅无法有效促进幼儿的学习,反而可能对他们的成长产生负面影响。因此,如何规范和提升数字化教育资源的质量,成为学前教育数字化发展的重要任务。

此外,数据隐私也引起了广泛关注④。随着数字技术的发展,诸如各类学习平台和监控系统在学前教育中被广泛应用,涉及师生的个人数据和教学数据被大量采集和存储。这些数据包括但不限于学生的姓名、年龄、家庭住址等,以及他们的学习进度、偏好和互动记录。这种数据的敏感性和价值使得数据隐私和安全问题成为公众、教育机构以及政策制定者关注的焦点。如何保护这些数据的安全,防止信息泄露和滥用,是一个亟待解决的问题。

学前教育数字化的实施还需要遵循应用伦理,注意技术应用的适度性,避免过度依赖技术而对儿童健康成长产生不利影响。这是由于,与其他教育阶段不同,学前教育对象是处于早期发展阶段的儿童,他们的认知能力、注意力集中时间以及身体协调能力都处于不断发展和变化中。因此,学前教育数字化在技术选择和应用上需要特别考虑这些特点,确保数字化工具和内容能够适应儿童的发展需求,促进他们的全面发展。例如,全美幼教协会和澳大利亚幼教协会已经发布了相关的立场报告,对学前教育中的技术应用做出了规范指导。国内也倡议严格遵循幼教环境下的科研伦理规范、重视幼教环境下的数字素养培养和家校合作建设适宜的数字成长环境⑤。

总的来说,学前教育的数字化发展已经取得了显著的进展,但仍然面临着诸多挑战。未来,随着技术的不断进步和政策的进一步支持,学前教育数字化将迎来更广阔的发展空间。通过不断创新和探索,克服现有的问题和障碍,数字技术将为学前教育带来更多的可能性,为儿童提供更好的学习生态环境。

三、数字技术在学前教育中的应用场景

随着云计算、大数据、人工智能、物联网等新一代信息技术的快速发展和普及,各种新技术已经逐渐渗透到各个领域,包括学前教育领域。数字技术在学前教育中的应用场景广泛,涵盖了教学环境、教与学方式、幼儿发展评价、园所管理和家园互动等多个方面。

① Demidov A A, Syrina T A, Tretyakov A L. Development of digital skills and media education system: from the organization of environmental education of preschool children to the ICT competence of teachers [J]. Медиаобразование, 2020, 60(1): 11—23.

② 邢西深,金传洋. 信息化助推学前教育现代化发展研究[J]. 现代教育技术, 2020, 30(06): 108—113.

③ 王声平. 学前数字教育资源公共服务体系构建: 价值取向与实现路径[J]. 天津师范大学学报(基础教育版), 2023, 24(03): 76—80.

④ Güllüpınar F. Opportunity and Limits of Privacy Education of Children in Digitalizing Society: Reconsider ParentsChildren Relations through Privacy and Surveillance Practices [C]. World Conference on Social Sciences and Humanities, 2019.

⑤ 沈苑,汪琼. 数字技术在美澳幼儿教育中应用的伦理探索与启示[J]. 陕西学前师范学院学报, 2022, 38(12): 40—49.

（一）数字技术在创设智能化教学环境中的应用

数字技术应用于幼儿园智能教学环境创设，主要是指通过利用大数据、人工智能、虚拟现实等新技术，为幼儿园创造一个智能、互动、个性化的教学环境。不同智能终端设备和教育软件的引入可以创设出不同的智能化教学环境。

1. 利用智能化教学设备打造智慧学习空间

通过融合虚拟现实、增强现实、人工智能等前沿技术，我们可以对幼儿园的多媒体教室和活动室进行深度的智能化改造，进而打造出具备先进教育功能的智慧活动教室、智慧艺术教室以及智慧探究空间等，以便更好地开展各类主题的游戏活动、实践探究活动等。例如，可以利用虚拟现实和增强现实技术打造沉浸式的学习环境，有助于激发孩子们的学习兴趣，让幼儿在沉浸式学习的过程中充分调动多种感官，获得在传统教学环境中难以获得的学习体验，发展幼儿的想象力。

2. 通过物联感知与管控设备改善学习环境

通过物联设备及终端，可以实时采集并监控园所的空气质量、温湿度等环境数据，为幼儿成长营造最舒适的园所环境。借助传感器和摄像头等物联感知设备，可以实时监测和收集关于学习环境的温度、湿度、光照、空气质量、噪音水平等各种数据。通过分析这些数据，教师可以了解学习环境的当前状态，从而采取相应的措施来改善环境。例如，如果传感器检测到室内温度过高，可以自动调整空调温度，确保学生在舒适的环境中学习。同时，物联管控设备可以进一步增强学习环境的可控性。可以通过手机、平板电脑或专用软件对教室中的智能照明系统、窗帘、门窗、投影仪等设备进行远程控制。例如，在进行视频教学时，教师可以一键关闭窗帘和灯光，确保屏幕清晰可见。

3. 引入智能穿戴设备为幼儿提供全方位保障

智能穿戴设备能够为幼儿的全方位发展提供更加科学的保障，也可以为幼儿的教学与管理提供有效的数据支持。智能穿戴设备可以用于监控幼儿的身体健康状态，记录幼儿的运动量、睡眠时间、心率等身体健康数据，通过云端数据分析，为教师提供幼儿身体健康状态的报告。除了用于幼儿日常身体健康状态的跟踪外，智能穿戴设备在幼儿体育教学中的应用也备受关注，帮助体育教学从经验教学走向更加科学的教学。一方面，教师能够通过智能穿戴设备及时掌握学生的步数、运动时长、心率、消耗热量等运动数据，根据幼儿运动特质及时调整教学内容和方法，更好地指导幼儿开展体育锻炼。另一方面，智能可穿戴设备能够提供即时反馈，如在运动过程中提醒幼儿教师幼儿的姿势是否正确、运动强度是否过大等，帮助孩子们及时纠正错误，提高练习效果。

（二）数字技术在改进师生教与学方式中的应用

数字技术应用于师生教与学方式改进，主要是指基于大数据、人工智能等新一代信息技术提供丰富的数字化学习资源，帮助教师便捷高效地开展教学设计、制作教学课件等，优化教师的教学方式和幼儿的学习方式，将传统的单一授课模式转变为多元化、互动式的学习模式，提升幼儿的学习体验。

1. 提供多样化的数字资源和工具辅助教师进行备课

数字技术可以提供丰富的在线资源，包括教学视频、互动课件、教育软件等，教师可以根据自己的教学需要选择合适的资源。生成式人工智能可以帮助教师整理教学大纲，生成教学设计，制作教学课件，甚至提供教学建议。教师可以利用文生工具自主生成教学需要的图片、音频、视频等，使得教学资源更加符合幼儿学情特点，匹配教学需求。通过大数据智能分析幼儿的学习情况，教师可以了解每个孩子的学习进度和兴趣点，为每个孩子提供个性化的学习建议和资源，使得备课更具有针对性。

2. 组织真实有趣、直观形象、游戏互动、沉浸探索的教学

将多媒体教学设备、互动白板等数字化教学工具引入课堂开展教学，可以为幼儿提供真实有趣、直观形象的学习体验。幼儿在老师的引导下，通过触摸屏幕、使用数字笔等方式参与互动，观看图文声像并茂的教

学内容,开展数字游戏等丰富多彩的学习活动,在虚拟现实和增强现实技术营造的可参与的环境中沉浸探究。这种数字化教学方式不仅能够激发幼儿兴趣,提高学习的趣味性和幼儿的参与度,还可以帮助幼儿更好地理解和掌握知识,更好地培养幼儿的观察力、思维能力、创新意识和团队合作意识,促进幼儿的个性发展。

（三）数字技术在促进幼儿发展评价中的应用

《幼儿园教育指导纲要(试行)》强调要尊重每一个孩子的个体差异,根据他们的发展水平、能力、经验和学习方式,采取个性化的教育方式,努力让每一个孩子都能获得满足和成功。数字技术助力幼儿发展评价,使评价重点从"容易测量的技能"扩展到"难以测量的素养",更加关注"软素养"、高级认知技能和非认知学习成果,促进幼儿的全面发展。

1. 创新原有评价手段实现评价形式多元化

依托信息化评价工具,教师可以使用不同的形式呈现幼儿的表现,通过拍照、录像等多种方式辅助采集幼儿在五大领域评价指标中的表现行为数据,让评价依据更加多样化,表现形式也更为直观。例如,可以通过视频方式记录幼儿游戏过程中的参与表现,并针对视频中幼儿的语言发展、社会适应能力、创造表达等方面进行评价。可以通过图表、视频等记录幼儿健康方面的观察数据,便于将不同时期的数值对比,更好地分析评估幼儿的生长发育水平等。

2. 延展评价维度勾勒幼儿全面发展数字画像

幼儿园通过数据集成系统,打破了不同信息系统之间的数据壁垒,在现有数据的基础上,各种智能识别技术和可穿戴设备可以无感知、伴随式的采集幼儿发展数据,幼儿评价数据采集实现从散点式的个别记录转向全景式的多模态数据采集。将收集来的幼儿学习、教师教学、社会生活等方面的大数据交给计算机进行多模态数据的综合处理,融合各个模态的信息来执行预测分析,实现对幼儿成长的横纵向追踪和全过程动态分析,全方位可视化地勾勒幼儿发展数字画像,了解每名幼儿的学习习惯、兴趣点、优劣势等,从而实现对幼儿发展需求的精准把握,为幼儿园课堂提供了有效的教育数据,促进幼儿德智体美劳的全面发展。

（四）数字技术在提升园所管理方式中的应用

数字技术应用于幼儿园管理,主要是指利用数据为基础、智能技术为核心的技术手段,对幼儿园的教学、保教、后勤、安全等方面管理进行全面的优化和提升,提高幼儿园的管理效率和整体品质。

1. 通过业务管理平台实现幼儿园管理的智能化

将信息技术应用于教育教学、卫生保教、人事档案等幼儿园各项管理工作中,能够提高幼儿园科学管理的实效性和广泛性。例如,通过幼儿学籍管理相关信息化平台,可以高效地开展新生入学管理、在园生管理、学期更新与学年升级、毕业管理、异动管理等业务,从而减少人工操作错误,提高整体工作效率。通过幼儿园相关教学管理平台,管理者可以对教师的教学计划、课程设置等教务信息进行智能化管理和监督检查,提高教务工作的科学性和准确性。通过智能化的健康管理平台,帮助管理者记录和管理幼儿的健康状况,及时发现问题并针对性地采取措施。

2. 通过智能安防系统实现幼儿在园的安全管理

利用各种智能化设备和信息化管理系统可以打造"可感知、可诊断、可分析、可预警"的幼儿园智能安防环境,实现对幼儿园安全的全面管理和监控。例如,通过智能门禁系统,利用无感测温、智能考勤等技术采集幼儿来离园数据,可以实时监控进出幼儿园的人员。在园所内通过摄像头监控系统,利用人脸识别、物联网等技术,可以实时关注幼儿在园内的安全状况,实现对幼儿从入园到离园各阶段的全面跟踪,及时发现并处理安全隐患,为幼儿提供一个安全、放心的成长环境。

（五）数字技术在促进家园共育中的应用

《幼儿园教育指导纲要(试行)》明确指出:"家庭是幼儿园重要的合作伙伴,应本着尊重、平等、合作的原则,争取家长的理解、支持和主动参与,并积极支持、帮助家长提高教育能力。"由此可见,家园合作是对幼儿实施教育的重要途径。运用数字技术促进家园互动沟通实现幼儿共育,主要是指通过各种广泛普及的沟通工具和信息化平台,增加家庭和幼儿园的协同合作,为幼儿成长营造目标共识、专业互信、高效交互、情感共鸣的家园共育环境。

1. 基于数字化工具和平台搭建畅通高效的信息交互渠道

搭建畅通高效的信息交互渠道是家园共育的基础,幼儿家园共育平台和数字化工具成为家庭与幼儿园双向互动沟通的重要载体,促进了家长对孩子教育的参与和支持。通过家园共育平台 APP 或小程序,幼儿园能够及时将智能门禁系统采集的幼儿进离园数据自动推送给家长,便于家长实时掌握幼儿到园、离园动态。班级老师可以通过班级圈等及时分享幼儿在园的学习和生活情况,包括日常表现、活动照片、视频等,让家长实时了解孩子的成长情况,增强家长对幼儿园的信任和满意度。家长们能够看到班级老师每日教学计划和每月教学计划,参与到园所的实践活动中来,通过平台和工具表达对幼儿在家中的日常行为、习惯和情感状态的反馈。

利用即时通讯工具如微信群、QQ 群等可以实现教师与家长之间的即时沟通,教师可以将幼儿园的通知、教育资讯、突发事件等随时发送到群中,告诉所有家长。家长也可以通过群聊或者发起单独会话的方式与老师沟通幼儿的教育问题、对幼儿园工作的意见和疑问等。

2. 利用信息技术手段组织在线培训促进家园同步教育

为了确保幼儿园教育和家庭教育之间的观念统一,幼儿园需要开展培训活动或课程,邀请有经验的教师为家长讲授关于幼儿教育的核心理念、策略方法等,帮助家长深入了解幼儿的成长需求,还可以为家长提供一些在家中与幼儿互动的建议。例如,秋冬换季时是传染病的高发期,幼儿园可以邀请专业医生开展预防传染病的专题辅导等。线下面对面的活动组织往往受到时间、场地的限制,借助信息技术手段开展在线会议也是一种不错的方式,腾讯会议、钉钉等软件都可以用于组织在线会议。在线会议不受时间和空间的限制,支持屏幕共享、文档共享、连麦互动等多种交流互动形式,可以在活动中鼓励家长积极互动,及时回应家长的问题,更好地统一教育观念,实现家园共育的理念。

四、幼儿园教师数字素养

数字素养是教师专业素养的重要组成部分,对推动幼儿园教育数字化转型、优化教育活动、深化家园共育等多个方面都具有重要意义。幼儿教师数字素养包括利用数字技术获取、加工、使用、管理和评价数字信息和资源,发现、分析和解决教育教学问题,优化、创新和变革教育教学活动的意识、能力和责任[①]。

(一) 教师数字素养的具体内容

2022 年,我国首个针对教师数字素养的教育行业标准颁布。该标准由教育部教师工作司牵头,教育部科学技术与信息化司、华中师范大学等多家单位共同参与研制。该标准构建了教师数字素养的五维框架,具体包括数字化意识、数字技术知识与技能、数字化应用、数字社会责任、专业发展五个方面,如图 1-1 所示,为教师数字素养的培养提供了清晰的方向和具体的指导[②]。

1. 数字化意识

数字化意识是幼儿园教师在数字时代开展教育教学工作应具备的基本意识,包括数字化认识、数字化意愿、数字化意志三个方面,如图 1-2 所示。

(1) 数字化认识。教师需要认识到数字技术在幼儿园教育教学中的独特价值及其带来的双重影响。一方面,教师需要理解数字技术有助于幼儿更好地探索世界、激发其创造力和想象力。同时,教师也要认识到

① 陈晓前,闵兰斌. 基于国家标准框架的幼儿园教师数字素养研究[J]. 学前教育研究,2024(03):25—37.
② 吴砥,桂徐君,周驰,等. 教师数字素养:内涵、标准与评价[J]. 电化教育研究,2023,44(08):108—114+128.

图 1-1 教师数字素养框架

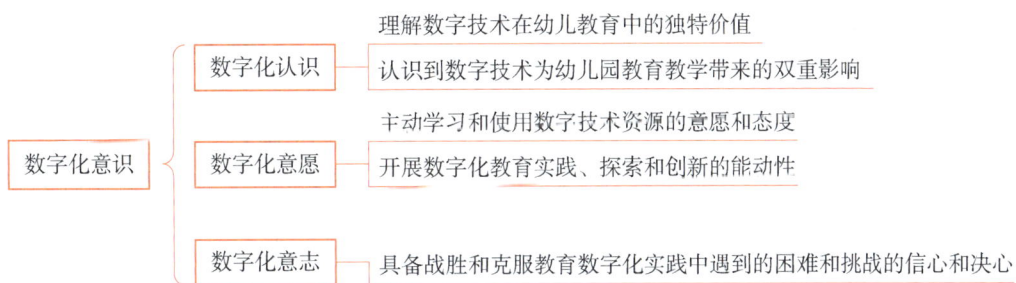

图 1-2 幼儿园教师数字化意识的具体内容

数字技术的快速发展对幼儿教育教学带来的影响和挑战。例如,数字技术与幼儿教育教学的深度融合可能会产生活动形式和互动方式等方面的创新要求,也会产生幼儿数字健康与伦理、安全等问题。

(2)数字化意愿。一方面,教师需要具备主动学习和使用数字技术资源的意愿和态度,包括积极探索各种针对幼儿教育的软件和应用,深入理解其功能和用法。另一方面,教师应具有开展数字化教育实践、探索和创新的能动性。例如,勇于将数字技术与传统游戏、故事会等活动相结合,创造出更多富有创意和趣味性的幼儿学习活动样态。

(3)数字化意志。当面临数字化教育教学的困难和挑战时,幼儿教师需要具备勇于战胜和克服的信心和决心。例如,当教师尝试引入新的数字化工具或平台来辅助教学实践时,面对操作不熟练、界面不熟悉等问题,能够保持耐心和毅力,不畏困难,勇于尝试,最终逐步掌握这些新工具的使用技巧。

2. 数字技术知识与技能

数字技术知识与技能是数字技术与幼儿教育深度融合的坚实基础,包括数字技术知识和数字技术技能两个方面,如图 1-3 所示。

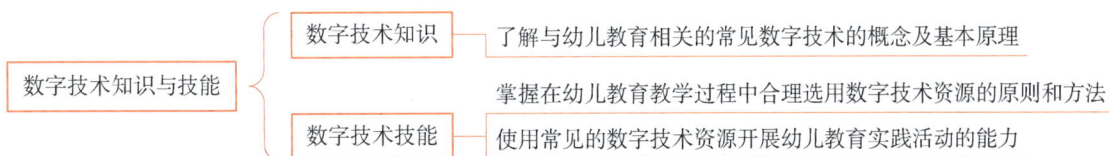

图 1-3 幼儿园教师数字技术知识与技能的具体内容

(1)数字技术知识。主要是要求教师了解一些与幼儿教育相关的常见数字技术的概念及基本原理,具备基础的数字技术知识。例如,了解交互式白板、虚拟现实技术、人工智能技术等数字技术的内涵特征,以及它们在幼儿教育中的具体应用场景与使用方法。

(2)数字技术技能。一方面要求教师掌握在幼儿教育教学过程中合理选用数字化设备、软件、平台等数字技术资源的原则和方法。例如,根据幼儿的学习特点和兴趣,选择有利于幼儿探究的数字技术资源;另一方面,要求幼儿教师能够熟练地使用常见的数字技术资源开展教育实践活动,并能够解决常见的基本技术问题。例如,熟练地使用交互式电子白板、智能手环等工具开展教育活动。

3. 数字化应用

数字化应用体现的是幼儿教师开展各类数字化教学活动的综合能力,这是幼儿教师数字素养的核心内容,包括数字化学习活动设计、数字化学习活动实施、数字化学习活动评价和数字化协同共育四个方面,如图1-4所示。

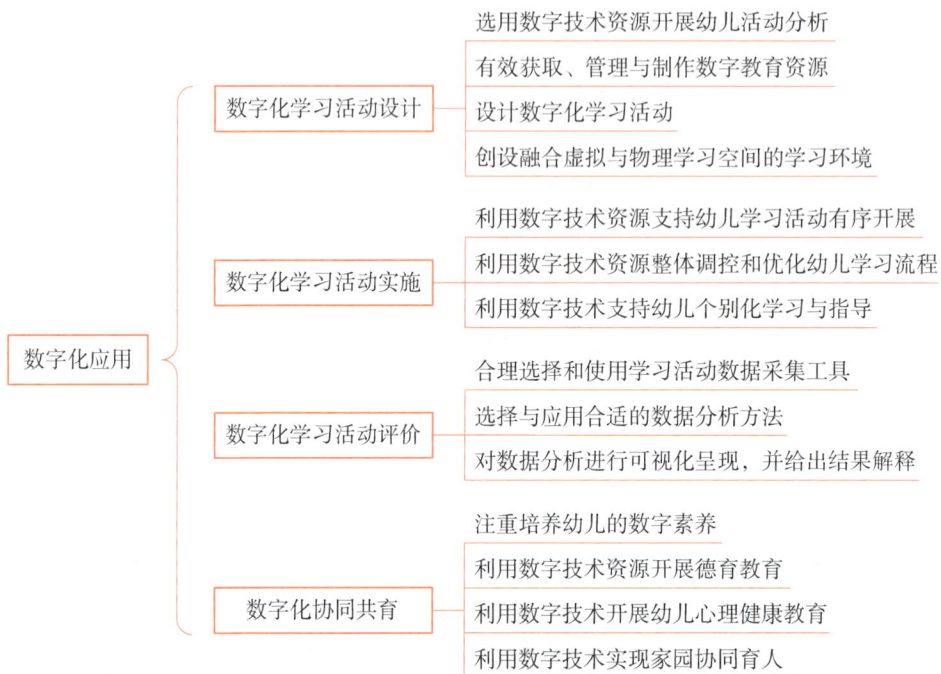

图1-4 幼儿园教师数字化应用的具体内容

（1）数字化学习活动设计。一是要求教师能够选用数字技术资源开展幼儿活动分析。二是要求教师能够根据幼儿实际情况和主题学习活动需求,有效获取、管理与制作数字教育资源。三是要求教师能够依据主题活动目标,设计数字化幼儿学习活动。四是要求教师能够创设融合虚拟与物理学习空间的学习环境,为幼儿提供沉浸式的学习体验。

（2）数字化学习活动实施。一是要求教师能够利用数字技术资源支持幼儿学习活动有序开展。二是要求教师能够利用数字技术资源整体调控和优化幼儿学习流程。三是要求教师能够利用数字技术支持幼儿个别化学习与指导。例如,通过在线学习平台为幼儿提供个性化的活动资源。

（3）数字化学习活动评价。一是要求教师能够合理选择和使用学习活动数据采集工具。二是要求教师能够选择与应用合适的分析方法对数据进行处理和分析。三是要求教师能够借助数字工具对学习活动数据进行可视化呈现,并给出结果解释。例如,使用柱状图、折线图或饼状图等形式,直观地展示幼儿在各项运动技能上的发展情况。

（4）数字化协同共育。一是要求教师在教育教学过程中注重培养幼儿的数字素养。二是要求教师能够利用数字技术资源开展德育教育。例如,通过动画、短视频等多媒体形式向幼儿传达基本的道德规范和社会价值观。三是要求教师借助数字技术开展幼儿心理健康教育。例如,通过数字化游戏引导幼儿管理自身情绪。四是要求教师能够利用数字技术实现家园协同育人。

4. 数字社会责任

数字社会责任是幼儿园教师在数字社会中的基本道德要求,也是幼儿数字教育可持续发展的必要前提,包括法治道德规范和数字安全保护两个维度,如图1-5所示。

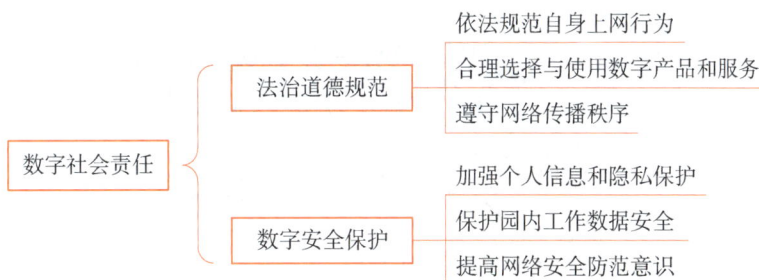

图 1-5 幼儿园教师数字社会责任的具体内容

（1）法治道德规范。一是要求教师能够依法规范自身上网行为，为幼儿树立正面榜样。二是要求教师在使用数字产品和服务时，注重教育内容的科学性和适宜性，确保遵循教育规律，符合伦理规范。三是要求教师遵守网络传播秩序，抵制虚假、不良和有害信息的传播，为幼儿营造一个健康、积极的网络环境。

（2）数字安全保护。主要要求教师具备一定的数字安全意识。一是能够加强个人信息和隐私保护，确保自身、幼儿、家长及他人的数据安全。二是保护幼儿园内的教学资源、文件等重要工作数据安全。三是提高网络安全防范意识，注意防范电脑病毒与网络攻击，确保幼儿园数字设备和系统的安全稳定运行。

5. 专业发展

专业发展是指幼儿园教师借助数字技术和资源促进个体持续发展和群体共同成长的能力，包括数字化学习与研修、数字化教学研究与创新两个方面，如图 1-6 所示。

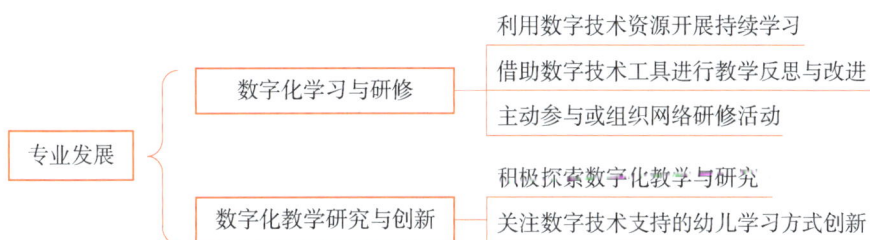

图 1-6 数字化背景下幼儿园教师专业发展的具体内容

（1）数字化学习与研修。一是要求教师能够利用数字技术资源持续学习先进的幼儿教育理念和教学方法。二是要求教师能够借助数字技术工具开展深入的教学反思与改进。三是要求教师能够主动参与或组织网络研修活动，与同行专家交流分享经验，拓宽教育视野，实现个人与团队的共同成长。

（2）数字化教学研究与创新。一是要求教师积极探索数字化教学在幼儿教育中的应用，针对实际问题开展教学研究。二是要求教师关注数字技术支持的幼儿学习方式的创新，为幼儿全面发展奠定坚实基础。

（二）教师数字素养的提升路径

2024 年，教育部副部长陈杰在 2024 世界数字教育大会"教师数字素养与胜任力提升"平行会议中强调，为了应对教育高质量发展的迫切需求和人工智能为代表的新一代信息技术变革的挑战，必须将数字素养与胜任力视为教师不可或缺的核心素养。北京市教委在 2024 年公布的首都教育数字化转型重点工作计划中，明确提出将数字素养列为教师职业生涯的基本要求，并将进一步健全数字素养的培训、考评机制，将教师数字素养纳入教师评价体系，使数字素养成为新时代高素质教师队伍的必备能力。由此可见，培养和提升数字素养是适应现代教育发展的必经之路，也是每位幼儿园教师的必修课。幼儿园教师数字素养的提升路径见图 1-7。

1. 积极参与数字技术培训

幼儿园教师应积极参与各类数字技术培训，如在线培训课程、数字工作坊等，以持续跟进数字技术的前沿发展，学习并掌握更多实用的数字化工具和技术应用知识。通过系统化培训，更加高效地运用数字化工具设计和实施教学活动，进而提升数字化教学水平。

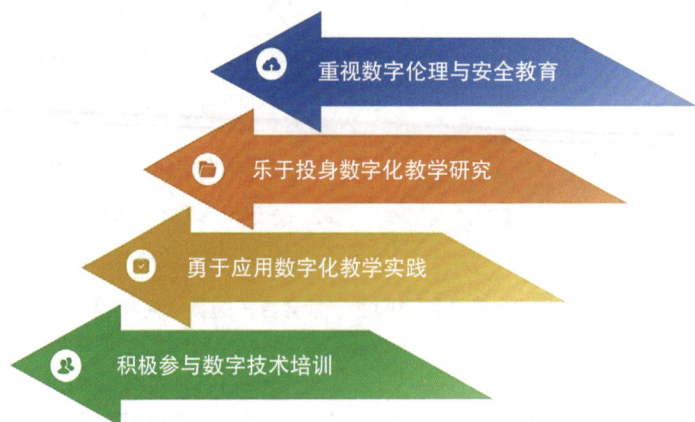

图 1-7　幼儿园教师数字素养的提升路径

2. 勇于应用数字化教学实践

幼儿园教师应积极拥抱数字化时代，勇于将数字技术融入日常教学之中。通过各种数字化教学资源，如数字教材、互动游戏、在线协作工具等丰富教学手段，为幼儿提供更优质、更个性化的学习体验，促进幼儿的全面发展。通过实践应用，更深入了解数字化教学的优势，不断提升自己的数字化教学水平、不断积累数字化教学经验，进而逐步探索出适合幼儿园教学的数字化教学新模式。

3. 乐于投身数字化教学研究

除了关注数字化教学实践之外，幼儿园教师也应该积极参与数字化教学研究，与教育领域同行共同探讨幼儿园数字化教学的优秀案例、典范模式、先进经验、前沿理论及有效策略。通过文献阅读、实践分享和经验交流等途径，不断拓宽视野，提升数字化教学水平和创新能力。

4. 重视数字伦理与安全教育

在提升数字素养的过程中，幼儿园教师还需要重视数字伦理和网络安全教育。既要深入了解数字技术的潜在风险和挑战，又要掌握有效的幼儿隐私保护和网络安全策略。通过增强数字伦理意识，更好地确保幼儿数字学习活动的安全与健康，从而更好地适应数字化时代的教育需求。

总体而言，教师数字素养提升是一个持续的过程。幼儿园教师在提升数字素养的过程中面临多方面的挑战，需要不断学习和实践，积极适应数字化教育的发展趋势，推动幼儿园教育的高质量发展。

模块二　数字化教学设备的认识与使用

数字化教学设备是指利用信息技术为教学活动提供支持的各种设备和软件，它们可以帮助教师更好地进行教学，激发学生的学习兴趣，提高学习效果，并为教育教学研究提供大量的数据支持。在幼儿教育领域，数字化教学设备的应用日益普及，幼儿园通过软硬件设施的有效融合，可以极大地提升教学质量与效率，为幼儿提供更丰富、更具吸引力的学习体验，同时也帮助教师更好地进行个性化指导和教学活动的组织管理。

知识与技能学习

一、幼儿园教学中常用的数字化硬件设备

数字化教学硬件是构建数字化教学环境的基础，对于推动教育信息化、提高教育质量具有重要意义。随着技术的不断发展，数字化教学硬件的种类和功能也在不断更新和扩展，为教学带来更多可能性和便利。数字化教学硬件是指在教学过程中所使用的各种数字化设备和工具，主要包括多媒体计算机、投影仪、数字视频展示台、交互式电子白板、音视频设备、教学触控　体机、平板电脑、数字化坑教具、可穿戴设备等等。这些硬件设备的引入，极大地丰富了教学手段，提高了教学效率，使教学变得更加生动、直观和有趣。

（一）多媒体教学设备

多媒体技术是一种把文本、图形、图像、动画和声音等形式的信息结合在一起，并通过计算机进行综合处理和控制，能支持完成一系列交互式操作的信息技术。多媒体技术应用在幼儿教育中，可以让教学信息形象化、生动化，为幼儿营造一个真实、生动的教学环境，激发幼儿的学习兴趣、积极性和创造性。多媒体教学设备是多媒体技术得以应用和实现的重要载体。

1. 多媒体计算机

多媒体计算机是能够对声音、图像、视频等多媒体信息进行综合处理的计算机，是多媒体教学设备的主体平台，用于运行各种教学软件、播放教学课件等，可以展示一些格式复杂的教学资料。多媒体计算机一般由四个部分构成：多媒体硬件平台（包括计算机硬件、声像等多种媒体的输入输出设备和装置）、多媒体操作系统（MPCOS）、图形用户接口（GUI）和支持多媒体数据开发的应用工具软件。教室配备的多媒体计算机可以是台

图 2-1　多媒体计算机

式计算机，也可以是笔记本计算机，如图 2-1 所示。多媒体计算机的配置应适中，能够满足日常教学活动开展需要，各类配件应易于维护和更换。由于多媒体计算机屏幕较小，教学中通常需要与投影仪配合使用。

2. 投影仪

投影仪，又称投影机，是一种可以将图像或视频投射到幕布上的设备，可以通过不同的接口同计算机等

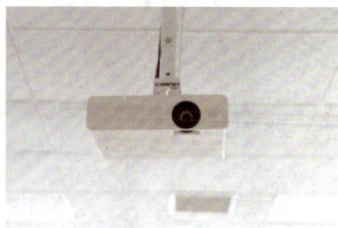

图 2-2 投影仪

相连接播放相应的视频信号,如图 2-2 所示。在教学中,投影仪配合计算机使用,可以大大提高教学效果和学生的学习体验。教师可以通过投影仪将多媒体课件、学习视频等内容直接呈现在大屏幕上,使幼儿更加直观地看到教学内容,提高幼儿的学习体验,使教学更加生动、有趣、富有互动性。在使用过程中,适时调整投影画面的大小、位置、亮度等参数,以保证幼儿能够清晰地看到教学内容。同时,需要注意保护投影仪的镜头和屏幕,避免刮擦或污染,以保证投影效果和使用寿命。

3. 音视频设备

音视频设备是指用于播放和录制音频、视频信号的设备,如音响设备、话筒、摄像头、录像机等。这些设备在幼儿园教学中有着广泛的应用,可以用于播放儿歌、故事、动画等教学资源,为幼儿营造一个愉悦的学习氛围;可以用于录制幼儿的学习过程、成果展示等,为家长提供更加直观和真实的教学反馈;还可以用于实时拍摄和展示幼儿的学习活动,增强教学的互动性和参与性。

(二)互动型教学设备

随着现代信息技术的快速发展,凸显"互动"特性的各类多媒体设备不断涌现,许多多媒体互动教学设备引入教育领域。

1. 交互式电子白板

交互式电子白板主要由电子感应白板(硬件)与白板操作系统(软件)集成。可以与电脑进行信息通讯,将电子白板连接到计算机,并利用投影机将计算机上的内容投影到电子白板屏幕上,在专门的应用程序的支持下,可以构造一个大屏幕、交互式的教学环境,如图 2-3 所示。交互式电子白板具有人机交互、内容丰富、功能强大、操作简单等特点。利用特定的定位笔代替鼠标在白板上进行操作,可以运行任何应用程序,可以对文件进行编辑、注释、保存等,实现在计算机上利用键盘及鼠标可以实现的任何操作。在幼儿园教学中,交互式电子白板可以用于展示图片、视频、动画等多媒体教学资源,增加教学的趣味性和直观性;可以通过手写识别、屏幕批注等功能,实现实时的互动和交流,提高幼儿的参与度和学习效果;还可以与网络资源相连,随时获取和展示丰富的教学资源,拓展幼儿的知识视野。

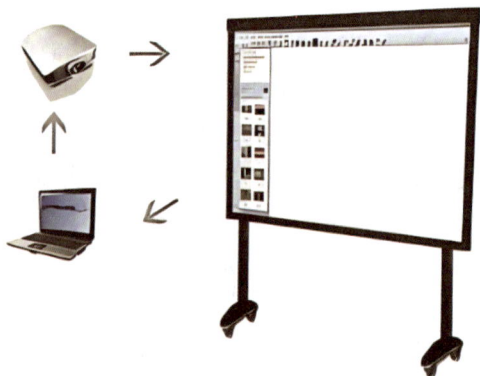

图 2-3 交互式电子白板

以下是电子白板的部分常用功能。

(1)鼠标功能:可完全代替鼠标,支持单击、双击、右击等。

(2)手势功能:支持手指书写、两指放大缩小、三指漫游移动、手背擦除等。

(3)书写功能:提供多种笔型、颜色、粗细选择,支持多点书写,可以多人同时书写、擦除。

(4)多媒体导入功能:可直接插入图片、视频、图形、Flash 动画等。

(5)批注功能:支持 PPT、Word 等直接批注,支持对多媒体和各种在线课程的批注。

(6)对象编辑功能:支持对象的复制、移动、删除等。

(7)白板功能:支持建白板、黑板、背景板面、桌面板面功能,支持无边界全屏书写。

(8)工具库功能:内含各种课堂教学和演示的常用工具,包括直尺、圆规、量角器、放大镜、探照灯、幕布等。

(9)资源库功能:支持开放式资源库,用户可增删内容。

(10)多媒体导入及导出功能:支持 Flash、PPT、影音文件等多种类型文件的导入与导出。

(11)记录功能:支持将声音与白板书写的内容实时保存为多媒体文件,支持回放复制分享等。

（12）软件教学功能：支持各种教学 APP 的安装和在线课程的互动。

2. 教学触控一体机

教学触控一体机是一种集成了触摸屏、显示器、计算机等硬件设备，以及相应的软件和操作系统的智能设备，如图 2-4 所示。它最突出的特点是可触控交互，通过触摸屏幕，实现对计算机的操作和控制。多点触控可以支持单击、双击、拖拉、放大等鼠标功能，教师可以根据教学需要随时切换不同的教学资源，轻松地进行书写、标注、擦除等操作，与学生进行实时互动。教学触控一体机外置 USB 接口，可以读取使用存储在 U 盘、移动硬盘等外部存储器中的资料。

图 2-4　教学触控一体机

3. 互动答题器

互动答题器是一种电子教学设备，通过无线连接或有线连接与计算机或其他设备相连，可以实现与计算机或其他设备之间的数据传输和交互操作。互动答题器通常配备有触摸屏或按键，方便幼儿进行操作和回答问题，如图 2-5 所示。互动答题器引入教育领域，为幼儿园、小学等低年级学生提供一种互动学习方式，通过单选、多选、判断等题型，引导学生积极参与课堂互动，提高学生的学习兴趣和主动性。同时，互动答题器还可以提供实时反馈和数据分析，如图 2-6 所示，帮助教师更好地了解学生的学习情况，及时调整教学策略。

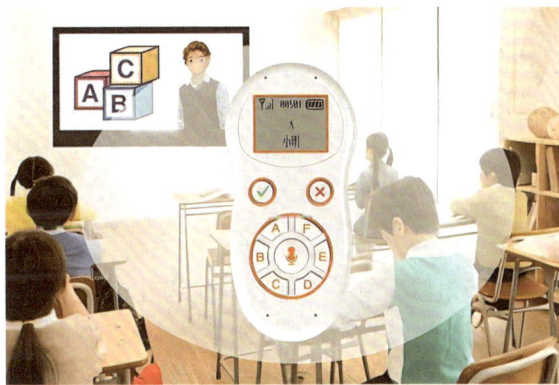

图 2-5　互动答题器

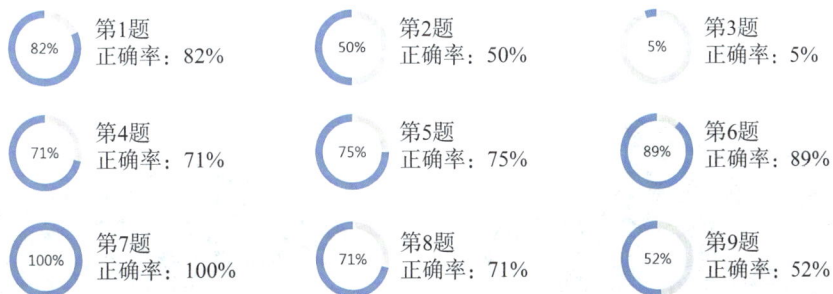

第1题 正确率：82%	第2题 正确率：50%	第3题 正确率：5%
第4题 正确率：71%	第5题 正确率：75%	第6题 正确率：89%
第7题 正确率：100%	第8题 正确率：71%	第9题 正确率：52%

图 2-6　即时反馈统计

4. 点读笔

幼儿点读笔主要是针对幼儿园孩子活泼好动、喜欢趣味和探索的年龄特点，帮助儿童开发智力、阅读和学习的有声辅助工具，如图 2-7 所示。点读笔集合了先进的语音合成及还原技术、OID2 隐性码光学识别技术，集点读、游戏、MP3、U 盘等功能为一身。它具备点读、复读、跟读、录音等诸多功能，通过点读笔扫描书本上的文字或图标，可以播放对应的声音或音频，锻炼孩子自主阅读，让孩子在轻松愉快的氛围中学习。同时,"点一点"的方式可以锻炼孩子的手眼协调能力及专注力。

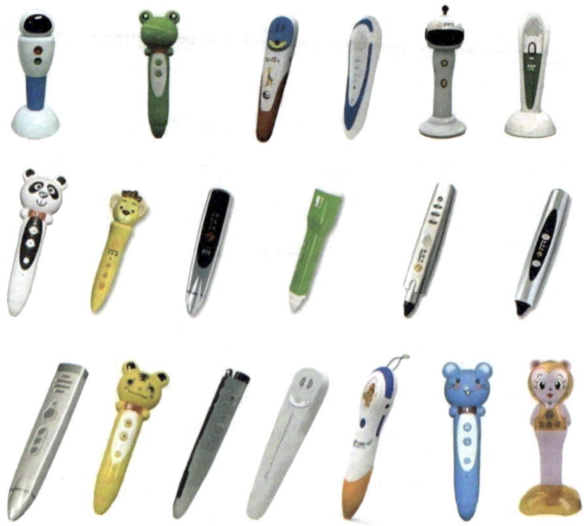

图 2-7　幼儿点读笔

5. 平板电脑

平板电脑体积小、重量轻,方便携带,具有丰富的多媒体功能、良好的人机交互特性、强大的信息储存及处理功能,越来越多地被应用于教育领域,如图 2-8 所示。平板电脑在幼儿教育中也十分常见。教师可以安装适合幼儿使用的教育软件,设计适合幼儿学习的活动游戏,促进幼儿动手动脑、在活动游戏中学习新知识。同时,借助平板电脑,教师可以及时地关注到每位幼儿的参与动态,及时调整教学策略,调动幼儿的学习兴趣和参与程度。

6. 互动触摸桌

互动触摸桌就像一个大型的"平板电脑",有一个触控屏作为互动展示平台,如图 2-9 所示。互动触摸桌利用红外感应设备识别使用者手指动作,通过识别控制系统对高清显示画面进行操作。双手可以以单击、双击、平移、拉伸、缩放以及旋转等不同手势触摸屏幕,对文字、视频、图片、动画等信息进行浏览,互动方式非常灵活。一个触摸屏可以接受来自屏幕上多个点的输入信息,能同时在同一显示界面上完成多点或多位使用者的交互操作。互动触摸桌为孩子们提供了一个自主、宽松的学习平台,活动内容均在触控屏上实现学习播放过程,让孩子都参与到互动中来,在人机互动和生生协作的游戏中感受学习的乐趣,提高幼儿的学习兴趣与实践能力。

图 2-8　平板电脑

图 2-9　互动触摸桌

（三）数字化玩教具

爱玩是幼儿的天性,将玩教具运用于幼儿教学活动当中,能够有效提高教学效率,帮助幼儿培养良好的学习习惯。数字化玩教具是指将数字技术应用于传统玩教具中所形成的新型教育工具。它将计算机、传感器、交互界面等技术融入玩具中,使其具有互动性、智能性、可编程性等特点,能够为幼儿提供更加多样化、富有创意的游戏和学习体验,发展幼儿的思维能力和动手操作能力。同时,数字化玩教具通常结合了多个学科或领域的知识和技能,如数学、语言、音乐、美术、编程等,能够帮助幼儿在游戏中学习和掌握这些知识,提高学习兴趣和效果。许多幼儿园也开始尝试使用数字化玩教具进行幼儿教学,如智能机器人、编程机器人等。

1. 智能机器人

智能机器人结合了人工智能、语音识别、自然语言处理等多种技术,能够提供更加智能化、个性化的教学服务。可以作为幼儿的学习伙伴,与幼儿进行互动、交流,激发幼儿的学习兴趣和创新精神。智能机器人通常设计有互动界面,可以通过语音或触摸屏进行交互,适合幼儿的操作习惯,如图2-10所示。它们内置丰富的教育资源,能够响应语音指令,进行讲故事、唱歌、解答问题等,可以帮助幼儿提高语言表达能力和想象力。同时,通过内置的程序和算法,智能机器人可以根据幼儿的游戏行为和反馈进行智能调整和优化,提供更加个性化、适应性的反馈和学习体验。教师可以基于智能机器人设计实施游戏化、互动化和智能化的教学,根据幼儿的年龄和兴趣选择合适的教学内容,引导幼儿通过听、说、触摸等方式学习。也有一些智能机器人具备可编程功能,通过开放式的编程接口,让教师或幼儿自己进行编程设计,实现智能机器人的行为控制。

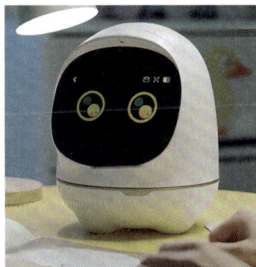

图2-10　智能机器人

2. 编程机器人

目前幼儿园阶段的编程机器人主要分为两类。一类编程机器人的特色是模块化设计,可以反复拼装,幼儿可以通过不同的模块组合,创建出千变万化不同的智能机器人,通过图形化编程拖拽和组合不同的代码积木块,来控制机器人的动作和行为,自由地定义机器人的行走路线,进行人脸识别、语音识别、图像文字处理等,如图2-11所示。这种玩教具可以帮助幼儿学习编程,理解基本的编程概念,培养幼儿的创造力、逻辑思维能力和问题解决能力。幼儿在学习编程的过程中,其数学概念(数量、形状等)、逻辑思维,目标导向思维,空间思维,语言,社会性发展水平都能在一定程度上得到提高。

图2-11　模块化拼装编程机器人

还有一类则是幼儿编程学习的实物编程工具,以实体交互界面为载体,让幼儿通过将实物编程工具直接抓握在手中,进行程序设计。实物编程工具通常包含机器人、编程指令模块(卡片)以及拼图地图三大部分,如图2-12所示。在实物编程中,机器人主要有两个作用,其一是完成编程指令。例如,编程模块设置的前进、后退、旋转、避障等功能,机器人读取后可运动。另一个作用则是提升互动,机器人可以播放音乐、讲

图 2-12 实物编程工具(机器人、指令卡、地图)

故事等,来衍生编程之外的功能,让机器人携带的内容更加丰富。指令模块是连接机器人和地图的"触发装置",类似于图形化编程软件中的编程脚本,孩子们可以根据地图主题,通过拼接指令模块组成编程语句,机器人获取编程指令后,可在地图上验证指令。地图是机器人执行验证指令的环境,可以根据幼儿教育中语言、艺术、社会、健康、科学五大领域开发设计不同的主题,如垃圾分类、交通安全、认知数字、植物动物辨别等内容,以此来培养儿童的科学原理认知、艺术感知、社交意识与规则建立。在使用实物编程工具时,教师需要引导孩子们熟悉编程环境,需要弄清楚各个工具之间的相互联系,即某个工具能触发另一工具,以及工具相互触发时的先后顺序。

(四)可穿戴设备

可穿戴设备是一种直接穿在身上或整合到用户的衣服或配件中的便携式智能设备,具有感知、交互、计算等功能,可以为用户提供健康管理、运动测量、社交互动、影音娱乐等多种服务。根据不同的分类标准,可穿戴设备有不同的划分方法。根据佩戴部位进行分类,可分为头部佩戴(如智能眼镜、智能耳机),手部佩戴(如智能手表、智能手环),腰部佩戴(如智能腰带),足部佩戴(如智能鞋),全身佩戴(如智能服装)等。根据功能用途进行分类,可分为健康管理类(如心率监测、血压监测),运动测量类(如步数计算、卡路里消耗),社交互动类(如通话、信息推送),休闲娱乐类(如音乐播放、视频观看),定位导航类(如北斗定位、地图导航),移动支付类(如扫码支付、NFC 支付)等。根据技术水平进行分类,可分为基础型(如只具有数据采集和显示功能),进阶型(如具有数据处理和传输功能),高级型(如具有数据分析和反馈功能)等。

随着可穿戴技术的迅速发展以及逐渐被人们所接受,可穿戴技术开始应用于教育领域。在幼儿教育领域,可穿戴技术及设备的有效应用可以为幼儿的健康成长提供帮助。可穿戴设备可以方便、自然地收集幼儿的健康数据、心理数据,方便教师实现多媒体互动,实时沟通,及时反馈,提升幼儿学习效率以及教师教学效果;同时,可以助力幼儿园的安全管理,有效提升幼儿园的安全水平。

1. 智能手环

智能手环是一种穿戴式智能设备,通常佩戴在手腕上。如图 2-13 所示,它内置了各种传感器,可以记录幼儿的运动数据、睡眠质量、心率、血压等健康信息,并通过无线连接同步到手机或电脑上,帮助教师更好地了解幼儿的身体状况,并制定更科学的健身和生活计划。基于智能手环,可以在幼儿的安全管理、体质健康与运动评价、爱好分析、生活习惯统计等方面实现无感大数据采集与分析,为个性化教育提供客观数据;同时,信息即时反馈给家长,有助于家长对幼儿在园情况的充分了解,有效实现家园互动。

图 2-13 幼儿智能手环

2. AR/VR 设备

虚拟现实(VR)技术和增强现实(AR)技术是近年来备受关注的新兴技术。虚拟现实(Virtual Reality,VR)技术是一种通过计算机技术和传感器设备,构建出一种逼真的虚拟环境,使用户可以进行身临其境的体验。增强现实(Augmented Reality,AR)技术则是一种将虚拟信息与现实世界相结合,实现真实世界和虚拟世界的融合。VR 设备通常包括头盔、眼镜等,而 AR 设备则可能包括智能眼镜、手机等,如图 2-14 所示。这些设备都可以穿戴在身上,并且通过与用户的身体动作相结合,实现各种交互功能。虚拟现实(VR)技术和增强现实(AR)技术在幼儿教育领域的运用为幼儿教育带来了全新的可能,它们可以为幼儿提供更加真实、沉浸式的学习体验。通过 VR 技术,幼儿可以进入一个虚拟的世界,与虚拟的角色、场景进行互动,从而更加深入地了解学习内容。而 AR 技术则可以将虚拟的信息叠加到现实世界中,使幼儿能够更加直观地了解学习内容。这些技术的应用,让孩子们可以身临其境地探索世界,不仅可以提高幼儿的学习兴趣和主动性,还可以帮助幼儿更好地理解和掌握学习内容。操作时,教师先确保设备的安全佩戴,然后引导幼儿在虚拟环境中进行互动学习。

其中,基于标识的移动智能终端 AR 给教育资源开发提供了一种新的视角和助力。AR 闪卡不仅具备 AR 的虚实融合、3D 展示和实时交互等教育特点和优势,而且易于上手、快捷方便,能够在智能手机、PAD 等移动设备使用。在 AR 闪卡创设的虚实结合的环境中,幼儿通过智能移动设备扫描 AR 卡后,可以与 3D 模型实时交互,如图 2-15 所示,激发幼儿学习和探究的兴趣,并使幼儿置身于安全的环境中进行实验操作和自主探究,能够在一定程度上解决目前幼儿科学活动中探究"形式化"、缺少必要的学习资源辅助以及探究材料的安全隐患等问题。

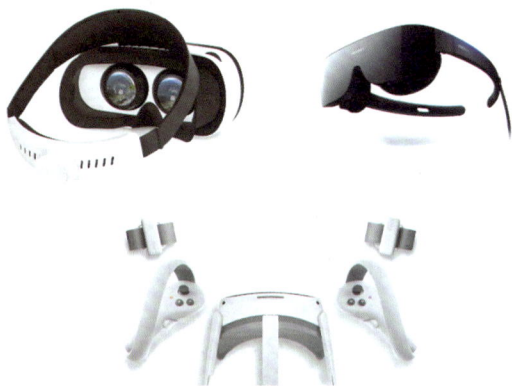

图 2-14　VR/AR 设备

图 2-15　AR 闪卡

(五) 数字化教室

幼儿园数字化教室是一种集成了虚拟现实、增强现实、物联网、人工智能等多种现代信息技术,集智能化控制、智能化管理、智能化互动反馈、智能化数据分析等功能于一体的用以支持教学活动开展的现代化教学环境,能够提供更加生动、直观的教学方式,开展科学、语言、艺术、健康、社会各教育领域的主题教学、实验体验、游戏活动等,促进幼儿的学习和发展。

幼儿园数字化教室以互动为核心,在泛在网络环境支持下,由多屏显示系统、移动终端(教师和幼儿)、活动课桌椅、课堂录播系统、视频会议系统、课程资源平台等部分构成,如图 2-16 所示。

数字化教室作为一个泛技术支持下的学习环境,其设计理念主要体现的是以学生为中心的设计,促进学生的学习和发展。要实现这一理念,必须有相应的环境及在这一环境中的活动支持,数字化教室的环境和活动应体现在为学生在课堂中的个体学习和社会化学习提供良好的支持,数字化教室的物理环境设计也应体现当前及未来空间设计的新理念。针对数字化教室教与学的特点,其在功能上应能够实现泛在网络,实现课堂内多数设备的无缝接入,并实现课堂中各设备之间良好的互动,共同构建交互自然的学习环境。在桌椅配置上提供可以多种组合的多功能桌椅,突出课堂对人的关注;应能提供适合个体需要,符合人体工程学的桌椅设施;课桌椅是灵

图 2-16　数字化教室的物理架构

活的、易于移动及组合的(如可以设计成梯形);可以根据不同教学形式的需要,拼接和组合成适度规模的学习小组。

数字化教室应是一个多屏显示的学习空间,既有利于教师从不同角度呈现教学的信息(如在科学主题

教学中利用多块屏幕展示不同媒体类别的教学资源等），克服当前流行的单屏环境下"单一、静态的幻灯片孤立地显示在屏幕上，一张一张地按序演示"的现状。

数字化教室是一个预设性与生成性并重的课堂，在课堂的教学过程中，会有许多生成的资源，教室配备的课堂录播系统可以将课堂的教学过程完整地记录下来，直接上传到课程资源云平台中，实录的这些资源既可以很方便地供教师进行教学后反思，同时这些资源也将成为新的生成性资源供其他学习者使用。

数字化教室是一个开放性的课堂，学习者所获得的资源及与之互动的学习同伴、教学者、专家也不再仅仅局限于真实的课堂，可以借助视频会议系统，将身处异地的学习者、教学者、专家聚集到一个学习空间中，进行学习的互动和交流，也可以实现实际工作场景或生活场景的接入，能为学习者的学习过程提供真实的情境。也可以借助虚拟现实技术，使现实课堂中的学习者与虚拟课堂中的学习者进行互动交流等，从而有力地扩展现实课堂中学习的资源。

数字化教室应是一个人性化的学习空间，大量设备、技术的应用必然会给教学者和学习者的使用带来一定的难度，要让这些技术能够很好地服务和支持教学者的教学和学习者的学习，就需对这些设备实现统一管理和智能控制，让这些设备、技术能够为教与学的过程提供便利支持。

1. 移动终端与充电推车

在幼儿园数字化教室中，为教师和幼儿均配备了移动终端。教师教学终端和幼儿学习终端选用智能平板，同时配套功能强大且易于操作的教与学互动软件平台。可以允许教师有效跟踪课堂，实现教学内容实时共享，开展即问即答的互动式教学，即时反馈作答结果，增强教师与幼儿、幼儿与幼儿间的互动，使幼儿能够更加主动地参与到学习中来。

除了教师的教学终端和幼儿的学习终端设备外，数字化教室中还需配备移动终端的充电推车，如图2-17所示。使用固定式或可移动的充电推车对移动终端进行集中充电和管理，使所有的移动终端可根据最佳充电时间自动充电，充电饱和后自动断电，确保每台终端都能达到最佳状态，尽可能达到最大续航时间，充分保证课堂教学活动的顺利实施。

图2-17　移动终端与充电推车

2. 多屏显示系统

图2-18　数字化教室的多屏显示

教师在课堂上要呈现的信息内容形式多样，传统的单屏环境已经不能满足这个需求，多屏联动成为一种趋势。数字化教室建设配备多块电子屏幕，由触控一体机、液晶显示屏、触控平板电脑组成多屏显示系统，如图2-18所示，配套教学互动软件，实现多屏幕显示、大小屏幕交互，以支持分组学习、小组讨论、探究性学习等个性化及社会化学习方式。触控式一体机、液晶显示器，配合专用的软硬件以及相关辅助设备组成一个有机的整体。教师可以根据实际教学需要选择教学中使用的屏幕数量（电子单屏、电子双屏、电子三屏）。通过智能化的设备配置,在各类智能终端和多块显示屏之间可以实现自由的组合,在不同的教学模式下,实现不同的互动模式。

3. 课堂智能录播系统

课堂智能录播系统可以将整个教学过程全部拍摄出来,真实记录现场的教学活动。采用一键式控制启动录制,直到停止录播功能后直接生成视音频片段。如图 2-19 所示,录播系统能够同步实时采集教师讲课场景、学生场景、实物展台、教学课件 VGA 的信号、手写电子板书及电子白板板书等多画面,实现自动录制,现场同步直播;课后自动上传,视频分类,点播收看,并能实现实时评价、课后评价和视频编辑等功能。系统能按照自动录制和素材录制方式同时录制多路高清图像,通常采用 H.264 通用压缩算法,支持 MP4 等常用文件格式。如果视频采用高清(1080p)分辨率、30 帧/秒的帧率,并使用常见的视频编码格式(如 H.264),那么 1 小时的录像数据量可能在 1 GB 到 3 GB 之间。

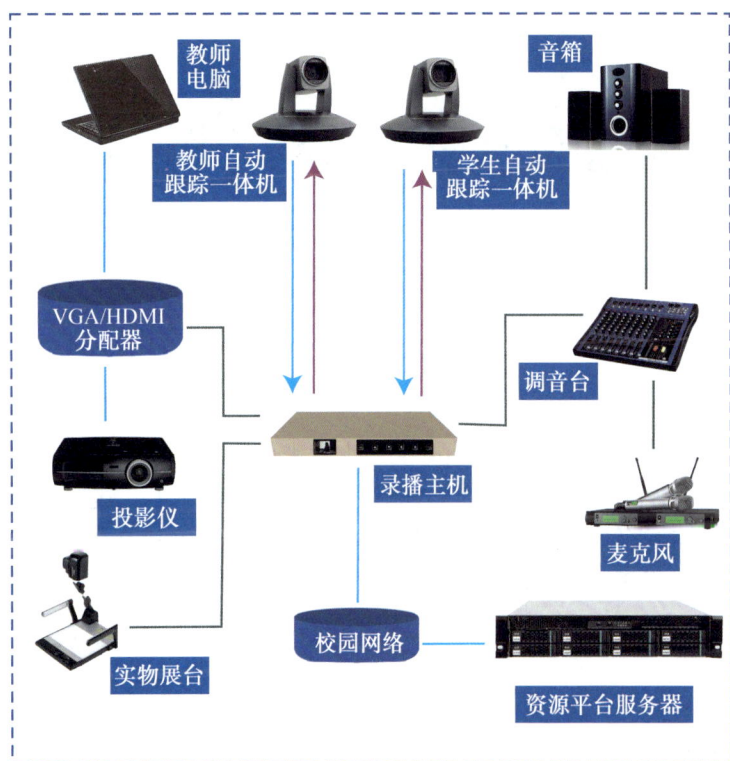

图 2-19 课堂智能录播系统示意图

二、幼儿园教学中常用的数字化软件工具

数字化教学软件是指基于计算机和网络技术开发的,用于支持教学活动的各种应用软件。数字化教学软件可以丰富教学手段,提高教学效果,为教学带来更多的便利和创新。在数字化教育活动中,数字化硬件设备为各类数字化软件工具提供了运行的基础环境。各类数字化软件工具通过设计和开发各种教学应用功能,充分利用教学硬件的性能,为教师和幼儿提供更高效、更便捷的教与学体验。

(一)课件制作软件

多媒体教学课件已成为幼儿园教学中不可或缺的一部分。教学课件制作软件是用于制作多媒体教学课件的工具软件,如 WPS 演示工具等。这些软件具有丰富的素材库和强大的动画效果,可以制作出图文并茂、生动有趣的多媒体教学课件,如图 2-20 所示。在幼儿园教学中,教师可以利用这些软件制作各种主题的教学课件,通过软件中丰富的图像、声音、动画等效果,可以将抽象的概念和复杂的知识变得生动直观,从而激发幼儿的学习兴趣和好奇心。例如,在动物世界主题的教学课件中,通过生动的动画效果和声音效果,可以让幼儿仿佛置身于动物世界中,感受到动物的魅力和神奇,培养他们的观察力和想象力。在植物生长主题的教学课件中,通过动画效果展示种子发芽、生长、开花、结果等过程,让幼儿了解植物的生长规律,从而培养他们的环保意识和生命科学素养。

图 2‑20　WPS 课件制作软件工具

（二）电子白板软件

随着技术的发展,教学硬件和教学软件之间的联系也越来越紧密。除了不断发展的电子白板硬件设备外,还出现了一些电子白板软件工具,可以作为软件应用运行在计算机上。这些电子白板软件通常具有丰富的教学资源与学科工具,使得课件制作更方便,支持在线制作 PPT、文件文档编写、绘图制表等,支持备授课模式,提供页面和对象的交互特效,功能强大,快捷教学轻松备课。图 2‑21 所示的是某电子白板软件支持的课堂交互活动类型,包括趣味分类、超级分类、选词填空、知识配对、分组竞争、判断对错、趣味选择、记忆卡片、球球拼词等。

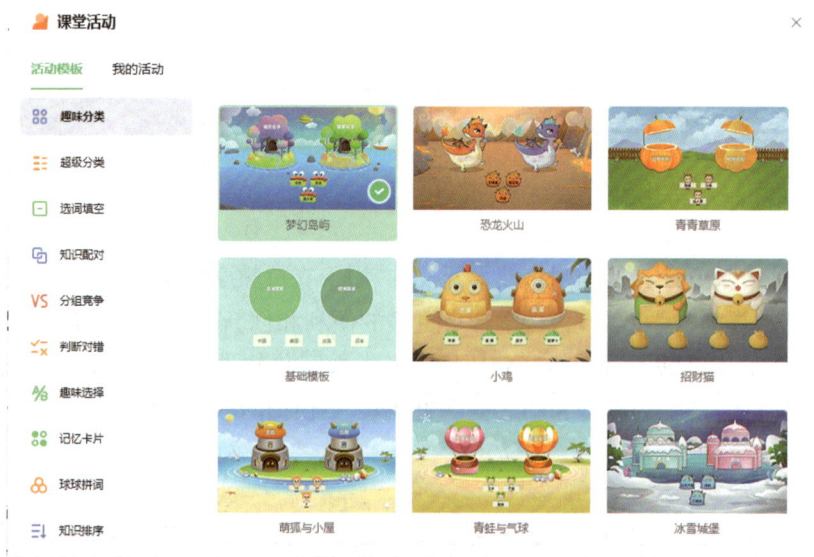

图 2‑21　电子白板软件提供的课堂活动设计模板

每一类活动主题适用不同的教学场景与需求。例如,在趣味分类活动中,教师可以把教学内容分为两类,让幼儿把带有相同属性的小动物移到相应容器里。超级分类活动则不再局限于固定的分类数量,教师可以按照教学实际需要增删类别数量。在选词填空活动中,教师可以在创建文本类的选词填空时插入任意数量的填空,还可以添加干扰项来控制题目的难度。知识配对活动允许教师根据教学内容创建一定数量的知识对,教学中幼儿通过拖动选项进行配对。

形式丰富、互动性强的课堂活动提供了一种愉快的学习方式,这些人机交互活动不仅能提高幼儿的观察力、记忆力、注意力,还能锻炼思维能力和创造力,有助于提高学习效率。同时,软件提供基于模板的二次设计与编辑,教师在课件制作过程中,如需使用相应类型的课堂活动设计模板,只需选中喜爱的设计模板后并应用,自定义需要的元素,点击完成,即可成功导入课堂活动。

(三) 教学互动系统

教学互动系统是指具有人机交互功能的软件平台,具有丰富的课堂双向交互功能,为信息技术环境下互动活动的实施提供核心支持,能够帮助教师灵活组织教学,引导幼儿积极参与课堂学习,为幼儿提供一个更加自主、互动的学习环境,让幼儿在游戏中学习、在探索中成长。在幼儿教育活动中,教师可以利用教学互动系统设计各种互动游戏、闯关挑战等教学活动,引导幼儿积极参与、主动探索,提高幼儿的学习兴趣和主动性。教学互动系统由教师端软件、学生端软件以及将教师终端和学生终端紧密相连的互动引擎三部分组成,如图 2 - 22 所示。

图 2 - 22　教学互动系统

(1) 教师端软件。软件可以运行于目前主流平板电脑,通常具备数字教学、移动教学、互动教学、课堂评测、移动展台、课堂回顾、班级管理等功能,能够实现当前电子白板书写控制、课件演示分发、课堂问答即时反馈统计、分小组协作学习、实物投影、学生作品投屏讲评、课堂生成性资源保存等主要应用场景,如图 2 - 23 所示。教师手持移动终端设备可以走出讲台区,走进学生当中,在移动中正常开展教学,教学活动多样化、课堂更加生动。同时,软件可以对学生的移动终端设备进行实时的管理,如一键锁屏、查看平板、一键清空、发送文件等。考虑教师的使用习惯及教学需要,软件界面通常为图文菜单,界面友好,操作简便,人机互动性强,不需要经过专业培训以及详细查看说明书,即可轻松掌握。

图 2 - 23　教学互动系统常见功能

(2) 学生端软件。学生端配置满足学生基于平板电脑进行读、写、画需求的软件,课堂管理软件和学习工具软件。学生端软件支持学生无线接收教师推送的课件资源,同步大屏幕课件展示,接收教师板书,支持本地书写并即时反馈;可以在教师推送的课件上进行圈划,并互动分享;可以参与教师端发起的互动答题;支持下载上课的课件和板书到本地存储,以便课后复习使用。

(3) 互动引擎。互动引擎的主要功能是实现教师 Pad 和学生 Pad 内容的互联互动,一键式操作简单便捷,教师可以直接操作终端 Pad 实现与学生 Pad 的互动,并能够将学生端 Pad 操作同步投屏到教室中的教学触控一体机大屏上,多屏教室中可以通过互动引擎将不同小组的学习成果分别投屏在不同的教学大屏上。教师可以在 Pad 端一键切换,也可以通过集成在教室教学终端上的触摸屏进行切换操作,轻松实现课堂教学管理。

(四)幼儿评价系统

　　评价作为教育的一部分,既是促进幼儿发展的手段,也是教师必备的专业能力。"促进所有儿童全面而个性的发展"是儿童评价的关键原则。幼儿园儿童评价以"发展适宜"和"真实评估"理念为指导,提倡儿童学习与发展的评价是自然真实的、全面连续的、具有个性差异的。幼儿评价系统通过信息化手段和大数据支持,帮助园所教师和家长高效完成幼儿发展情况记录与分析。基于健康、语言、社会、科学、艺术五大教育领域制定幼儿学习与发展行为观察指引,如图 2-24、图 2-25、图 2-26 所示,系统内置具体表现行为描述,教师根据幼儿相应表现行为点选或记录,就可以完成幼儿发展跟踪,为后续幼儿发展综合分析做好数据储备。大部分幼儿评价系统可支持手机端、网页端、Pad 端三端操作,数据互通,满足园所教师不同应用场景需求。在幼儿园教学中,教师可以利用教学评价系统及时对幼儿的学习成果进行评价和反馈,帮助幼儿及时发现自己的不足和进步,促进幼儿全面发展。

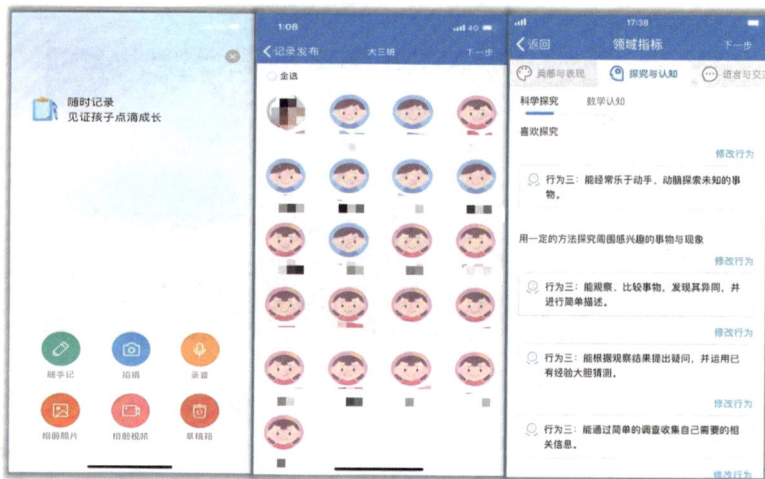

图 2-24　幼儿评价系统

图 2-25　幼儿学习与发展行为观察指引　　　　图 2-26　日常幼儿学习与发展行为观察记录

（五）生成式 AI 工具

1. 什么是 AIGC

当前，不断更迭的智能技术正在加速教育的数字转型与智能升级，变革和重塑未来教育形态。尤其以 ChatGPT、GPT-4 等为代表的生成式人工智能技术具备了通用人工智能的特征，正推动着互联网资源生产方式转向人工智能生成内容（AI Generated Content，AIGC）范式，使得人工智能在数字化实践中的作用更为凸显。生成式人工智能是利用机器学习算法，创造新的和原始内容的人工智能类型，是利用人工智能技术自动化创造信息的过程，能够实现令用户满意的个性化需要。大模型是生成式人工智能的一种重要形式。

2. AIGC 的特征

生成式人工智能有五个主要特征：一是生成内容的创造性。开始替代人类的创造性工作，如编写儿童读物、创作诗歌等。二是生成逻辑的流畅性。使人机对话贴近人类，上下文语境的会话能力可实现人机围绕主题持续探讨。三是生成技能的多样性。生成式人工智能能生成多模态内容，如文本、声音、图片和视频等。四是生成思想的道德性。能回答连续性追问、承认自己的错误、质疑不正确的前提、拒绝不适当的请求。五是生成模型的巨大性。当模型参数超过特定临界值时，生成式人工智能会涌现独特的创造能力。

3. AIGC 工具的注册使用

2023 年 7 月，国家网信办联合发改委、科技部等七部门联合公布《生成式人工智能服务管理暂行办法》，8 月首批国产大语言模型服务平台陆续向全民开放使用，如百度文心一言、字节跳动豆包、商汤商量、讯飞星火认知、智谱清言等。这些模型通常基于深度学习技术，拥有大量的参数，通过在大量文本数据上训练获得强大的语言理解和生成能力，能够基于自然对话方式理解和执行任务，如对话生成、编程、事实问答等，如图 2-27 所示。

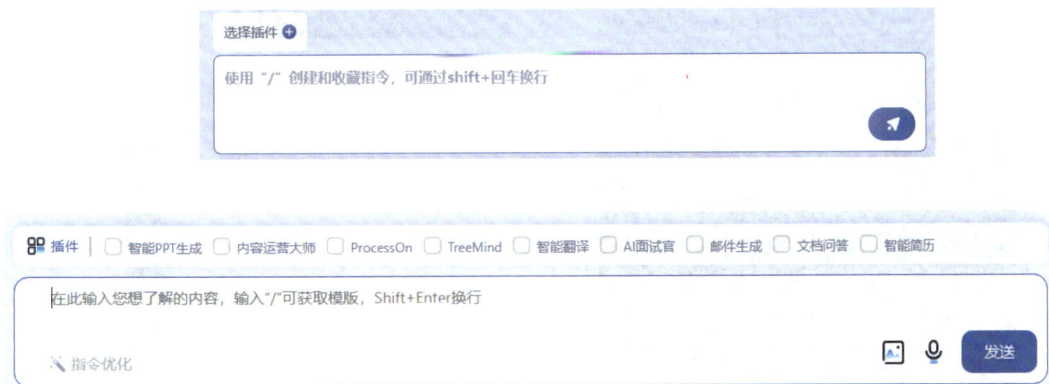

图 2-27　一些 AIGC 工具的对话窗口示意图

近年来，国产大模型的发展势头愈发强劲，现有大模型的性能与功能不断迭代升级，同时越来越多的创新模型也不断涌现。2025 年备受瞩目的 DeepSeek，凭借其显著的低成本优势、先进的深度学习架构优化以及强大的多模态交互能力，迅速崛起为国产大模型中的佼佼者，并成为全球瞩目的焦点。DeepSeek 在推理、自然语言理解与生成、图像与视频分析、语音识别与合成、个性化推荐、大数据处理与分析、跨模态学习、实时交互与响应等领域展现出强大能力，其在多领域的广泛应用、开源生态的不断完善，为国产大模型的创新与发展提供了强有力的支持，推动全球创新浪潮向前发展。随着技术的不断进步和应用场景的不断拓展，越来越多的国产大模型正在积极探索行业大模型的发展道路。

大语言模型服务平台的一般使用步骤如下。

（1）注册和登录：首先，需要选择一款大模型工具，在官方平台或应用上注册一个账号，并使用该账号登录，以确保用户身份和数据的安全性。以百度文心一言为例，浏览器检索"文心一言"打开官网，如图 2-28 所示，点击右上角"登录"，可使用已注册过的百度账号进行登录，或者选择账号注册，如图 2-29，设置用户名和密码，通过手机号接收验证码完成账号注册。注册成功后即可使用注册账号登录平台。

　　（2）了解功能和特点：在正式使用之前，可以通过阅读官方文档、观看教程视频或参加培训课程来了解这款大模型工具的主要功能、特点和适用场景。以文心一言为例，登录后点击"一言使用指南"，如图 2‑30 所示，可以通过指南了解文心一言大模型工具的功能和特点，如图 2‑31 所示。

图 2‑28　文心一言官网

图 2‑29　百度账号注册

图 2‑30　"一言使用指南"入口

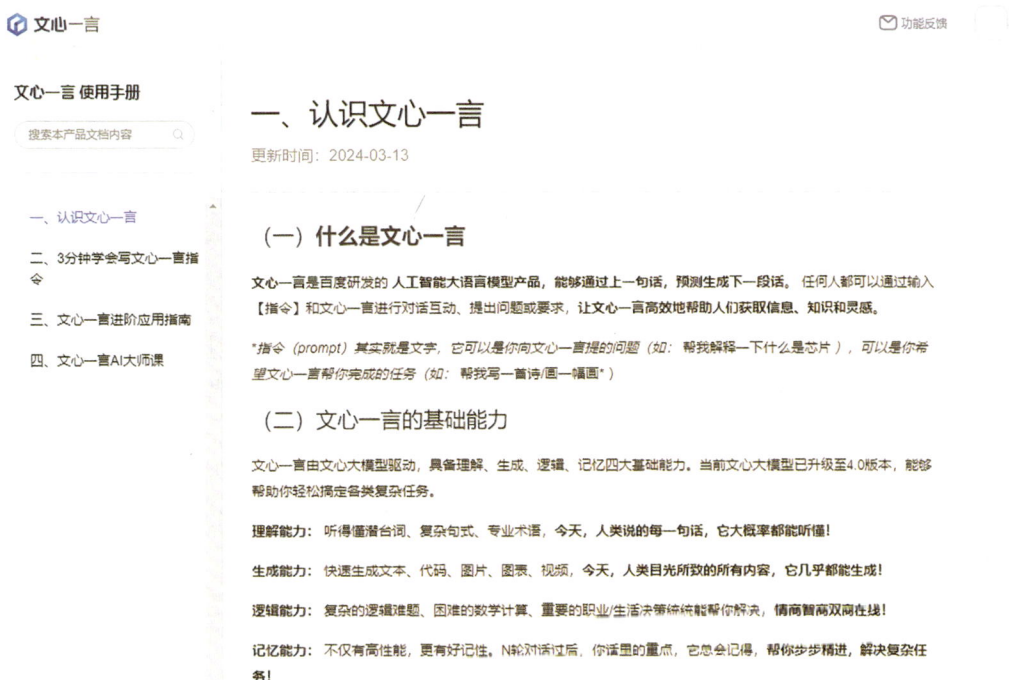

图 2-31 一言使用指南

（3）准备输入数据与指令：根据实际需求，准备相应的输入数据与指令，包括文本、图像、音频等，需要准备哪些数据与指令取决于想要使用大模型工具帮助我们完成什么样的任务。例如，幼儿教师使用大模型工具设计生成一份国庆节主题活动教案。

（4）选择任务类型：大模型工具通常支持多种任务类型，如文本生成、文本分类、情感分析、问答等。需要根据实际需求选择适合的任务类型。以文心一言为例，如图 2-32 所示，点击插件可以根据实际需求选择插件类型。

图 2-32 大模型工具提供的多种类型插件

（5）上传数据或输入指令：将准备好的数据上传到大模型工具中，或者直接在对话界面输入指令。这通常可以通过拖拽文件、粘贴文本等方式完成。在指令中可以包含一些相关参数的描述，如生成文本的长度、输出格式，提高输出结果与期望的匹配度。如图 2-33 所示，示例中幼儿教师使用大模型工具设计国庆节主题活动方案时,使用了以下指令。

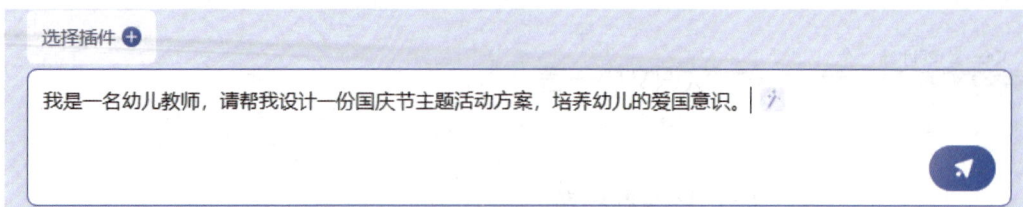

图 2-33　通过提示词向大模型工具提问

(6) 执行任务:完成上述步骤后,点击执行或运行按钮,大模型工具就会根据输入的数据与指令进行相应的处理和分析,生成结果并输出,可以根据需要对结果进行进一步的处理或调整。如图 2-34 所示,展示了大模型为幼儿教师设计的国庆节主题活动方案。

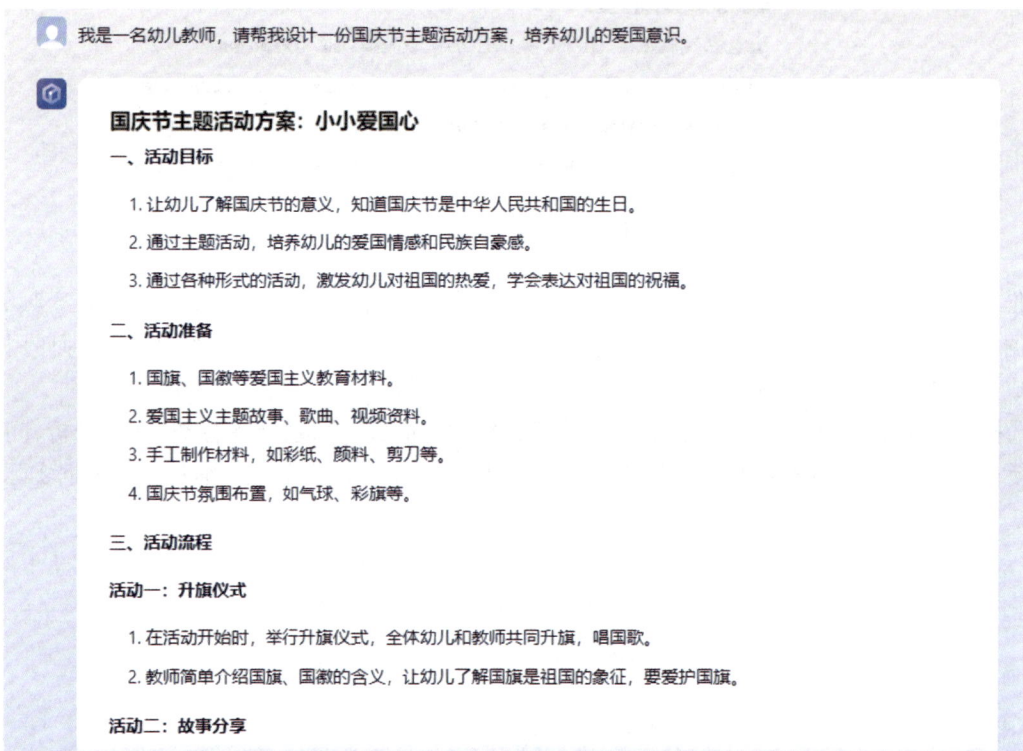

图 2-34　大模型工具生成的国庆节主题活动方案

(7) 下载或导出结果:可以下载或导出生成的结果,通常提供了多种导出格式。

4. AIGC 在教育教学中的应用场景

生成式人工智能在文本生成、语言理解、知识问答、逻辑推理等方面的能力对于教育教学具有极大的应用潜力和价值。联合国教科文组织于 2023 年 9 月发布的《生成式人工智能教育与研究应用指南》,是生成式人工智能在教育领域的第一个全球性指导文件。该指南指出,要为教育和研究领域正确使用生成式 AI 进行能力建设,在课堂上使用人工智能工具的年龄限制应设在 13 岁,需思考生成式 AI 对教育与研究的长期影响。因此,大模型工具在幼儿教育教学中将主要作为教师的备课助手和教学助手来使用。

(1) 作为备课助手,辅助教师设计教案、课件、教学资源、学习单等。

借助大模型的深层次语言理解、文本生成能力,可帮助教师进行智能化教学设计。大模型工具可以根据教师提供的关于教学主题、幼儿学情等信息及具体的指令要求,生成课时主题、学情分析、教学目标等教学设计的标准模块,还能够智能匹配符合《幼儿园教育指导纲要(试行)》的教学任务、教学活动,帮助教师智能生成教学设计。基于大模型的图文、音视频等多模态资源检索能力,大模型工具可以根据指令关键词智能生成互动式教学课件,还可以智能生成情境图片、思维导图等,有效提升教师备课效率。还可以基于大模型工具生成视频类教学资源,帮助教师设计更有趣且有效的教学活动。

(2)作为教学助手,辅助教师创新教与学方式,提升幼儿的学习体验。

教师可以利用生成式人工智能工具创新教育活动的组织方式。例如,可以利用数字仿真技术生成类似于真人的虚拟形象,并借助大模型的语言理解和文本生成能力,通过"角色扮演+场景构建"的方式与幼儿互动,在教师的引导下鼓励幼儿提问并回答幼儿的问题,有助于激发幼儿学习兴趣,提升幼儿探索创新能力。又如在某主题教育活动中,教师使用大模型工具和幼儿一起创编该主题的绘本故事等等。

数字化教学硬件和软件的应用为幼儿园教学带来了革命性的变革。通过合理利用这些设备和软件,教师可以为幼儿营造一个更加生动、有趣、互动的学习环境,激发幼儿的学习兴趣和主动性,提高教学效果和学习体验。同时,数字化教学设备和软件的应用也为教师提供了更多的教学资源和手段,帮助教师更好地进行教学管理和个性化指导。

主题实践活动

项目一 利用一体机及白板创设数字化互动学习环境

一、情境与任务

主题活动

数字化环境中"爱护牙齿"主题活动实施

为了增强幼儿的护牙意识,丰富幼儿的爱牙知识,幼儿园以"爱护牙齿"为切入点,展开健康教育主题活动。通过活动,让孩子们认识到保护牙齿的重要性,学会并坚持正确刷牙方法,成为护牙小卫士。

教学触控一体机及电子白板为教师设计与开展多样化、高交互的课堂活动提供了数字化设备及工具,幼儿园李老师运用教室多屏的数字化环境以及电子白板工具,设计并组织了丰富有趣的课堂活动,提高幼儿的学习体验。

二、活动分析

(一)活动计划

1. 交流与讨论

希望幼儿通过"爱护牙齿"主题活动学习或者收获什么?牙齿的结构和功能对幼儿来说比较抽象和枯燥,如何使用数字化工具将这些抽象枯燥的知识转化为适合幼儿学习的直观、形象生动的内容?如何引导幼儿在生活中养成注意口腔卫生的好习惯?

2. 准备活动材料

幼儿教学需要准备丰富、生动的教学材料,除了教学课件,还需要一些数字化教学设备、实物展示的模型、游戏道具等。

3. 设计幼儿活动

教学活动需要根据本节课的教学目标和教学内容进行具体设计。需要注意的是,活动设计和组织要发现和支持幼儿有意义的学习,采用小组或集体的形式讨论幼儿感兴趣的话题,鼓励幼儿表达自己的观点,提出问题、分析解决问题,拓展提升幼儿日常生活和游戏中的经验。关注幼儿学习与发展的整体性,寓教育于生活和游戏中。

4. 活动实施反思

通过设计活动的实施,会有很多教学感悟,要结合实际教学体会不断反思,充分发挥各类数字化教学设备对幼儿学习体验的促进作用,从而改进自己的教学。

(二)所需知识与技能

(1)教学触控一体机的基础操作与课件演示。
(2)教学平板的基本操作、教室多屏数字化活动环境的连通操作。
(3)活动方案的设计、交互型教学课件的设计与制作。

三、方法与步骤

(一)确定主题活动目标

确定幼儿主题活动目标是一个综合性的过程,涉及对幼儿发展阶段的理解、活动内容的分析、教育理念的考虑以及实际可行性的评估。在制定幼儿主题活动目标时,应结合以下方面开展分析:

1. 分析幼儿的发展阶段

考虑幼儿的年龄和相应的身心发展特点,如认知水平、社交能力、语言表达、创造力等。确定哪些目标符合幼儿当前的发展阶段,并能促进他们的进一步发展。

2. 研究主题活动的核心内容和价值

深入了解主题活动的核心内容和目的,明确活动希望传达的主要信息或教育价值。思考如何通过主题活动促进幼儿对特定主题或概念的理解和学习。

3. 结合教育理念和课程目标

参考当前的教育理念和幼儿教育的目标,如全面发展的教育、以儿童为中心的教育等。确保主题活动目标与这些教育理念相一致。

4. 明确具体、可操作的目标

制定具体、明确、可衡量的目标,避免使用模糊或笼统的描述。确保目标可以通过观察幼儿的行为、作品或表现来评估。

"爱护牙齿"主题活动目标为:
(1)认识牙齿,了解牙齿的结构和功能。
(2)增强对口腔卫生重要性的认识,学会正确的刷牙方法。

(二)准备活动所需要的教学环境和资源

列出本主题活动实施所需要的数字化教学设备、教具、学具及数量清单。教学环境和资源应与幼儿的年龄和发展阶段相适宜。确保创设的数字化教学环境及选用的教玩具等符合幼儿的认知能力和兴趣,并能促进他们的学习和发展。考虑提供多种不同的教学资源和活动,以满足不同幼儿的兴趣和需求。考虑提供具有挑战性和探索性的活动,鼓励幼儿主动学习和探索。同时,教学环境和资源应具有一定的灵活性,以满足主题活动实施的多样性和变化性。

> **"爱护牙齿"主题活动教学环境和资源有:**
> (1)装备有教学触控一体机的数字化教室(讲台区一块,左右两面墙上各一块)、教师教学平板一台。
> (2)白板软件、教学互动软件等教学软件工具。
> (3)"爱护牙齿"交互型教学课件、牙齿模型、牙刷。

课前需要做好数字化教学环境的检查工作,按下开机按钮,分别打开教室讲台区、左侧、右侧三台教学触控一体机,在讲台区教学触控一体机上播放"爱护牙齿"教学课件,设置教室左右两台触控教学一体机的输入信号源,实现教师通过操作教学平板可以控制全部一体机的操作控制。

多屏环境经常使用的场景有:

(1)主屏幕播放教学课件,其他屏幕根据教学进度播放相关的学习素材。

图2-35　多屏环境应用场景1

(2)主屏幕播放教学课件中当前学习的幻灯片页面,其他屏幕顺次显示前一页的幻灯片页面。

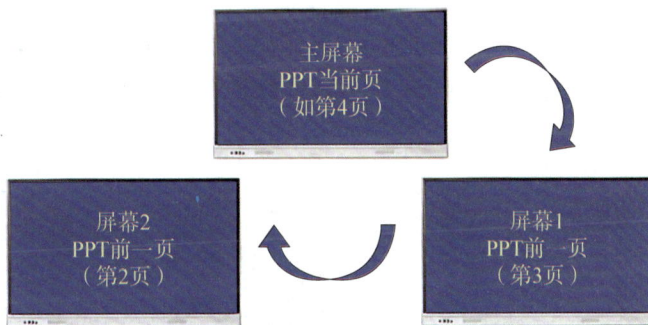

图2-36　多屏环境应用场景2

(三)利用教学触控一体机开展互动教学

1. 导入新课

在幼儿园的集体教学活动中,导入方式对于幼儿参与活动的积极性和活动实施的最终效果,都起着至关重要的作用。谜语导入法是幼儿主题活动中经常使用的一种导入方式,通过猜谜语能够描述事物的主要特征,帮助幼儿理解活动内容,启发幼儿的学习兴趣。

> **播放 PPT,以猜谜语的形式引出活动主题。**
> 师:今天老师请小朋友猜一个谜语"兄弟生来白,队伍排两排。嚼饭又切菜,活儿干得快。你若猜不出,张口它就来。"请小朋友动脑筋想一想,这是什么东西呢?请猜到的小朋友举手告诉老师你的答案。

图 2-37　用猜谜的方式引出活动主题

2. 课堂互动片段

教师利用电子白板软件制作了"爱护牙齿"交互型教学课件,在播放状态,可以直接触控屏幕实现与内容的交互,加强课堂互动性,通过一些演示动画、互动游戏帮助幼儿分辨牙齿的不同状态、牙齿的作用等等。

(1)"找一找"小游戏:找出不健康的牙齿。

借助信息化工具设计游戏活动,在一组状态不同、随机出现的牙齿中,让幼儿找出不健康的牙齿。幼儿只需要用手指触屏点一点就可以选中目标牙齿,操作十分方便。各种状态牙齿直观形象,幼儿既感兴趣,又容易理解,在游戏中培养幼儿仔细观察、细节辨别的能力。

"找一找"小游戏:找出不健康的牙齿。

师:刚才我们了解了断牙、蛀牙、不整齐的牙齿、整齐的牙齿几种牙齿状态,那么小朋友们是不是真的会分辨了呢? 我们来做个游戏检验一下,在屏幕出现的牙齿中,找出所有不健康的牙齿。哪位小朋友想要试试看?

图 2-38　"找出不健康的牙齿"小游戏

(2)"分一分"小游戏:不同食物对牙齿的影响。

教师给出各种不同的食物图片,幼儿通过判断这些食物对牙齿的影响,将其拖到合适的位置,即可完成游戏。在妙趣横生的活动中,学习知识,增强体验,养成生活中爱护牙齿的意识。

"分一分"小游戏:不同食物对牙齿的影响。

师:这里有生活中常见的各种各样的食物,请小朋友们想一想,常吃哪些食物有助于强壮我们的牙齿?常吃哪些食物有可能会腐蚀我们的牙齿?然后通过拖一拖的方式,将这些食物进行区分。哪位小朋友想要试试看?

a   b

图 2-39 "不同食物对牙齿的影响"小游戏

(3)动画演示教学:正确的刷牙方法。

动画以其色彩鲜艳、形象生动、富有趣味的特点,能够迅速吸引幼儿的注意力。通过动画演示的方式,能够将刷牙的正确方法以直观的方式呈现出来,帮助幼儿更好地理解并掌握刷牙的正确步骤和技巧。幼儿可以在轻松愉快的氛围中学习正确的刷牙方法,从而更容易养成良好的刷牙习惯。

动画演示教学:正确的刷牙方法。

师:亲爱的小朋友们,我们的牙齿就像小小的士兵,每天都在为我们的口腔守护站岗。但是,如果我们不妥善照顾它们,它们就可能会生病。为了让我们的牙齿保持健康,我们需要学习正确的刷牙方法。今天,老师准备了一个特别的动画,它会告诉我们如何正确地刷牙。让我们一起跟着动画演示,学习如何让我们的牙齿闪闪发光、健康又美丽吧!(播放正确刷牙的动画。)

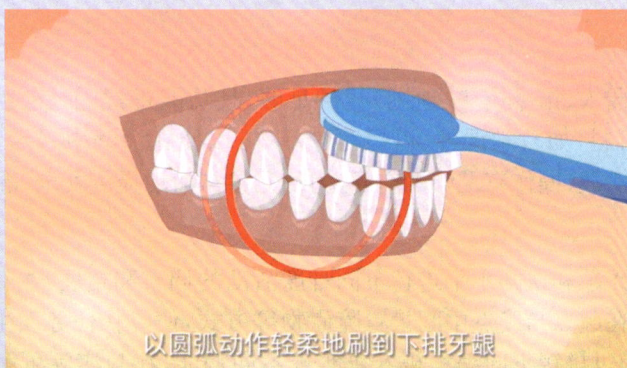

以圆弧动作轻柔地刷到下排牙龈

图 2-40 "正确的刷牙方法"动画演示

3. 活动实施反思

"爱护牙齿"主题活动抓住了幼儿日常生活中的牙齿健康问题,借助数字化教学软硬件设备工具,制作了交互型教学课件,在多屏的数字化环境中实施教学。在活动中,通过课件介绍牙齿的基本结构,开展多元化的互动游戏、动画演示、牙齿模型演示,增强了幼儿的自主性和操作性,让孩子们在轻松愉快的氛围中了解了牙齿的状态,学习了如何保护牙齿。教学中也鼓励孩子们分享自己的刷牙经验,让他们在互动中学习,从而更加深入地理解正确刷牙的重要性,培养孩子们良好的生活习惯和健康意识,在日常生活中完成教育的闭环,体现教育的延续性。

项目二　利用实物编程工具创设游戏化编程学习环境

一、情境与任务

主题活动

实物编程环境中"地上的小脚印"编程学习主题活动实施

幼儿编程教育需要遵循幼儿身心发展规律和学前教育规律,不是传授编程技能,而是激发编程兴趣,在游戏中体验编程,培养计算思维。实物编程工具以图形化编程语言为原型,把软件中的图形化编程积木实体化、物理化,变成可以亲身动手操作的编程积木块。幼儿可在与实际可触摸的编程教具进行交互、玩耍和创造的过程中潜移默化地体验编程,发展计算思维。

在"地上的小脚印"主题活动中,王老师运用实物编程工具设计了幼儿通过脚印寻找走丢的小猫、小鸭子、小鸟三种小动物的编程活动,在活动的过程中根据脚印找到走丢的小动物,学习数字模块的使用,理解程序的顺序执行。

二、活动分析

(一) 活动计划

1. 交流与讨记

在"地上的脚印"编程学习主题活动中,需要幼儿解决哪些问题? 解决这些问题需要用哪些编程知识、技能和生活经验? 哪些编程知识、技能是幼儿在前面的编程学习相关主题活动中已经学习过的? 哪些是幼儿将要学习的? 为了更好地激发幼儿的编程兴趣,培养编程思维,应该设计怎样的游戏化编程活动来引导幼儿一步一步地解决问题?

2. 准备活动材料

确保实物编程工具(机器人、指令模块、地图)数量足够,且功能正常,能够支持所有幼儿参与活动。准备与活动主题相关的教学材料,如教学课件、可擦写彩笔等,以便在活动中展示和讲解。检查活动空间环境,确保幼儿实物编程工具摆放、操作有足够的空间,为幼儿参与活动提供安全、舒适的环境。

3. 设计幼儿活动

可以根据幼儿的年龄、兴趣和认知水平进行不同难度活动的调整和拓展,在幼儿熟悉的游戏情境中,通过改变不同小动物的位置、在起点与终点中间设置障碍物等方式,使寻找任务发生变化,启发幼儿设计不同的找寻路径与方法。幼儿通过拼接不同编程积木块实现不同功能,在与实际可触摸的编程教具交互、玩耍和创造的过程中体验编程,发展计算思维。

4. 活动实施反思

根据幼儿编程学习活动的实际开展情况,从活动设计、活动中的幼儿表现、活动目标达成情况、实物编程工具应用效果等方面进行反思,总结运用实物编程工具设计幼儿编程主题活动的一些好的做法和注意事项,为今后类似活动的设计与实施提供参考和借鉴。

(二) 所需知识与技能

(1)教学触控一体机的日常操作与课件演示。

（2）幼儿实物编程工具的基本操作。

（3）活动方案的设计、教学课件的设计与制作。

三、方法与步骤

（一）确定主题活动目标

综合教育理念运用与课程目标分析，遵循幼儿身心发展规律，结合主题活动的核心内容和价值，制定明确具体、可操作的"地上的小脚印"幼儿编程学习主题活动目标。

> **"地上的小脚印"主题活动目标为：**
>
> （1）认识三种动物的脚，了解其特点与作用，并能区分三种动物的脚印。
>
> （2）通过寻找走丢的小动物（小猫、小鸭子、小鸟）的任务，学习数字模块的使用，理解程序的顺序执行。
>
> （3）利用实物编程工具，让幼儿在动手操作中体验编程，并能按规则进行小组沟通协作。

（二）准备活动所需的教学环境和资源

分析"地上的小脚印"编程学习主题活动中实物编程工具使用所需要的环境要求和组织方式，列出活动实施所需要的各类教学设备、资源及数量清单。课前需要做好数字化教学环境的检查工作，打开教学触控一体机测试教学课件内容是否能够正常播放，检查编程工具功能是否正常。

> **"地上的小脚印"主题活动教学环境和资源有：**
>
> （1）装有教学触控一体机的数字化教室、"地上的小脚印"教学课件。
>
> （2）实物编程工具 11 套，教师一套，幼儿两个人一组共同使用一套工具。

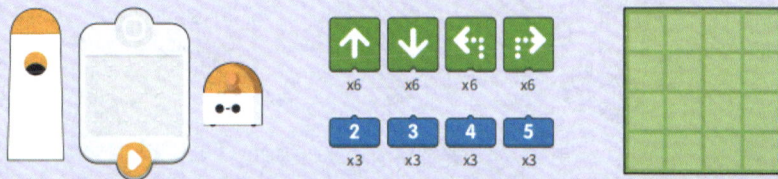

图 2-41　实物编程工具

（3）记录程序指令的学生操作单和贴纸，每小组一套。

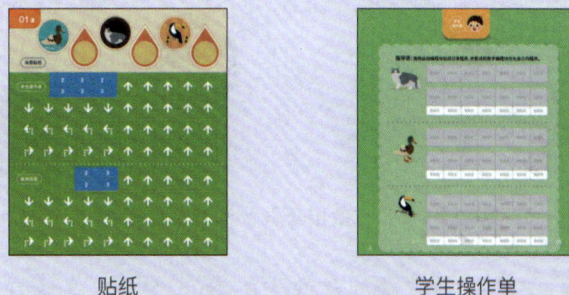

贴纸　　　　学生操作单

图 2-42　贴纸和学生操作单

（三）利用实物编程工具开展编程学习

1. 导入新课

播放儿歌《雪地里的小画家》。这首儿歌旋律欢快,歌词生动,能够迅速吸引幼儿的注意,将他们带入一个充满想象和好奇心的世界。儿歌播放完毕后,教师通过提问的方式引导幼儿回忆儿歌内容,并鼓励他们积极回答。在此基础上给出迷了路的小动物脚印,幼儿通过连连看帮助小动物找到自己的小脚印,从而引出编程学习活动主题。

播放儿歌,通过一组问题引出活动主题。

师:小朋友们,老师今天带来一首非常好听的儿歌,我们一起来听一听吧。(播放儿歌)

下雪啦,下雪啦!
雪地里来了一群小画家。
小鸡画竹叶,小狗画梅花,
小鸭画枫叶,小马画月牙。
不用颜料不用笔,
几步就成一幅画。
青蛙为什么没参加?
他在洞里睡着啦。

雪地里的小画家

图 2-43　播放儿歌

师:小朋友们,你们听到了什么?儿歌里说了雪地里有哪些小画家呀?

生1:儿歌里有小鸡、小狗、小鸭子。

生2:还有小马,它们都在雪地上画画了,画得真好看!

师:没错,小动物们都在雪地上留下了自己的脚印。可是大雪让好多小动物们迷了路,只留下了一些脚印,你们觉得这些脚印会是哪些小动物们留下的呢?

图 2-44　迷了路的小动物脚印

师:哪位小朋友想要试着连一连,帮小动物们找到自己的小脚印呀?

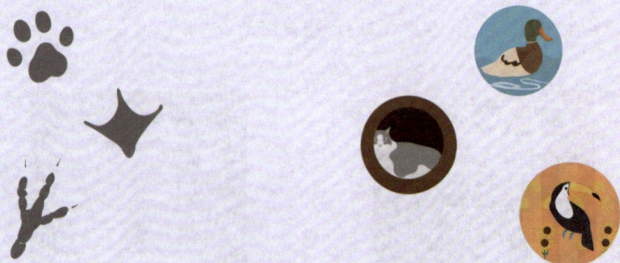

图 2-45　找出不同小动物的脚印

生:第一个是小猫咪的脚印、第二个是小鸭子的脚印,第三个是小鸟的脚印。

师:小朋友们说得非常对。那么,接下来我们就按照脚印的线索,一起来找迷路的小动物们吧……

2. 课堂互动片段

（1）编程1：寻找小猫的路线。

教师展示小猫路线的任务地图，在任务地图中，沿着小猫的脚印就能找到小猫。每组的两位小朋友按照老师要求分工协作完成任务。教师需要及时观察幼儿是否理解了合作规则，并给予指导和帮助。

师：地图上有一条路，路上有小猫的脚印，我们沿着小猫的脚印就能走到小猫的位置。（展示寻找小猫路线的任务地图。）

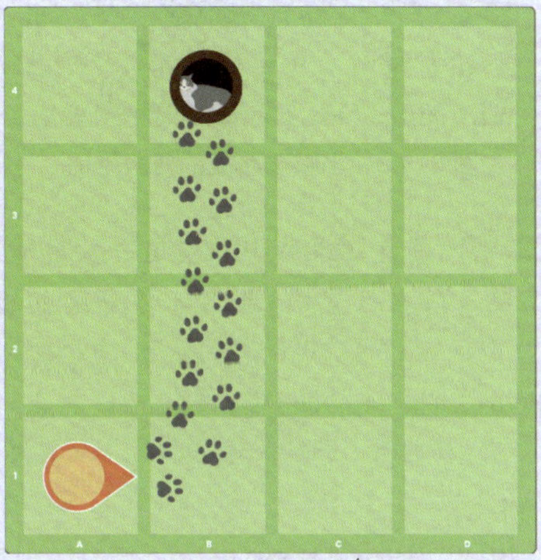

图2-46　小猫路线的任务地图

师：每组的两位小朋友要分工合作，其中一位小朋友负责选择编程木块并完成拼接，从起点出发，沿着小猫的脚印走到小猫所在位置，另外一位小朋友负责将程序记录在操作单上。

生：……（分工合作，完成寻找小猫路线的程序指令编写和记录。）

图2-47　寻找小猫路线的程序

（2）编程2：寻找小鸭子的路线。

教师展示小鸭子路线的任务地图。在任务地图中，沿着小鸭子的脚印就能找到小鸭子。组内的两位小朋友分工交换（上一次负责编程的小朋友这一次负责记录），按照老师要求分工协作完成任务。教师需要及时观察幼儿是否理解了合作规则，并在幼儿编程时给予指导和帮助。

师：地图上有一条路，路上有小鸭子的脚印，我们沿着小鸭子的脚印就能走到小鸭子的位置。（展示寻找小鸭子路线的任务地图。）

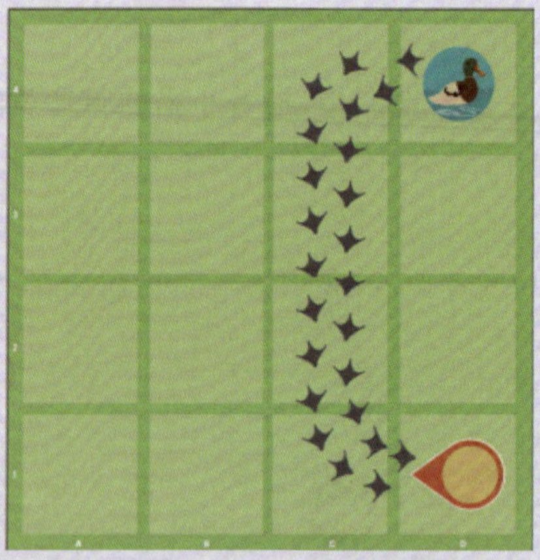

图2-48 小鸭子路线的任务地图

师:请每组的小朋友交换分工,刚才负责记录的小朋友这一次负责选择编程木块并进行拼接,从起点出发,沿着小鸭子的脚印走到小鸭子所在位置,记录刚才负责编程的小朋友这一次负责将程序记录在操作单上。

生:……(分工合作,完成寻找小鸭子路线的程序指令编写和记录。)

(3)编程3:简化寻找小鸭子的路线。

教师用PPT展示小鸭子的路线程序,为后面数字编程块的学习做引导。教师在这里要准确把握问题的问法,要强调"连续"的意思就是"连在一起的一样的编程块",要让幼儿明白不是在整个程序中找出所有的前进编程块。教师需要一步步地、有耐心地进行引导示范,先发现重复的编程块,再判断重复的次数,最后选择正确的数字编程块。每一步都要确认所有幼儿的掌握情况,如果有幼儿存有疑问,要停下来解决问题后再继续下一步。

师:小鸭子的路线程序是这样的,我们来看看能不能将这个长长的程序变短。

图2-49 寻找小鸭子路线的程序指令

师:这个程序中有没有连续出现的编程块呀?哪位小朋友观察出来请举手,我们请一位小朋友上来,把连续出现的编程块圈出来。

图2-50 标记程序中连续出现的编程块

师:前进编程块连续出现了几次?
生:3次。
师:我们可以用哪个数字编程块将程序变短呢?
生:3。
师:对,我们可以把这三个前进编程块换成一个前进编程块和一个数字3编程块。(PPT演示。)

图 2-51　简化后的寻找小鸭子路线程序指令

师：现在请你们试着把自己贴在操作单上小猫或者小鸭子的程序简化变短。简化完成后，再编程运行一次新的程序，看看机器人能不能顺利走到小猫或者小鸭子的位置。

（4）程序比较：比较简化前后寻找小鸭子、小猫路线的程序。

教师用 PPT 分别展示简化前后寻找小鸭子、小猫路线的程序，通过提问引导幼儿观察并分别计算简化前、简化后两个程序中编程块的数量，促进幼儿理解"编程块数量越少，程序越简单"的道理。在这里需要注意的是，要将同一种动物的程序进行两两比较，切忌把四条程序放在一起比较，而给幼儿理解造成不必要的误导。

师：我们用两种方式编写了不同的程序，这两个程序都能帮我们找到小鸭子，老师想问问小朋友们，你们觉得哪个程序更简单呢？

图 2-52　寻找小鸭子路线的两个程序

生：第二个。

师：为什么你觉得这个程序更简单？（可以提示幼儿计算编程块数量。）

生：因为它用的编程块数量更少。

师：非常棒！编程块数量越少，程序就越简单，我们一起来数一数这两个程序分别用了多少个编程块吧。（教师带着幼儿一起数，并把数字写在程序旁边，方便幼儿直观地看到两个程序中编程块数量的多少。然后，用同样的方式引导幼儿比较寻找小猫路线的两个程序。）

图 2-53　寻找小猫路线的两个程序

3. 活动实施反思

"地上的小脚印"幼儿编程学习主题活动设计，充分考虑了幼儿的认知特点和兴趣点，通过儿歌引入、互动提问、实物编程工具应用等环节，有效激发了幼儿的学习兴趣和参与度。同时，活动设计也注重任务的层次性和挑战性，使得幼儿在完成任务的过程中能够逐步提升编程能力。在活动中，幼儿表现出了极高的热情和积极性。他们积极参与互动提问，认真观察脚印特征，大胆猜测可能的动物。在编程任务中，大部分幼儿都能够积极参与活动,掌握基本的编程技能,并成功完成编程任务。虽然部分幼儿在编程块和数字块工具的使用上有些生疏,但他们能够在教师的引导下逐步掌握操作方法。实物编程工具在本次活动中发挥了重要作用。它使得编程变得直观、有趣,激发了幼儿的学习兴趣。同时,实物编程工具也帮助幼儿更好地理解了编程逻辑和流程,提升了他们的逻辑思维能力。

项目三 利用增强现实(AR)技术创设沉浸式探究学习环境

一、情境与任务

主题活动

沉浸式环境中"恐龙你好"主题活动实施

"恐龙你好"是幼儿科学领域主题活动,意在让孩子们初步感受与了解生物的进化,了解有关恐龙的知识,培养幼儿的探索精神,大胆地对远古生物进行想象,提高幼儿的想象力。

增强现实技术能够营造一种逼真的、趣味性的、可操作的环境,在"恐龙你好"主题活动中,王老师运用增强现实技术设计了幼儿可以与恐龙"近距离"交流互动的活动,让幼儿直观观察和了解恐龙的形态、生活习性等特征。

二、活动分析

(一)活动计划

1. 交流与讨论

在幼儿教育领域中,增强现实技术的应用场景有哪些?增强现实技术在幼儿教育中运用的优势表现在哪些方面?在主题教育活动中,为促进活动目标的达成,可以开展哪些形式的幼儿活动?

2. 准备活动材料

确保 AR 设备数量足够,且功能正常,能够支持所有幼儿参与活动。准备与恐龙主题相关的教学材料,如恐龙图片、模型、书籍等,以便在活动中展示和讲解。检查 AR 设备的教学内容是否适合幼儿的年龄和认知水平,确保内容的安全性和适宜性。

3. 设计幼儿活动

可以根据幼儿的年龄、兴趣和认知水平进行调整和拓展,设计兼具教育意义和充满乐趣的多元化的幼儿活动。例如,可以通过 AR 技术,将传统的绘本或故事书转变为互动式的三维场景。幼儿可以通过移动设备或 AR 眼镜,与故事中的角色进行互动,参与故事情节的发展,从而更深入地理解和体验故事。可以利用 AR 技术,模拟各种场景和角色,如恐龙世界、太空探险、动物园等。幼儿可以选择自己喜欢的角色,进行角色扮演游戏,通过互动体验学习相关知识,并培养想象力和创造力。可以设计 AR 探险游戏,让幼儿在虚拟环境中进行探险。通过解决谜题、寻找线索等方式,幼儿可以锻炼观察力、思维能力和团队协作能力。

同时,教师在设计活动时应注意活动的安全性和适宜性,确保幼儿能够在安全、舒适的环境中参与活动,并获得积极的体验和学习成果。

4. 活动实施反思

根据幼儿活动实施情况,反思活动设计、材料准备以及 AR 技术的应用效果。

(1)幼儿参与度:观察幼儿在活动中的表现,分析他们对 AR 技术的接受程度和兴趣点。

（2）活动效果：评估幼儿在活动后对恐龙知识的掌握情况，以及观察力和想象力的提升程度。

（3）技术应用：分析 AR 技术在活动中的优势和不足，思考如何更好地将其融入幼儿教育中。

（4）改进方向：根据反思结果，提出针对活动设计、材料准备和技术应用的改进建议，为今后类似的活动提供参考。

（二）所需知识与技能

（1）教学触控一体机的日常操作与课件演示。

（2）教师教学平板、幼儿学习平板的基本操作，教室多屏数字化活动环境的连通操作。

（3）AR 应用程序的安装、使用与更新等。

（4）活动方案的设计、教学课件的设计与制作。

三、方法与步骤

（一）确定主题活动目标

综合教育理念运用与课程目标分析，结合幼儿的发展阶段特征，研究主题活动的核心内容和价值，制定了明确具体、可操作的"恐龙你好"幼儿主题活动目标。

"恐龙你好"主题活动目标为：

（1）激发对恐龙的兴趣和好奇心，培养科学探究精神。

（2）通过 AR 技术体验侏罗纪时期的恐龙世界，直观观察和了解恐龙的形态、生活习性等特征。

（3）培养幼儿的观察力、想象力和创造力，提升综合素质。

（二）准备活动所需的教学环境和资源

分析 AR 技术可以在教学活动的哪些环境为活动目标的达成助力，创新活动组织形式和幼儿体验方式，列出活动实施所需要的各类教学设备、资源及数量清单。

"恐龙你好"主题活动教学环境和资源有：

（1）装有教学触控一体机的数字化教室、教师教学平板一台、幼儿学习平板 20 台。

（2）AR 应用程序、教学互动软件等教学软件工具。

（3）"恐龙你好"教学课件、不同类型的恐龙模型、恐龙 AR 闪卡、彩色画笔、绘画纸等。

课前需要做好数字化教学环境的检查工作，打开教学触控一体机、教师教学平板等教学设备，检查 AR 应用程序是否能够正常运行。运行教学互动软件，检查教学触控一体机、教师教学平台、幼儿学习平板之间的互动环境是否正常。可以在活动前对活动场地进行布置，营造恐龙主题的氛围。

（三）利用 AR 技术开展探究式教学

1. 导入新课

准备一段恐龙生活场景的视频，视频中包含恐龙在不同环境中的生活状态，如觅食、奔跑、与其他恐龙互动等。视频画面应清晰，音效逼真，以吸引幼儿的注意力。播放视频作为主题活动的导入，激发幼儿对恐龙的兴趣和好奇心。视频播放结束后，教师可以提出一些问题，与幼儿进行互动，如："你们在视频里看到了哪些恐龙？""它们都在干什么？""你觉得恐龙的生活和我们有什么不同？"通过提问，引导幼儿回忆视频内容,并表达自己的看法。

播放恐龙生活场景的视频,引出活动主题。

师:很久很久以前,地球上生活着一群非常特别的动物,让我们先通过一段视频来认识一下它们吧!(播放视频。)

图2-54　恐龙生活场景视频画面

师:小朋友们,你们认识这群非常特别的动物吗? 它们有一个统一的名字,你知道是什么吗?

生:恐龙!

师:对的,恐龙是一种已经灭绝了的爬行动物,它们在地球上生存了约1.5亿年。在刚才的视频中,我们看到了恐龙生活的世界,那里充满着惊奇和奥秘。那个时候恐龙的种类很多,形态也不一样。小朋友说说看,你们在视频里看到了哪些恐龙?"它们都在干什么?"

生:三角龙、霸王龙、剑龙……

师:很棒! 那除了这些,还有哪些其他种类的恐龙呢? 不同恐龙的形态特征、生活习性有什么不同呢? 让我们想象自己就是那个时代的小探险家,一同来探索恐龙生活的世界吧。

2. 课堂互动片段

(1) 体验"恐龙 AR 闪卡":观察恐龙的形态特征。

借助 AR 应用程序和恐龙 AR 闪卡,在教师的演示教学下,幼儿学习使用学习平板逐个扫描恐龙 AR 闪卡,让恐龙的 3D 模型在平板上显示出来。幼儿通过手势操作,可以放大、缩小、旋转恐龙模型,仔细观察各种恐龙的形态特征,包括身体大小、头部形状、四肢结构、皮肤纹理等。教师可以根据恐龙的特点,提出一些问题引导幼儿思考,如:"这个恐龙的头部有什么特别之处?""它的四肢是用来做什么的?"等。组织幼儿分享观察到的恐龙特征,鼓励幼儿用自己的语言描述恐龙的形态,培养他们的口语表达能力和观察力。

体验"恐龙 AR 闪卡":观察恐龙的形态特征。

师:(举起手中的恐龙3D模型)小朋友们,看! 这是什么?

生:是恐龙!

师:大家想不想看到真实的恐龙形象呢?

生:想!

师:(举起手中的恐龙 AR 闪卡)这张小小的卡片是一张魔力卡片,它能让我们看到真实的恐龙形象哦!

师:让我们一起来试试看。首先,请每个小朋友都拿一张恐龙卡片,然后打开学习平板桌面上的恐龙标识的软件工具,用"扫一扫"功能扫描一下卡片上的二维码。(小朋友们纷纷拿起平板,扫描恐龙 AR 闪卡),你发现了什么?

生:哇! 真的有恐龙出现了!

师:对的,卡片上的恐龙跳出来啦! 恐龙模型出来后,点击恐龙就会出现相应的恐龙语音,介绍这一类恐龙相关

图2-55　扫描恐龙 AR 闪卡出现恐龙 3D 形象

的内容与知识。现在,请大家一边听介绍,一边仔细观察恐龙的形态特征,看看它的身体、头部、四肢有什么特别的地方。(小朋友们专注地观察着平板上的恐龙模型)

生:(指着屏幕)老师,你看,这个恐龙的牙齿好尖啊!

师:对,这是肉食性恐龙的特点,它们用锋利的牙齿来捕食猎物。

......

(2)"分一分"小游戏:你知道各种恐龙的食性特点吗?

借助信息化工具设计游戏活动,给出一组不同种类的恐龙图片,让幼儿分辨哪些恐龙是草食性恐龙,哪些恐龙是肉食性恐龙。幼儿通过拖一拖的方式对恐龙进行分类,将不同食性的恐龙拖到合适的位置,即可完成游戏。在妙趣横生的活动中,学习知识,增强体验,加深对不同恐龙生活习性的认识。游戏结束后,教师根据幼儿活动数据反馈,有针对性地总结游戏中涉及的恐龙知识,为后续的恐龙主题活动做铺垫。

"分一分"小游戏:你知道各种恐龙的食性特点吗?

师:刚才我们通过扫描恐龙卡片,认识了不同种类的恐龙,了解了各种恐龙的生活习性,有些恐龙是肉食性恐龙,喜欢吃肉;有些恐龙是草食性恐龙,以植物为食。那么,小朋友们是不是真的会分辨了呢?我们一起来做个游戏试试看,找一找屏幕上出现的各种恐龙中,哪些恐龙是草食性恐龙,哪些恐龙是肉食性,并把它们拖到相应的位置,完成分类。

图2-56 "你知道各种恐龙的食性特点吗?"小游戏

(3)"画一画"小创作:我最喜欢的恐龙朋友。

组织幼儿画出自己最喜欢的一种恐龙。通过绘画的方式,培养幼儿的绘画技巧和观察力,激发幼儿对恐龙的创意表达和想象。教师示范如何画出一只简单的恐龙,引导幼儿再次观察自己喜欢的恐龙有哪些突出的特征,如"巨大的体型""尖锐的牙齿""长长的脖子""强壮的尾巴"等。教师讲解绘制恐龙的一些技巧,如如何运用色彩、如何画出恐龙的轮廓和纹理等。在幼儿绘画过程中,提醒幼儿注意保持画面的整洁和色彩的协调。鼓励幼儿主动分享自己的绘画作品,积极发言,分享自己的想法。

"画一画"小创作:我最喜欢的恐龙朋友。

师:小朋友们,如果恐龙现在还活在世界上,你最想和哪只恐龙做朋友呢?

生:老师,我最喜欢霸王龙了,它看起来好威风!

师:哇,霸王龙确实非常威猛。那你能告诉我,你为什么这么喜欢它呢?

生:因为它有尖尖的牙齿和强壮的身体,我觉得它好勇敢。

师:很棒的观察力!那你准备怎么画你的霸王龙朋友呢?小朋友们试试看,把自己最喜欢的恐龙朋友画出来吧。

图 2-57 "我最喜欢的恐龙朋友"绘画作品

3. 活动实施反思

各种信息技术在"恐龙你好"主题活动中起到了增强互动体验、提供丰富学习资源和促进交流分享等作用。如"恐龙 AR 闪卡"体验活动中，孩子们手持恐龙 AR 闪卡，通过平板电脑的 AR 应用，将恐龙的 3D 形象栩栩如生地展现在眼前。当一张张普通的卡片在屏幕上变成活灵活现的恐龙时，孩子们的脸上都露出了惊奇和兴奋的表情。他们围着屏幕，通过手势对恐龙进行放大、缩小、旋转等操作，仔细观察恐龙形态特征的每一个细节，仿佛真的置身于恐龙时代。通过 AR 技术，孩子们可以直观地看到恐龙的形态、动作和生活环境，这对于他们理解恐龙的生活习性和生态环境具有很大的帮助。这种沉浸式的体验方式，不仅让孩子们对恐龙有了更加直观的认识，还激发了他们对恐龙世界的好奇心和探索欲望。活动中展示的恐龙图片、视频等资源，有助于孩子们更全面地了解恐龙的形态、生活习性以及生态环境。组织开展的"分一分"小游戏，不仅增加了活动的趣味性，也提高了孩子们对恐龙食性的学习效果。在活动过程中，孩子们纷纷提问，想要了解更多关于恐龙的知识，培养了积极探索、主动学习的态度。

模块三 数字化教育资源的获取与应用

数字化教育资源是幼儿园信息化教育教学创新发展的核心要素,对于丰富幼儿教育内容、提升教师教学效率、促进幼儿个性化学习、增强师生互动与合作、推进家园共育具有非常重要的作用。教育数字化转型背景下,数字化教育资源的种类越来越丰富,熟练获取与应用数字化教育资源,成为幼儿教师的必备素养。

知识与技能学习

一、数字化教育资源的类型

数字化教育资源的类型可以从多个维度进行分类,包括但不限于内容形式、教学功能等。

(一)内容形式视角

从内容形式视角,幼儿园数字化教育资源可分为文本资料、多媒体资料、互动软件、网络课程等。

1. 文本资料

主要包括电子书、电子教案和教学文档等,它们以文字为主要呈现形式,详细记录了各种知识点和教学内容。这些文本资料不仅方便教师备课和查阅,也便于幼儿随时随地进行阅读和学习。通过文本资料,幼儿可以深入了解各种知识,培养阅读能力和思维能力。

2. 多媒体资料

指整合了声音、图像、视频等元素的教学资源。这些资源通过生动形象的图像和声音,为幼儿提供了更加直观和有趣的学习体验。例如,图片可以展示物体的外观和细节,音频可以模拟动物的声音或自然环境的声响,视频则可以展示实验过程或故事情节。多媒体资料能够激发幼儿的学习兴趣,帮助他们更好地理解和掌握知识。

3. 互动软件

是数字化教育资源中的一大亮点,如教育游戏、模拟实验软件等。这些软件通常具有游戏化的特点,能够吸引幼儿的注意力并让他们在游戏中学习。互动软件可以提供各种交互式的练习和测试,帮助幼儿巩固所学知识并提高实践能力。同时,互动软件还可以记录幼儿的学习进度和成绩,为教师提供及时的反馈和指导。

4. 网络课程

主要指通过互联网提供的在线学习课程和教学视频。这些课程通常由专业教师录制并在线发布,幼儿可以通过网络进行远程学习。网络课程不仅打破了时间和空间的限制,让幼儿可以随时随地接受优质的教育资源,还可以提供个性化的学习路径和丰富的学习资源,满足不同幼儿的学习需求。

(二)教学功能视角

从教学功能视角来看,幼儿园数字化教育资源可分为互动教学资源、自主学习资源、创新实践资源以及评价反馈资源。

1. 互动教学资源

主要包括互动课件、多媒体工具等,它们通过添加动画、声音等特效来吸引幼儿的注意力,使教学过程更加生动有趣。例如,教师可以通过互动课件展示知识点,通过幻灯片的形式呈现丰富多样的教学内容,同时结合音频和视频资源,使幼儿能够更直观地理解和掌握知识。此外,多媒体工具如智能互动投影仪、触摸屏等设备,也为幼儿提供更多参与和互动的机会,提高学习效果。

2. 自主学习资源

主要包括电子绘本、学习网站等,它们为幼儿提供丰富多样的学习材料和学习路径。电子绘本以电子版的形式呈现传统纸质书籍的内容,使幼儿在阅读过程中能够享受更多的便利和乐趣。学习网站则提供了在线课程、学习社区等功能,使幼儿可以在教师的引导下进行自主学习,培养自我管理和自我学习的能力。

3. 创新实践资源

提供数字化教具、实验工具等,使幼儿能够在实践中学习和探索,关注幼儿的创新精神和实践能力培养。例如,电子白板、智能玩具等通过直观的操作界面和丰富的功能,激发幼儿的创造力和想象力。实验工具则使幼儿能够进行各种科学实验和探究活动,培养他们的科学素养和实践能力。

4. 评价反馈资源

主要通过数据分析、学习跟踪等方式,对幼儿的学习情况进行实时监测和评估,为教师提供及时的反馈和指导。通过评价反馈资源,教师可以了解每个幼儿的学习进度和水平,为他们提供个性化的教学建议和帮助,促进幼儿的全面发展。

二、数字化教育资源的搜索与处理

近年来,数字化教育资源发展迅速,国家智慧教育平台、"一师一优课"、MOOC、各大教育资源网站等为教育者提供了海量教育资源,资源形态多样、内容丰富,但资源质量却良莠不齐。如何从海量资源中获得符合自身需求的优质资源,需要教师掌握资源搜索和处理的方法技巧。

(一)数字化教育资源的搜索

数字化教育资源的搜索可以通过多种方式进行,以下是一些常见的搜索方法。

1. 搜索引擎搜索

使用百度、搜狗等主流搜索引擎,输入关键词进行教育资源搜索。搜索过程中,可使用高级搜索功能,通过指定文件类型、网站或域名来过滤搜索结果,如使用 site:限定特定网站搜索、使用引号""包围精确短语、使用减号"—"排除特定词汇等。

2. 教育资源共享平台搜索

访问国家智慧教育公共服务平台等国家或地区的教育资源共享平台,在这些平台上,可以使用内置的搜索工具,根据资源类型、关键词等条件进行筛选。例如,要在国家智慧教育平台上找到适合自己使用的课程教学资源,按照分类导航:课程教学—学段—年级—学科—教材版本—教材册次—教材目录,就可以找到当前正在教学的内容。如果还想进一步筛选需要的资源,可以在搜索栏中进行查找。

3. 政府和教育机构网站搜索

访问国家教育部、省级教育厅(教委)或其他官方教育机构网站,查找官方发布的教育资源,如政策文件、标准规范等。这些资源通常经过严格筛选,质量有保障,且能支持教师洞察教育发展方向和趋势。

4. 专业数据库和图书馆搜索

访问专业服务机构开发的为广大网民有偿提供服务支持的大型教育资源数据库,如中国知网、万方数

图 3-1　国家智慧教育公共服务平台

据库知识服务平台、美国教育资源信息中心（ERIC）数据库全文检索系统等。也可利用大学或公共图书馆的电子资源，搜索电子书籍、期刊和论文等。

图 3-2　中国知网首页

图 3-3　万方数据首页

5. 教育技术公司和第三方平台搜索

访问专门提供教育资源的第三方平台，如中国大学 MOOC、网易公开课等。这些平台上，通常有分类清晰的资源目录和搜索功能，教师可根据需要搜索对应的资源用于课堂教学、专业发展、兴趣学习等。

6. 社交媒体搜索

加入教育相关的社交媒体群组，在微信、微博等平台上关注教育领域的权威专家和机构，搜索相关教育资源。例如，在"微言教育"公众号中，输入关键词，可搜索教育部发布的相关教育资讯。

目前,搜索技术从关键词精确匹配,发展到短语模糊匹配,再到综合参考资源星级排序和他人评价等进行智能匹配,就像购物网站一样,教师可以综合运用多种搜索方式获取资源。搜索数字化教育资源时,教师应根据自己的需求和资源的特点,选择合适的搜索途径和方法。同时,应注意评估资源的可靠性、适用性和版权情况,以确保资源的合法和有效使用。

(二)数字化教育资源的处理

1. 文本资源的处理

文本是文字、字母、数字和其他各种功能符号的集合,通常以字、词、句子、段、节、章为单位。与其他类型的资源相比,文本是最容易处理、占用存储空间最少的资源。常见文本资源的格式有 txt、doc、docx、wps、pdf、caj、rtf 等。

(1)文本资源的获取。文本资源的获取相对简单,主要有键盘输入、手写板输入、网络下载、语音识别输入、文本识别输入等。

① 键盘输入。通过文本编辑软件,如 Word、记事本等,用键盘直接输入。

② 手写板输入。通过手写板进行手写输入。手写板使用的输入笔有两种:一种是与写字板相连的有线笔;另一种是无线笔,触屏手写也属于无线笔。

③ 网络下载。在数字化教育资源搜索过程中,选择所需要的文本资源下载或保存。

④ 语音识别输入。通过语音识别软件、麦克风进行文字输入。比如,讯飞输入法中,点击如图 3-4 所示的话筒按钮说话,软件可识别教师的语音,并将其转换为对应的文本。目前各主流输入法支持语音识别输入,也支持普通话、地方方言的语音识别。

⑤ 文本识别输入。通过 OCR 文本识别软件可以识别图片中的文本,并将其转换为可编辑的文本格式。如图 3-5,微信中查看某一图片时,点击顶部的提取文字按钮,可实现对图片中文本的识别提取,并显示在右侧窗口中,教师可复制所需的文本内容至文件并对文本内容进行编辑(如对识别错误的文本作修改等)。

图 3-4 语音识别输入例举

图 3-5 文本识别输入例举

(2)文本资源的美化。为美化文本,可设置字符大小、字体、颜色、位置、行距、加粗、阴影、发光及分行、分段等信息,使文字更加漂亮,还可以利用文字处理软件或其他软件提供的艺术字功能进行美化。图 3-6 为 WPS Word 的"艺术字"对话框。当选定其中的某种式样并编辑相应的文字后,可显示如图 3-7 所示的艺术字效果。

此外,可利用"样式"快速美化文本或设置段落结构层次,也可用"格式化"工具将某文本的格式复制到文档的其他文本,实现文本美化效果的快速统一。

图 3-6　WPS Word 的"艺术字"对话框 　　　　图 3-7　艺术字美化效果

（3）文本资源的格式转换。利用文字处理软件或其他软件提供的格式转换功能可实现文本资源的格式转换。例如，利用 WPS Word 的"输出为 PDF"功能能够将 doc 文件转换为 PDF 文件；利用"输出为图片"功能能够将 doc 文件转换为图片文件；利用"输出为 PPT"功能能够将 doc 文件转换为 PPT 文件；利用"转换"功能能够将 PDF 文件转换为 Word 或 TXT 文件。

2. 图像资源的处理

图像是指各种图形和图像的总称，是日常学习与生活中最常见的一种信息载体。图像在计算机中是以数字方式来记录、处理和保存的，所以也称为数字图像。常见的图像资源格式有 bmp、jpg、jpeg、png、gif、psd、tiff 等。

（1）图像资源的获取。图像资源的获取有多种途径，通常有相机拍摄、截图软件获取、图像编辑软件绘制、扫描软件获取、网络下载等途径。

（2）图像资源的美化。有时候，获取的图像资源不能直接满足教师的使用需求，一般需要教师利用图像处理软件进行美化处理，比如根据需要进行图片裁剪、曝光调整、配文装饰、拼图整合等。

（3）图像资源的压缩。数字化时代，经常需要处理各种图片，无论是为了上传到社交媒体，还是为了节省存储空间，图片压缩都是一个常见的需求。美图秀秀作为一款受欢迎的图片处理软件，提供了简单易用的图片压缩功能。在美图秀秀图像编辑软件中，打开需要压缩的图片，在工具栏中找到并点击"调整"选项，选择"调整尺寸"，在"调整尺寸"界面中，可以直接调小图片的宽度和高度。如果知道需要的具体尺寸，可以直接输入。尺寸调整的单位包括像素、英寸、厘米。注意，为了保持图片的比例，建议勾选"保持纵横比"选项。当然，教师也可选择其他专业文件压缩软件对图像资源进行压缩。

3. 音频资源的处理

音频是多媒体资源中的重要元素。数字化教育资源中常用的音频包括语音、效果音和音乐三种形式。语音指人们讲话的声音；效果音指声音的特殊效果，如雨声、铃声、机器声、动物叫声等，它们可以从自然界中录音，也可以采用特殊方法模拟制作；音乐则是表达人们思想感情、反映现实生活的一种艺术化声音形式。常见的音频资源格式有 wav、mp3、wma、flac、aac、ape 等。

（1）音频资源的获取。音频资源的获取有多种途径，通常有直接录制、视频文件中提取、网络下载等途径。

（2）音频资源的处理。有时候，根据实际教学需要，幼儿教师需要利用音频编辑软件对获取的音频资源进行处理，如根据需要进行音频修剪、拼接、音量/音速调整、音频特效制作等。

4. 视频资源的处理

视频文件是指拍摄、记录和再现真实人物、事物和景物的一组连续播放的数字图像和一段随连续图像同时播放的数字声音共同组成的多媒体文件。常见的视频资源格式有 avi、mpeg、mov、mp4、flv、wmv 等。

（1）视频资源的获取。视频资源的获取有多种途径，通常有直接拍摄、屏幕录像、网络下载等途径。

（2）视频资源的处理。根据实际需要，教师可利用视频编辑软件对获取的视频资源进行处理，如根据需要进行视频截取、制作片头、添加背景音乐、字幕制作、转场效果设置、增加特效等。

三、AIGC 助力数字化教育资源生成与应用

数字化时代浪潮中，以 ChatGPT、DeepSeek 为代表的 AIGC（人工智能生成内容）作为人工智能时代内容创作的变革性工具之一，正逐渐成为各领域创新的重要驱动力。全球各大科技企业都积极拥抱 AIGC，不断推出相关技术、平台和应用，如百度的文心一言、阿里的通义千问、讯飞的星火等。目前，AIGC 已率先在传媒、电商、影视、娱乐等行业得到创新性应用，如 AIGC 支持下的新闻写作、图像创作、文案设计、语音生成、视频创作等。其在教育领域的应用前景也倍受学界和业界关注，基于 AIGC 的资源生成与应用成为数字化教育资源发展新趋势。

（一）AIGC 助力数字化教育资源生成

基于 AIGC 的数字化教育资源生成是系统化的人机共创过程，其旨在融合人的智慧和机器的智能以形成超越人机各自智能的新型资源开发模式。基于 AIGC 的数字化教育资源生成应符合一定的资源生成原则，遵循相应的资源生成流程。

1. 数字化教育资源生成原则

人机共创即人与机器以协同合作的方式共同创作内容，人机各自承担相应的创作任务，二者取长补短，共同认识、共同感知、共同思考、共同决策、共同工作、互相理解、互相制约和监护。基于 AIGC 的数字化教育资源生成应符合人机互促、人机互信、人机互补三大原则[①]。

（1）人机互促。人机共创教育资源的过程中，机器的优势体现在内容生成的速度、效率和体量上，能为资源生成快速提供适切的内容和信息；人的优势体现在幼儿园教师能合理把握资源生成的方向、构思的深度、资源的结构与形成过程上，并且具有个性化创意能力。人机互促指二者应充分发挥各自优势促进教育资源的创作与生成。机器所生成的资源素材可作为幼儿园教师创作时的参考，幼儿园教师充分发挥运筹、构思和创意能力，对机器生成的内容进行优化重组。

（2）人机互信。人机互信是人机协同发展的重要基础。诸多实践已然证明，人类和智能机器可以共同完成彼此无法独自完成的复杂任务，智能机器是人类的学习伙伴，而不是工具媒介。因此，实现人机共创的前提是人与机器要加强互动和合作，人机之间要保持充分的信任关系，达到人和机器各司其职、彼此协同、深度合作。

（3）人机互补。当前，机器在算法和模型上存在的"天生"弱点导致其在互联网上生成信息的质量参差不齐，此时便需充分发挥人的批判性思维和信息鉴别能力，对这些信息进行判断、过滤和筛选，以保证机器生成内容的质量。同时，机器快速处理和生成信息的能力也可以帮助人类提高工作效率。因此，人机共创必须遵循人机互补原则，扬长避短，提升人机共创内容的质量和效率。

2. 数字化教育资源生成流程

基于 AIGC 的数字化教育资源生成，在流程上由确定需求、素材生成、素材审核、重组聚合、分发应用、反馈优化六个环节构成，如图 3-8 所示。

确定需求 → 素材生成 → 素材审核 → 重组聚合 → 分发应用 → 反馈优化

图 3-8　AIGC 支持下的数字化教育资源生成流程

① 万力勇，杜静，熊若欣. 人机共创：基于 AIGC 的数字化教育资源开发新范式[J]. 现代远程教育研究，2023，35(05)：12—21.

（1）确定需求。确定需求是数字化教育资源生成的起始环节，幼儿园教师在充分调研的基础上，精准确定对资源内容、类型、表现形式、结构、体量等相关需求。

（2）素材生成。素材生成是以师生实际需求为导向，幼儿园教师将资源需求转化为精确的互动话语，与AI通过互动输入的方式，迭代式生成多模态的数字化教育资源素材，包括文本、图像、音频、视频、动画、虚拟人等，生成方式有文本生成、音频生成、图像生成、视频生成、跨模态生成、虚拟人生成等。

（3）素材审核。素材审核是幼儿园教师与AI通过人机协同方式对生成的资源素材进行形式和内容方面的监测与评价，目的是通过二者的协同筛查，剔除部分不符合质量要求的资源素材。幼儿园教师审核的重点包括资源内容的准确性、完整性、教育性、相关性等。其中，准确性是指素材客观反映教学内容的属性，完整性是指素材内容的广度和深度，教育性是指素材内容是否与特定的教学目标一致，相关性是指素材内容与幼儿需求的匹配程度。

（4）重组聚合。重组聚合是指幼儿园教师和AI共同完成资源素材的重组与聚合，将已有的人工生成素材和人机共创素材汇集在一起，实现对资源素材的集成和包装，使其形成一个功能齐全、结构完整的有机整体。重组聚合具体包括素材编目、素材标签提取、素材重组、创意聚合、生成知识图谱等。聚合完成的数字化教育资源包括音视频学习资源、数字化教育资源包、全媒体数字教材、在线课程等多种形式。

（5）分发应用。分发应用是指将生成的数字化教育资源根据师生的个性化需求进行分发使用。此阶段的操作包括对师生用户进行画像，对资源进行智能检索、智能推荐和按需定制，最终实现对资源的精准分发。

（6）反馈优化。反馈优化是通过对师生资源使用行为数据进行分析，再结合师生使用数字教育资源后的评论反馈及使用效果，进一步挖掘出数字化教育资源存在的问题及不足并反馈给负责资源开发的幼儿园教师，使其再次确认资源需求。

（二）AIGC助力数字化教育资源应用

AIGC作为AI在内容生成领域的新兴技术，基于AIGC的数字化教育资源将从教师教学资源准备、师幼互动游戏化、学习内容个性化、幼儿多元个性展示、家园共育等方面助力幼儿园教育教学的变革创新。

1. 助力教师教学资源准备

AIGC可以辅助幼儿园教师根据教学目标和主题，依据主体、场景、风格、画质等提示词指令，生成与课堂教学相关的图片、音频、视频、虚拟实验室、互动游戏等形式多样的、满足不同年龄段和兴趣爱好的幼儿学习需求的素材，拓宽教师资源获取渠道，满足课程个性化需求。教师可以根据教学内容和目标，筛选出最合适的素材，将其融入教学设计，使课堂更加生动有趣。比如，美术活动"各式各样的椅子"中，教师可在DeepSeek、文心一言、星火等生成式人工智能网站中进行提问，机器根据提示词生成造型奇特、创意融合的动物、汉堡、薯条、冰激凌等形状的椅子，趣味十足，并将生成的素材进行教学设计和示范，让幼儿更直观地理解和感受艺术的有趣多变。此外，AIGC能够智能化处理教学资源。教师可以利用AIGC工具对教学资源进行自动分类、标签化、推荐等操作，简化资源整理过程，减轻教师的负担。

2. 赋能师幼互动游戏化

AIGC可以有效成为教师与幼儿交融互动的催化剂。比如，在"画画我的好老师"中，教师通过与幼儿玩"老师猜猜看"游戏，根据一位幼儿描述的老师特征，将外貌特征生成指令提示词，通过AIGC绘图生成肖像，展示给其他幼儿，让其他幼儿通过特征猜猜生成的是哪位老师的肖像。这种游戏互动的方式，既能营造轻松愉快的氛围，让幼儿在玩中学习与观察，也能让幼儿明白绘画需要发挥想象力、多角度思考与表现。AIGC技术通过智能算法，能够生成与教学内容紧密相关的游戏化互动场景。例如，在教授动物知识时，AIGC可以生成一个虚拟动物园，幼儿可以在其中与各种动物进行互动，了解它们的生活习性和特点。这种身临其境的体验，使得学习过程变得更加生动有趣。

3. 提供个性化学习内容

AIGC技术以其独特的数据分析和智能生成能力，将为幼儿学习提供前所未有的个性化体验。首先，

AIGC通过深度学习和大数据分析,精准识别每个幼儿的学习特点、兴趣偏好和能力水平,为他们推荐个性化的学习内容。例如,根据幼儿的阅读习惯和喜好,智能推荐适合他们的绘本,并在阅读过程中提供个性化的互动和反馈,使幼儿不仅能够享受到丰富多彩的阅读体验,还能在个性化的学习中不断提升自己的阅读能力。其次,AIGC可以根据幼儿的兴趣爱好,智能化生成个性化的学习内容。例如,对于喜欢动物的幼儿,AIGC平台可以生成更多与动物相关的故事、游戏和实验,以激发他们的学习兴趣和积极性。这种个性化的学习内容不仅让幼儿在轻松愉快的氛围中学习,还能帮助他们更好地发展自己的特长和潜能。

4. 辅助幼儿多元个性展示

AIGC可以让幼儿的奇思妙想插上人工智能的"翅膀",更生动地传递儿童内心世界异想天开的想法。首先,AIGC为幼儿的奇思妙想提供了一个全新的表达平台,让他们的内心世界得以更生动、更直观地展现出来。通过AIGC技术,幼儿可以将自己的想象转化为具象化的图像、声音或动画,让他们的异想天开的想法得到更广泛的分享和认可。例如,在"超级未来城"美术活动中,幼儿通过笔墨,画下心目中"未来城"的形象,然后借助AIGC把画作生成属于自己的AI数字绘画,这种创作的成就感,大大提升幼儿的内驱力,启蒙幼儿兴趣。其次,AIGC技术可以帮助幼儿将自己的故事、想法转化为动画或音频。一些幼儿园利用AIGC技术,让幼儿参与动画片的制作,他们可以为角色配音、设计场景,甚至编写剧情。通过这种方式,幼儿不仅能够更生动地表达自己的内心世界,还能在创作过程中锻炼自己的语言表达能力和逻辑思维能力。此外,AIGC为幼儿的奇思妙想提供了一个展示和交流的平台。通过社交媒体、在线教育平台等渠道,幼儿可以将自己的作品分享给更多的人,与同龄人或老师进行互动交流。这种交流不仅能够增强幼儿的自信心和表达能力,还能让他们从他人的反馈中汲取灵感,进一步激发幼儿的创造力。

5. 提供家园共育新思路

基于AIGC的数字化教育资源在家园共育中发挥着至关重要的作用。AIGC可以为家长提供更加便捷和丰富的教育资源,家长可以随时获取与幼儿教育相关的知识、方法和案例。这些资源不仅有助于家长更好地了解幼儿教育的理念和方法,还能为他们提供实用的育儿建议和指导。AIGC技术还能为家长提供更加直观和生动的教育方式,通过虚拟现实、增强现实等技术,家长可以带领幼儿进行各种有趣的学习活动,如探索自然、了解历史文化等。这种寓教于乐的方式不仅能激发幼儿的学习兴趣,还能增进亲子之间的情感交流。

🤖 主题实践活动

项目一 　幼儿园牙齿健康教育活动海报设计与制作 ✑

一、情境与任务

✐━ **主题活动**

幼儿园牙齿健康教育活动海报的设计与制作

幼儿时期是牙齿发育的关键时期,良好的口腔卫生习惯对于孩子们一生的牙齿健康至关重要。童心幼儿园计划在9月20日国际爱牙日到来之际开展牙齿健康主题教育活动,现在需要设计一张牙齿健康教育活动海报,在幼儿园大厅的大屏幕上播放,用于幼儿园牙齿健康教育周的活动宣传。

二、活动分析

（一）活动计划

活动海报又名宣传海报,是采用平面设计的艺术手法表现活动主题,通过印刷、屏显等方式呈现于户内外公共场所,把活动主题内容转换成视觉信息从而迅速传达给受众,以引起受众注意,给受众留下深刻印象。活动海报通常包括标题、图像、文字、颜色和布局等内容。

标题是海报设计的核心,应简洁明了,能够迅速传达出活动主题。对于幼儿园牙齿健康教育活动的宣传海报,标题可以是"小牙齿,大健康,从小守护不放松"或者"守护天使笑容,从牙齿健康开始"等。

图像是海报的视觉焦点,旨在吸引幼儿的注意力并传达信息。可以使用卡通动物或人物形象来代表孩子们,展示他们正在刷牙、检查牙齿等场景,也可以使用插图来解释正确的刷牙方法、牙齿结构等。幼儿识字数量比较有限,因此图像要能够成为传达活动主题和思想的主要载体。

文字内容是海报的重要组成部分,用于详细解释活动的目的、时间、地点、参与方式等信息。对于牙齿健康教育活动,可以包括活动的目标、时间、地点、参与方式、活动内容等。文字应该简洁明了,易于理解。

颜色和布局也是海报设计的重要元素。可以选择明亮、活泼的颜色来吸引孩子们的注意力,同时使用简洁、清晰的布局来确保信息能够迅速传达给幼儿。

（二）所需知识与技能

(1) 文本资源的获取与美化。
(2) 图像资源的获取与美化。
(3) 海报基础知识及海报设计基本操作。
(4) 使用 WPS 制作 PPT 的基本操作。

三、方法与步骤

（一）确定海报主题及所需素材梳理

首先,明确幼儿园牙齿健康教育活动海报的主题为"小牙齿,大健康,从小守护不放松";其次,根据幼儿园大厅的大屏幕尺寸确定海报的尺寸比例为 16∶9;接着,梳理幼儿园牙齿健康教育活动海报所需素材,其中图像素材应包括牙齿、牙刷、牙膏、牙线等卡通图像,文字素材应体现国际爱牙日、如何保护牙齿等内容。

（二）收集并筛选海报素材

收集与牙齿健康教育相关的图像、插图、文字等内容,并进行处理。本项目中经筛选处理后的海报图像素材如表3-1所示。

表 3-1　幼儿园牙齿健康教育活动海报素材

图像素材				
文字素材	如何保护牙齿:早晚刷牙、饭后漱口、少吃甜食、清理牙缝、定期检查 国际爱牙日:9 月 20 日			

(三) 设计布局与风格

打开 WPS Office 软件,新建 PPT 空白演示文稿,在工具栏中点击"设计"—"幻灯片大小",如图 3-9,选择"宽屏(16∶9)",实现将海报尺寸比例确定为 16∶9。

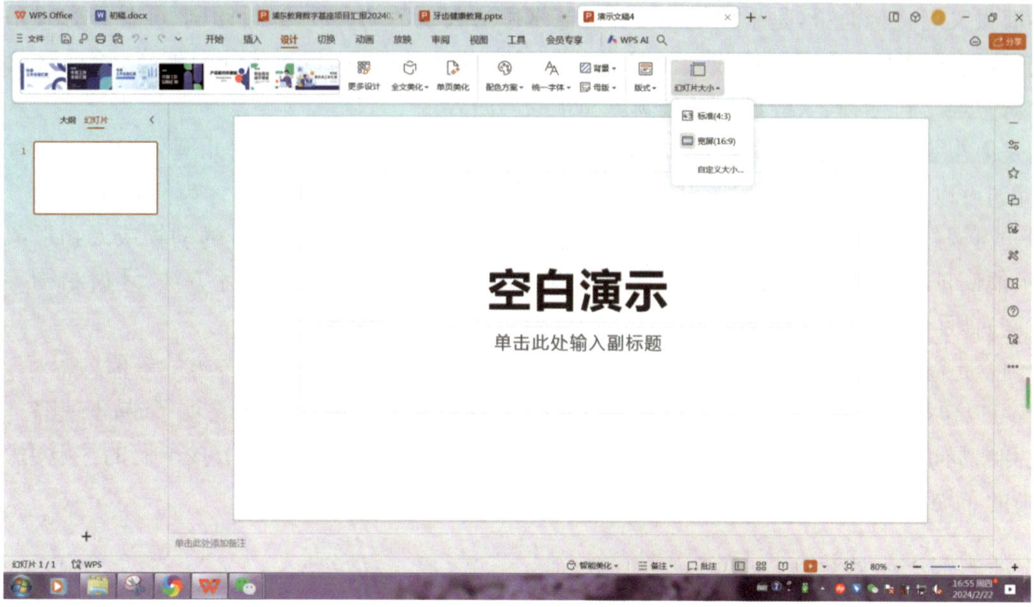

图 3-9 设置海报尺寸比例

在工具栏中点击"设计"—"背景"—"背景填充",选择"纯色填充"并设置填充颜色,如图 3-10。

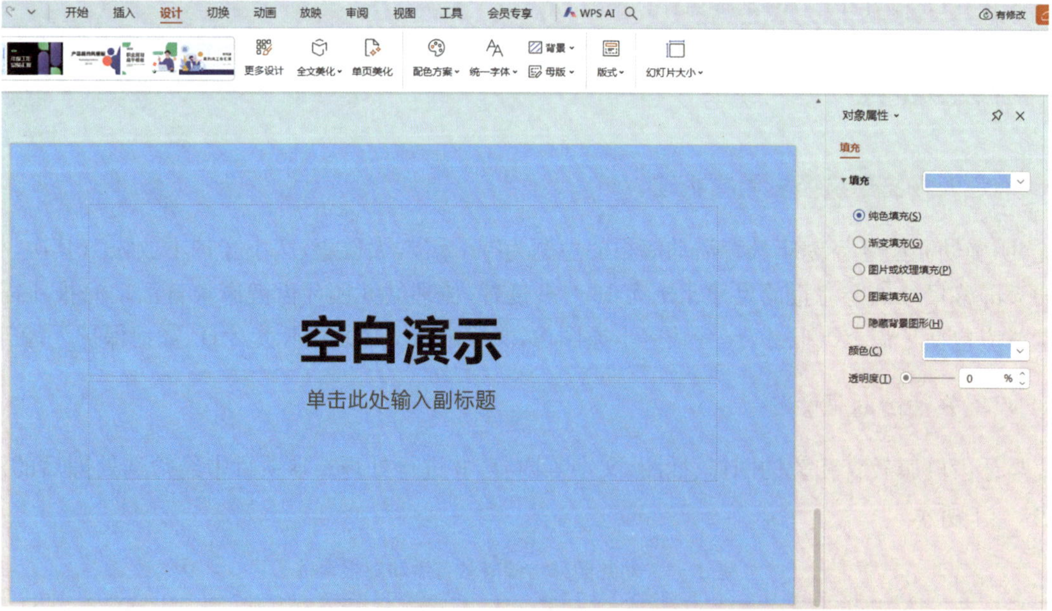

图 3-10 设置海报颜色风格

(四) 添加海报主题和素材内容

1. 添加海报主题

PPT 中以艺术字的形式添加海报主题"小牙齿,大健康,从小守护不放松",如图 3-11 所示,具体操作步骤为:工具栏中点击"插入"—"艺术字",选择艺术字样式后,在艺术字文本框中输入"小牙齿,大健康,从小守护不放松"并设置字体、字号。

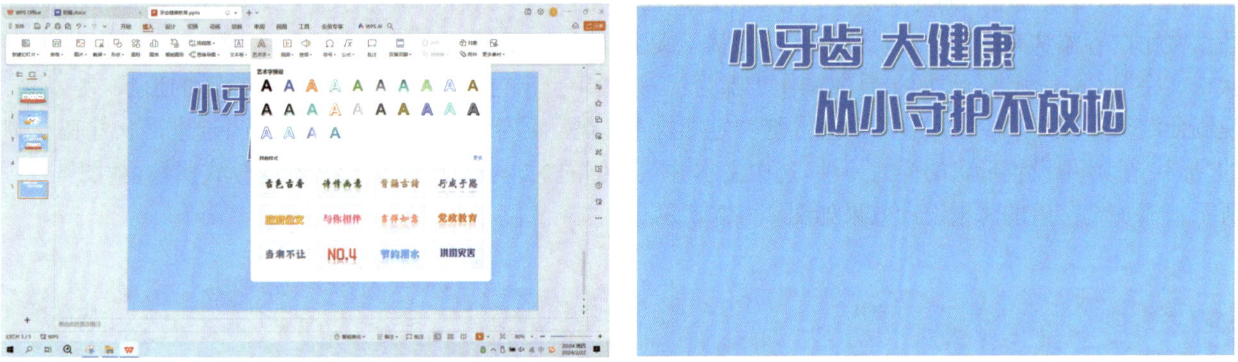

图 3-11 添加海报主题的操作及效果

2. 添加图像

在海报主题下方插入牙齿图像素材,具体操作为:工具栏中点击"插入"—"图片"—"本地图片",选择牙齿图像素材的照片文件,点击"打开",即可将牙齿图像素材插入 PPT 中。因牙齿图像素材中包含本海报不需要的英文文字和浅绿色背景,需要对其进行处理:选中牙齿图像素材,工具栏中点击"图片工具"—"裁剪",将顶部的英文文字裁剪掉,只保留下面的卡通图部分;选中牙齿图像素材,工具栏中点击"图片工具"—"设置透明色",鼠标左击浅绿色背景处,即可将卡通图的背景设为透明色。牙齿图像素材处理前后对比如图 3-12 所示(左图:处理前;右图:处理后)。

图 3-12 牙齿图像素材处理前后对比

在牙齿图像周边,添加牙刷、牙膏、牙线等图像素材,具体操作与牙齿图像素材插入 PPT 的方法相同。初步调整牙刷、牙套、牙线三张图像的位置,使其分别位于牙齿图像素材的周围。图像添加后的海报如图 3-13 所示。

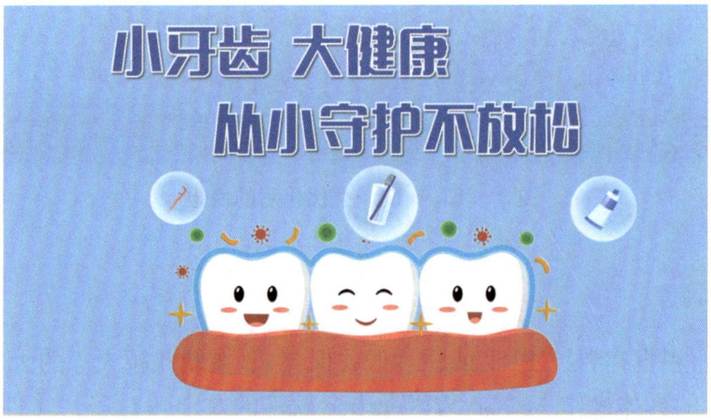

图 3-13 添加标题和图像后的海报设计效果

3. 添加其他文字

接下来,可通过增加如何保护牙齿、国际爱牙日相关的文字内容,以增加牙齿健康教育活动海报的教育性。文字内容添加有多种方式,比如通过"形状+文字"的形式添加、通过"文本框"形式添加等。这里以"形状+文字"形式为例进行说明。具体操作步骤为:工具栏中点击"插入"—"形状",选择合适的形状,键入"早晚刷牙""饭后漱口""少吃甜食""清理牙缝""定期检查""国际爱牙日:9月20日"等文字;选中形状并在右侧的"形状选项"中设置形状的样式属性,选中文本并在右侧的"文本选项"中设置文本的样式属性,如图3-14所示。添加文字后的海报设计效果如图3-15所示。

图3-14 设置形状和文本的属性

图3-15 添加文字后的海报

(五)布局调整与优化

根据需要对海报中标题、图像和文字的大小、位置等进行调整与优化,确保整体效果符合预期,符合幼儿的审美与认知特点,色彩明亮、图案可爱,能强调牙齿健康的重要性与影响,激发孩子们对牙齿健康的兴趣和关注。布局调整优化后的海报设计效果如图3-16所示。

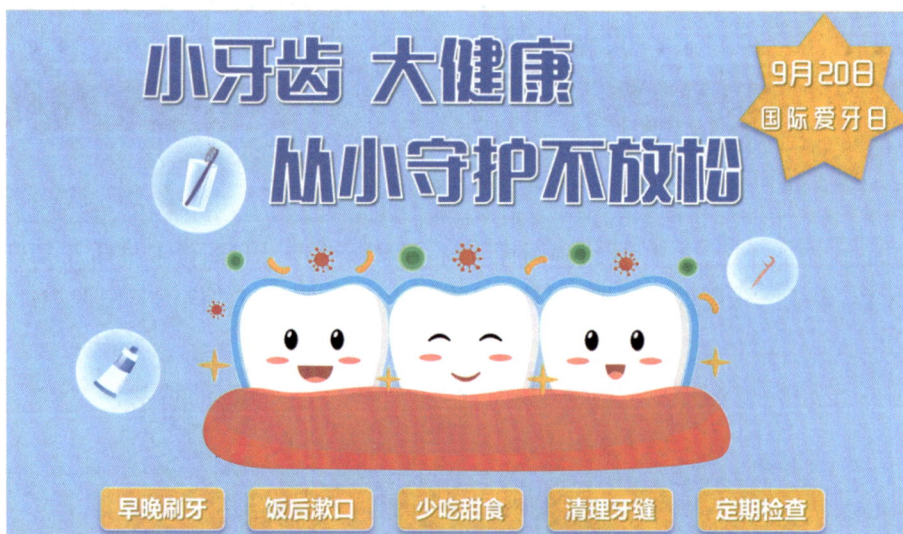

图3-16 布局调整优化后的海报

(六)保存与大屏宣传

最后,将设计好的海报根据需要以PPT或图片形式保存,并在幼儿园大厅的大屏幕中播放。将PPT形式的海报以图片形式保存的具体操作步骤为:WPS office软件的左上角,点击"文件"—"输出为图片",设置输出范围、输出格式等,并选择文件保存位置,点击"开始输出",如图 3-17 所示,即可将海报以图片形式保存。

图 3-17 如何将海报以图片形式保存

项目二 幼儿园家长开放日活动视频拍摄与处理

一、情境与任务

主题活动

童心幼儿园家长开放日活动视频拍摄与处理

童心幼儿园将举办家长开放日活动,提供一个增进幼儿园与家长之间沟通联动的机会,让家长通过活动了解幼儿在园的一日学习生活情况,增进家园共育。现在,幼儿园园长需要你将家长开放日活动全程拍摄下来,并对拍摄的视频依据活动方案进行编辑处理,制作成精美的幼儿园开放日活动视频,用于家园互动、学校宣传等。

二、活动分析

(一)活动计划

幼儿园开放日活动视频的任务主要涉及活动视频拍摄、活动视频处理两大子任务。

1. 活动视频拍摄

首先,教师要了解摄像机的基本操作,掌握基本的摄录要领和技巧;其次,教师要熟悉当天的活动方案,制订拍摄方案,撰写拍摄的分镜头脚本,在活动现场依据拍摄方案摄录活动视频。

2. 活动视频的编辑处理

教师需要搜集后期编辑需要的音视频素材,如配乐、片头素材等。选择合适的视频编辑软件,安装成功后,制作片头,完成剪辑、配音、配乐、字幕、特技转场等操作,并将编辑的视频根据需要导出为对应的视频格式。

(二)所需知识与技能

(1)视频拍摄的基本操作与拍摄技巧。
(2)音频资源的获取与处理。
(3)视频编辑软件的下载与安装。
(4)视频编辑软件的基本操作。
(5)视频剪辑、字幕添加、视频特效等操作技巧。

三、方法与步骤

(一)了解摄像机的基本操作,掌握摄像技巧

1. 了解摄像机的基本操作

(1)光圈按钮。A 是自动光圈;M 是手动光圈。光圈值包括 F16,F11,F8,F5.6,F4,F2.8,F2 等。光圈值越大,曝光量越少。

(2)快门按钮。打开快门按钮,可以看到快门速度,有 1/50 s,1/125 s,1/250 s,1/500 s 甚至高速摄影机的 1/1000 s。一般默认值为 1/50 s。

(3)变焦环。变焦按键 T 是前推,W 是后拉。急推、急拉与缓推、缓拉的效果完全不同。

(4)聚焦环。聚焦的作用是保证拍摄画面上的景物清晰。摄像机上的焦距有自动聚焦和手动聚焦两种模式。

(5)RET。回放按钮。

不同摄像机的基本操作方式会有所不同,教师可参照摄像机的操作说明,熟悉摄像机的常用功能按钮。

2. 掌握摄像机的基本操作技巧

(1)平。常见的持机姿势包括肩扛式、掌托式、下蹲式、托举式、抱持式、使用三脚架等。无论采用何种姿势,在取景屏上观察,画面应该横平竖直。在拍摄运动镜头时,更应注意,不仅起幅、落幅画面要平,而且在拍摄过程中也应保持水平。利用三脚架摇摄时,三脚架应水平安置,并先预演一遍,观察效果后才可实拍。

(2)准。拍摄时,聚焦要求准确,拍摄范围同样也要求准确。拍摄范围的准确主要体现在运动镜头的落幅上:起幅范围一般都经过观察处理,而落幅时,经验不足者往往不知该停在何处。

(3)稳。高质量的镜头,包括运动镜头和固定镜头,画面应稳定,无摇晃和抖动现象。使画面保持稳定的最好办法是使用三脚架拍摄。

(4)匀。在拍摄运动镜头时,摄像机移动或镜头的运动速度要均匀。但是,为了表现主观的心理状态和特定的情绪要求,会出现一些不均匀的摇晃,如在文艺节目中。

(二)熟悉活动方案,现场拍摄活动视频

1. 熟悉当天的活动方案,撰写分镜头脚本

详细了解幼儿园家长开放日活动的具体内容,根据活动方案,构思入园活动、游戏活动、阅读活动、体能活动、劳动活动等不同类型活动的拍摄内容和拍摄技巧,撰写拍摄的分镜头脚本。

2. 依据分镜头脚本摄录视频

依据分镜头脚本,拍摄当天活动的视频,在拍摄过程中考虑摄像技巧。

（1）光圈的选择。镜头光圈有自动、手动和瞬时自动三种方式。在拍摄亮度反差大或某种特殊需要的效果时，使用手动光圈较好；在镜头变焦范围较大或是摇镜头拍摄时，瞬时自动光圈较为适宜。

（2）镜头焦距的控制。有手动和电动变焦两种方式。电动变焦，速度平稳，适用于一般推拉镜头使用；快速变焦或制作激动场面的特殊效果时，应该使用手动变焦。

（3）黑/白平衡调整。为了使拍摄图像能够重现逼真的彩色效果，黑/白平衡的调整是十分重要的，否则，图像彩色将严重失真。具体拍摄方法为：对准白纸或白墙，使其充满整个图像画面，将"黑白平衡选择"开关置于"自动"位置；然后把"黑白自动调整"开关扳到"黑"的一边，松开几秒钟后，录像器中黑白平衡指示灯亮，说明黑白平衡已调好。

（三）视频的编辑处理

1. 导出拍摄视频，搜集整理后期编辑所需要的音视频素材

（1）导出摄像机拍摄的视频。使用数据线将摄像机和电脑的 USB 接口相连，电脑上会出现一个 USB 连接的磁盘。双击打开磁盘，复制视频即可。

（2）搜集整理所需要的音视频。在 D 盘新建文件夹，名为"幼儿园家长开放日活动视频"，将所需要的音视频都复制到该文件夹下。在互联网中搜索适合幼儿园家长开放日活动专题片的背景音乐，并下载保存至同一文件夹下，命名为"专题片背景音乐"。

2. 视频编辑软件的下载与安装

在电脑浏览器中输入关键词"剪映"，打开剪映官网（https://www.capcut.cn/），选择适合电脑系统的软件版本，点击下载，并保存至电脑。选择默认安装位置或自定义安装位置，按照安装步骤提示一步步完成安装。

3. 视频的编辑

对所整理和搜集的视频进行编辑，选择视频编辑软件剪映，制作片头，完成剪辑、配音、配乐、字幕、特技转场等操作。

（1）进入视频编辑页面。安装完剪映软件后，点击软件图标进入剪映软件首页，如图 3-18 所示，点击首页的"开始创作"，即可进入视频编辑页面，如图 3-19 所示。

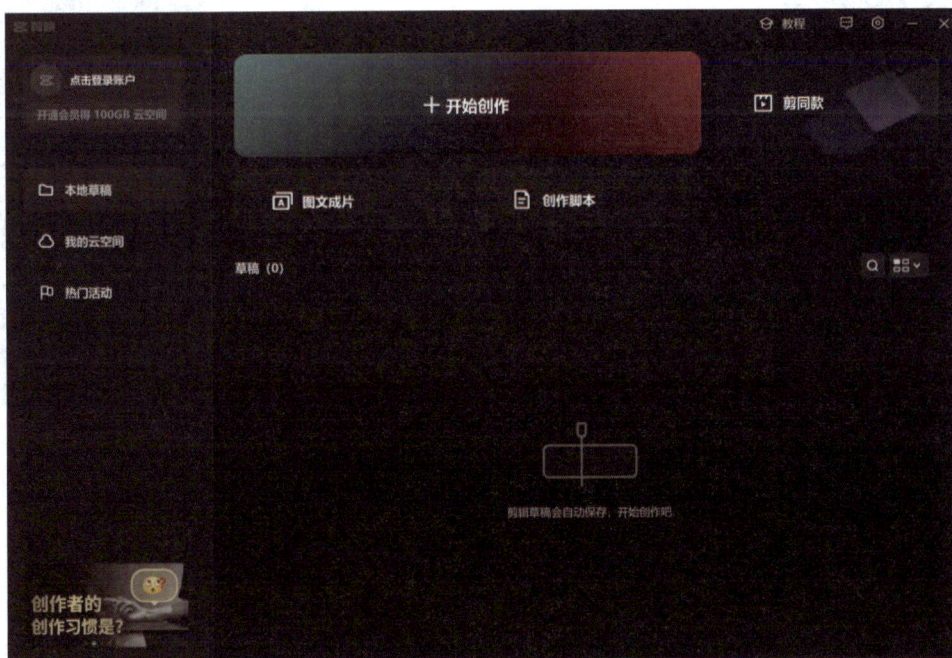

图 3-18 剪映软件首页

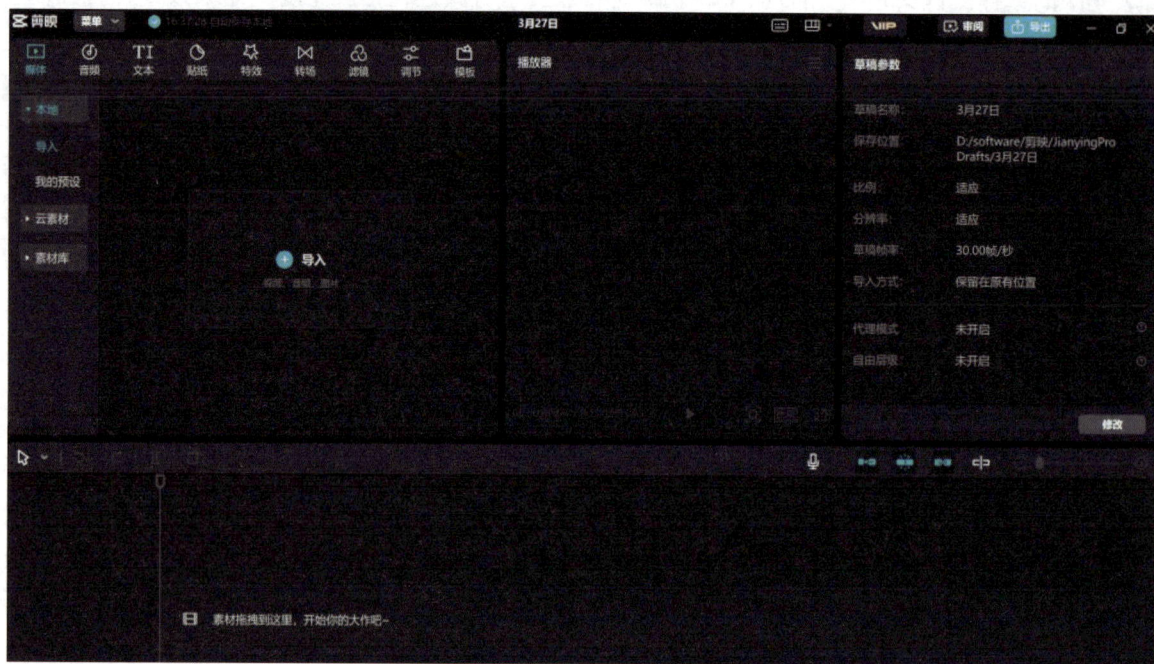

图 3-19 视频创作编辑页面

（2）音视频素材的导入。在视频编辑页面中，点击"媒体"—"本地"—"导入"，选择电脑中"幼儿园家长开放日活动视频"目录下的所有视频、音频、图片素材，点击"打开"，即可将视频编辑所需素材导入剪映软件，如图 3-20 所示。

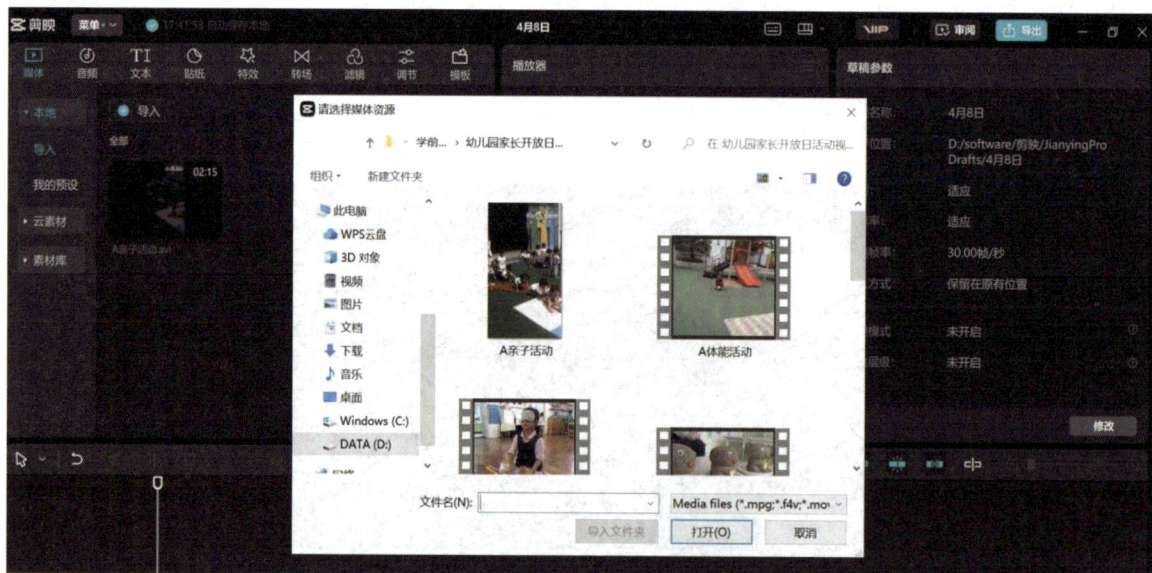

图 3-20 音视频素材导入

（3）视频的剪辑，具体如下：

① 按照活动方案的顺序，将视频依次拖拽到时间线上，如图 3-21 所示。

② 剪辑视频。如图 3-22 所示，选择工具面板中的"剃刀"工具，在所需要切割的时间处单击，即可对视频进行切割操作，以便后面做视频镜头的切换特效。切割后，选择不需要的镜头内容，右键单击，在弹出窗口中选择"删除"即可清除不需要的镜头内容；也可直接选择不需要的镜头，点击回格键，清除不需要的镜头内容。

图 3-21　将视频拖拽到视频轨道

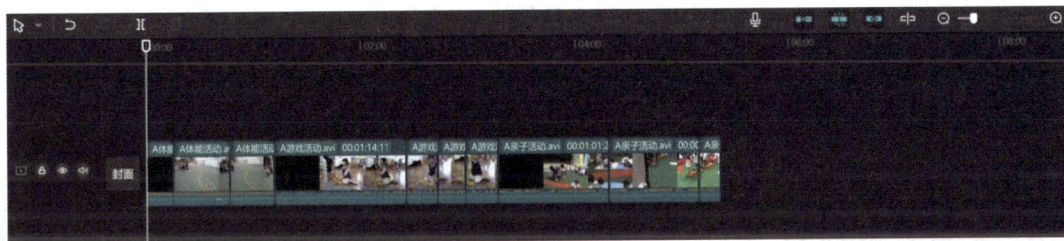

图 3-22　切割视频

③ 制作视频片头。可自己制作视频片头,也可利用剪映软件提供的片头模板。如果是自己制作的片头,在插入视频时,将其拖拽至时间线最左侧即可。如果使用剪映软件提供的片头模板,如图 3-23 所示,在软件编辑页面左上角点击"模板"—"片头片尾",找到恰当的片头模板后,点击该模板右下角的"+",即可将该模板插入视频轨道最左侧。视频片尾可利用同样的方法制作。

图 3-23　利用模板制作视频片头

（4）编辑配乐，具体如下：

① 视音频分离。导入的视频素材，默认状态会在时间线上出现一条视频轨道，该轨道包含视频素材的原声，即视频和音频是锁定的。如果要关闭所有视频素材的原声，可点击时间线左侧的扬声器按钮，即可一键关闭所有视频素材原声，如图3-24所示。如果要对视频素材的原声进行个别编辑，可点击待编辑的视频素材，点击右键，在弹出框中选择"分离音频"，即可将该视频素材的音频分离出来；如图3-25，音频分离后，时间线上会多一条音频轨道，显示该视频素材的原声音频，这样就可以灵活地对视频和音频进行单独操作。

图3-24 关闭视频素材原声

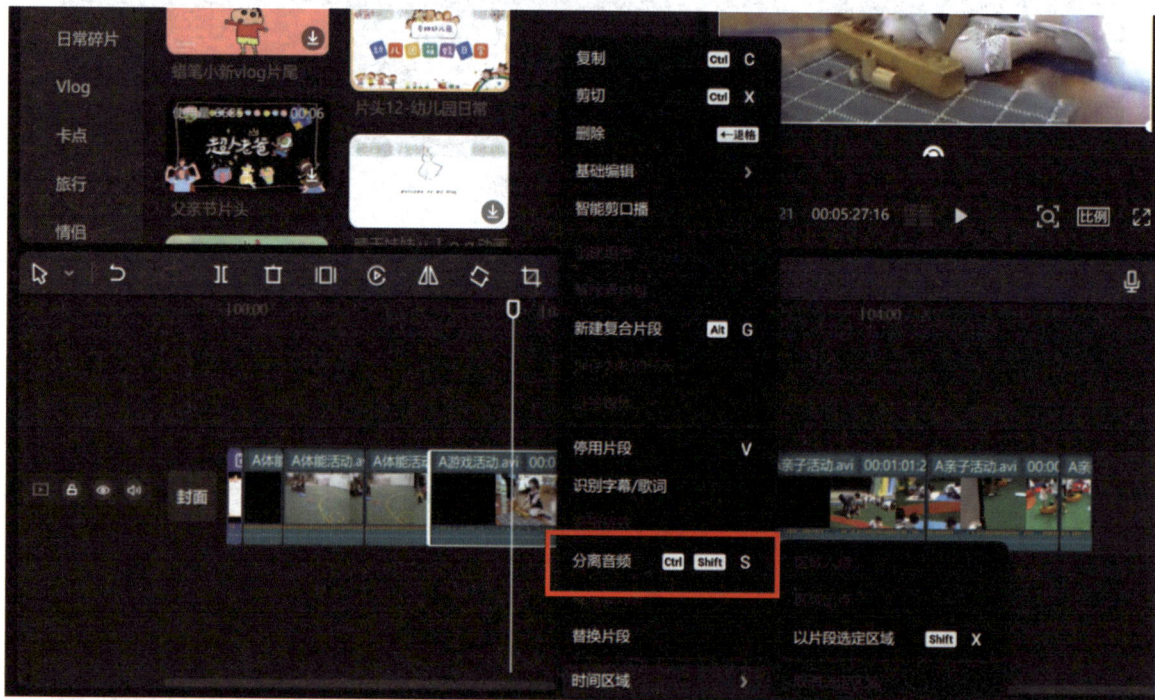

图3-25 视频素材的音频分离

② 添加、编辑背景音乐。将素材库的"专题片背景音乐"音频素材拖拽到时间线上，为视频添加背景音乐。如果背景音乐过长，可利用分割工具分割，并删除多余的背景音乐，保证背景音乐和视频的时长相同。也可设置背景音乐的淡入和淡出效果，具体操作为：选中背景音乐的音频时间线，在剪映编辑页面右上角的"音频"编辑区，可设置背景音乐的淡入时长、淡出时长。可在剪映编辑页面右上角的"音频"编辑区，设置背景音乐的音量，如图3-26所示。此外，也可对背景音乐进行降噪、变声、变速等操作。

（5）添加字幕，具体如下：

① 添加字幕。在视频编辑页面，点击左上方菜单栏的"文本"可给视频添加字幕。字幕分为默认文本字

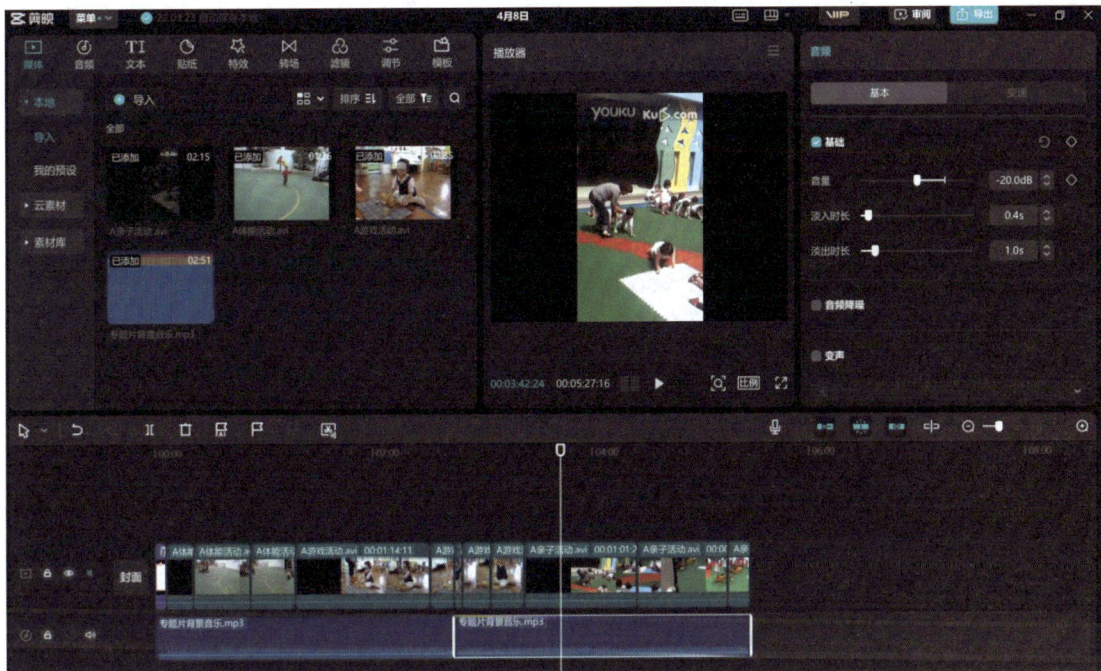

图 3 - 26 编辑背景音乐

幕、花字字幕、智能字幕三种,其中智能字幕是自动识别视频素材中的声音并将其呈现为文本字幕。以添加花字字幕为例进行说明。如图 3 - 27 所示,具体操作为:点击"花体",选择恰当的花字颜色和样式,下载点击该花字右下角的"＋"可将该花字添加至字幕轨道。在字幕轨道中点击花字字幕,在视频编辑页面右上角区域中,点击"文本"可编辑花字字幕的文本内容、字体、字号、颜色、位置、排列等属性;点击"动画"可编辑花字字幕的入场、出场、循环的动画效果;点击"跟踪"可设置花字字幕是否跟随选中物体缩放或远近变化;点击"朗读"可设置是否朗读字幕、以何种特色声音朗读。如果要调整字幕的出场位置、显示时长等,可在字幕轨道中,通过左右拖拽调整字幕位置时长。

图 3 - 27 添加字幕

② 导入字幕。在视频编辑页面,点击"文本"—"本地字幕"—"导入"可将本地字幕导入视频中。

(6) 添加视频特效,具体如下:

剪映软件内置了多种视频特效,包括画面特效和人物特效。在视频编辑页面,点击"特效",选择恰当的画面特效或人物特效,如图 3-28 所示。点击选中特效的右下角,下载并添加至某段视频中,即完成了对该段视频添加视频特效。

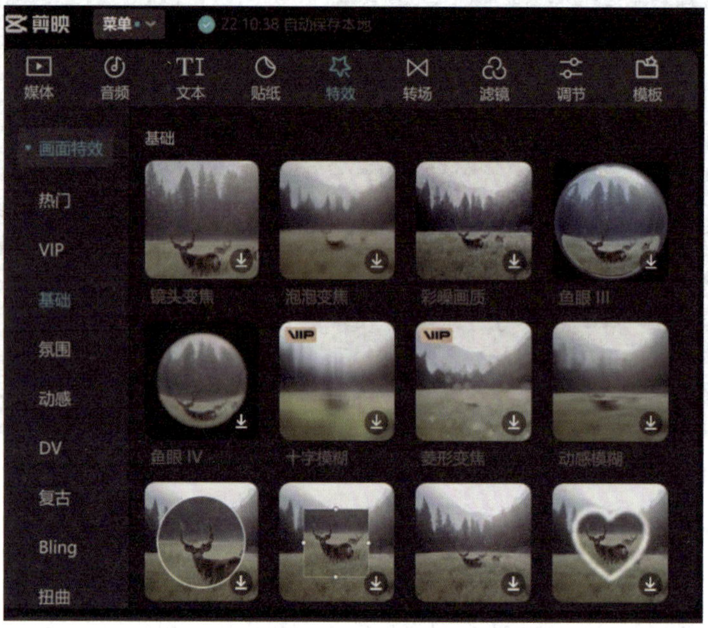

图 3-28 添加视频特效

(7) 添加视频转场效果,具体如下:

如图 3-29 所示,视频编辑页面的"转场"菜单栏中可查看剪映软件内置的多种转场特效。为某视频片段添加转场特效的具体操作是,点击某视频片段,在"转场"菜单栏中选择恰当的转场特效,点击该转场特效下载,再点击该转场特效右下角的"+",即可将该转场特效添加至选中的视频片段。

图 3-29 添加视频转场效果

（8）查看编辑效果，具体如下：

在时间轴中将视频播放起始线拖动到某位置，点击视频编辑页面中"播放器"区域的播放按钮，即可查看视频的最终编辑效果，如图3-30所示。在播放器区域中，可设置视频的比例，可设置不同视频片段的缩放，以实现视频大小的统一。

图3-30　查看编辑效果

（四）视频的导出与保存

在视频编辑页面中，如图3-31所示，点击右上角的"导出"，在弹出的导出框中，设置作品名称、导出位置、视频分辨率、格式等，点击"导出"。导出完成后，即可将编辑后的视频保存至电脑文件夹下。提示：剪映软件会自动保存视频编辑项目文件，在剪映首页的"本地草稿"中可以查看，点击可再次编辑。

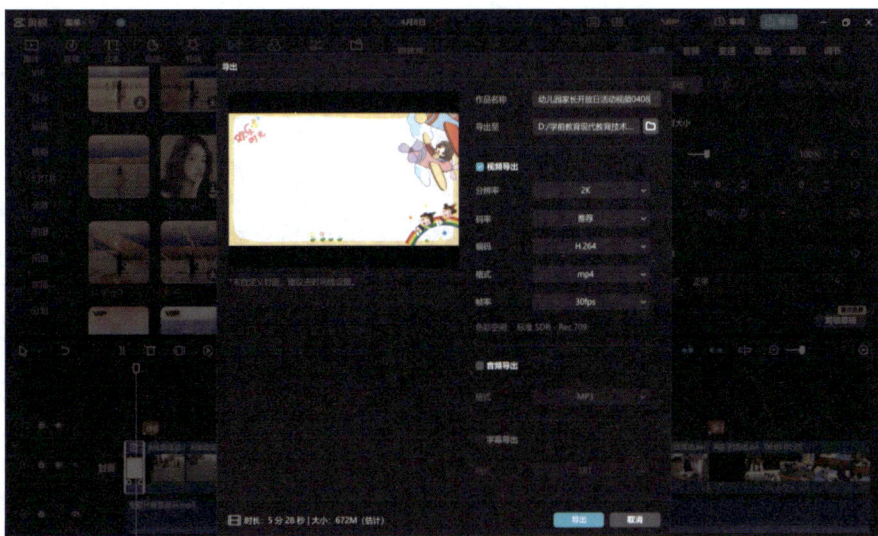

图3-31　视频的导出与保存

项目三 幼儿园有声绘本创作

一、情境与任务

> **主题活动**

基于生成式人工智能的有声绘本创作

　　随着数字化的发展和幼儿教育理念的创新,有声绘本逐渐成为幼儿园教育的新宠。为了丰富幼儿园的教学资源,提升教师利用数字技术开展教育教学的能力,童心幼儿园决定组织教师开展数字技术赋能下的幼儿有声绘本创作活动。在这个有声绘本创作活动中,幼儿园鼓励教师充分借助生成式人工智能的技术赋能,学习基于生成式人工智能的有声绘本创作能力,也为孩子们带来更加生动、有趣的学习体验。

二、活动分析

(一)活动计划

　　幼儿园有声绘本是一种结合了图画、文字和声音元素的新型绘本,它为幼儿提供了更加丰富、生动和有趣的阅读体验,有助于激发幼儿的阅读兴趣和学习动力。基于生成式人工智能的幼儿园有声绘本故事创作充分借助生成式人工智能的能力支持教师创作绘本故事、生成绘本图片,以及根据绘本故事文字生成绘本声音。对于幼儿园教师而言,基于生成式人工智能的幼儿园有声绘本故事创作任务包括绘本主题确定与大纲构思、利用生成式人工智能工具创作有声绘本两大子任务。

　　任务一:绘本主题确定与大纲构思。教师根据幼儿园的教学目标和孩子们的兴趣特点,确定绘本的主题和故事情节。教师可充分发挥想象力,创作出既有趣又富有教育意义的绘本故事。

　　任务二:利用生成式人工智能工具创作有声绘本。教师选择生成式人工智能工具,通过提问与回答的方式,让生成式人工智能工具根据教师的绘本主题和大纲生成对应的绘本故事,以及对应的图片和声音,并将绘本故事、图片和声音整合在一起,制作成精美的幼儿有声绘本。教师可以为绘本设计独特的封面、书名等,增加绘本的吸引力。

(二)所需知识与技能

　　(1)幼儿绘本设计与制作的基础知识。

　　(2)生成式人工智能工具的访问与登录。

　　(3)基于生成式人工智能工具的有声绘本创作助手基本操作。

　　(4)基于生成式人工智能工具的指令提问技巧。

三、方法与步骤

(一)确定幼儿绘本主题,构思绘本故事大纲

　　首先,教师根据幼儿园教学计划、班级教学需求、家校共育目标等教学目标,确定绘本教学主题。接着,教师根据绘本主题和幼儿兴趣特点,明确绘本故事的主角。之后,教师根据绘本主题和故事主角,构思有趣

且富有教育价值的绘本故事大纲。这里以"勇敢、坚强、毅力"为绘本主题,将绘本故事主角选定为一只南极小企鹅七七,绘本故事大纲设计如表3-2所示。

表3-2　幼儿有声绘本故事大纲

序号	故事情节大纲
1	小企鹅七七生活在一个温暖幸福的家庭里,在爸爸妈妈的细心呵护下,七七过着无忧无虑的生活。
2	一天,七七生活的地方突然遭到了海豹的突然袭击,只有七七幸存。
3	燕鸥很同情七七,想要教七七捕鱼的本领。
4	经过努力,小企鹅七七终于学会了捕鱼。
5	燕鸥看到小企鹅七七学会了捕鱼很高兴,并夸赞七七。

（二）登录生成式人工智能平台

访问生成式人工智能平台,并注册登录。这里以"讯飞星火认知大模型"为例进行阐述。访问讯飞星火认知大模型平台(https://xinghuo.xfyun.cn/),如图3-32所示,点击"登录",通过手机快捷登录或账号密码登录的方式,登录讯飞星火认知大模型平台。

图3-32　讯飞星火认知大模型平台首页

（三）使用生成式人工智能平台创作幼儿园有声绘本故事

1. 选择有声绘本创作助手

登录讯飞星火认知大模型平台后,点击"助手中心"进入星火助手中心,搜索框中输入关键词"绘本",如图3-33所示,从星火助手检索项中选择并点击"有声绘本创作助手",即可调用有声绘本创作助手的功能。

2. 选择绘本故事主角,开始绘本故事创作

有声绘本创作助手页面中,在展示的各角色形象中选择绘本故事主角,如图3-34所示。如果默认的角色形象列表不满足教师需求,可通过点击"换一批"呈现新一批的角色形象列表。这里选择"企鹅"作为绘本故事主角。点击"开始共创",即可开始和人工智能共创绘本故事。

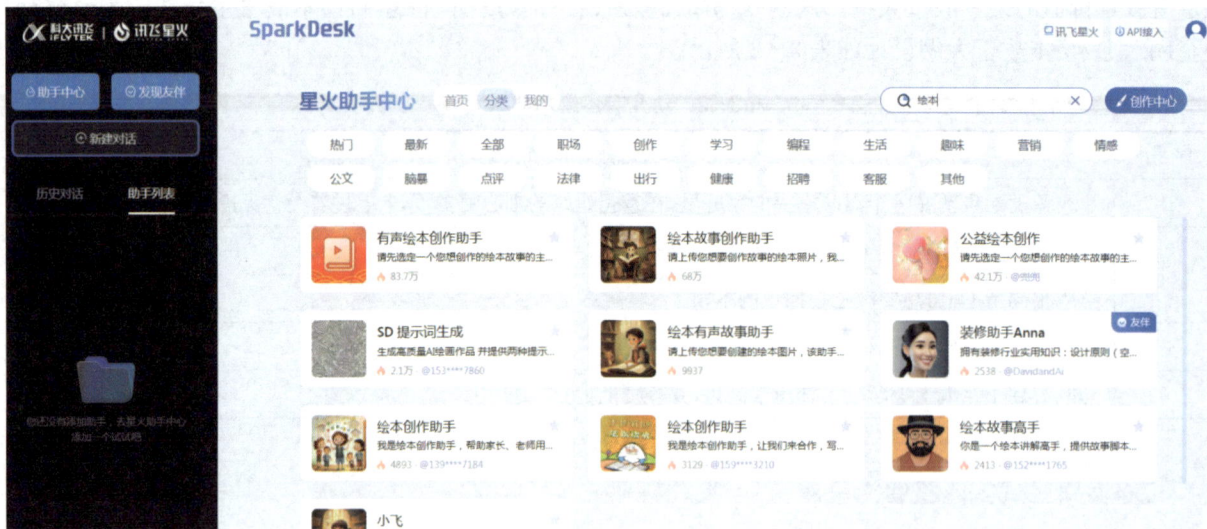

图 3-33　讯飞星火助手中心首页的"绘本"检索

图 3-34　有声绘本创作助手页面

3. 和人工智能共创绘本故事

有声绘本共创页面中,教师可以选择助手默认提供的故事主题(如"海岛度假""森林冒险""荒野求生"等)作为绘本故事主题,也可以按照如表 3-2 所示的故事情节大纲,在指令框中输入对应的情节内容。这里以输入故事情节大纲 1 为例进行操作步骤阐述。

如图 3-35 所示,在指令输入框中,输入故事情节大纲 1 的内容:"小企鹅七七生活在一个温暖幸福的家庭里,在爸爸妈妈的细心呵护下,七七过着无忧无虑的生活。"点击"发送",星火大模型会利用有声绘本创作助手的功能生成对应的绘本故事文字、图片以及和文字匹配的声音。如果对绘本故事的文字不满意,可点击"重新回答"请助手再次生成绘本故事的文字、图片和与文字匹配的声音。如果仅对绘本故事的图片不满意,可点击"重绘"请助手再次生成绘本图片。点击播放按钮,可播放绘本故事对应的声音。

运用同样的操作方法,基于有声绘本创作助手的强大能力,将绘本故事情节大纲计划里的五项内容依次生成对应的故事文字、图片和与文字匹配的声音。

图 3-35　输入指令创作绘本故事

4. 生成故事情节完整的幼儿有声绘本

在完成故事情节大纲计划里所有内容的绘本故事内容生成后,如图 3-36 所示,点击任一生成内容下方的"创建绘本",勾选想生成绘本的图文,点击"生成绘本",即可整合各大纲对应的有声故事片段,形成故事情节完整的幼儿有声绘本。

图 3-36　整合各片段形成幼儿有声绘本

5. 设置幼儿有声绘本书名

在绘本生成页面,如图 3-37 所示,点击顶部的编辑按钮,修改绘本书名,如可将"新增绘本故事一"修改为"坚强的企鹅"。星火大模型默认将绘本中的第一张图作为绘本故事的封面,并将有声绘本默认保存在"绘本夹"中。

图 3 - 37　设置幼儿有声绘本书名

（四）分享使用幼儿园有声绘本

完成有声绘本创作后,教师在进入有声绘本创作助手页面后,指令输入框上方会新增一个"绘本夹",如图 3 - 38 所示。点击"绘本夹",教师可查看自己创作的所有有声绘本,如图 3 - 39 所示,点击转发按钮也可向他人分享自己创作的有声绘本。点击"坚强的企鹅"绘本,即可以电子书的方式阅读该绘本的所有内容,如图 3 - 40 所示,点击每一页下方的播放按钮,可播放该页码故事文字对应的声音。

图 3 - 38　"绘本夹"访问入口

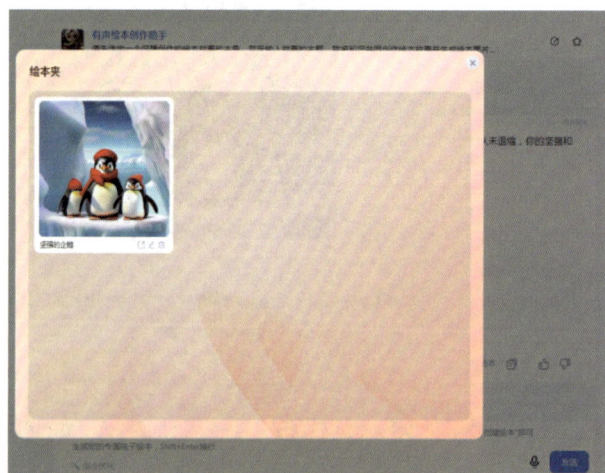

图 3 - 39　有声绘本书架首页

日后的教育教学中,教师可通过讯飞星火认知大模型平台中有声绘本创作助手的绘本夹,带领幼儿阅读教师和生成式人工智能共创的幼儿有声绘本,在通过绘本完成幼儿教育目标的同时,也使幼儿感受人工智能技术的强大力量和价值。

图 3-40　有声绘本阅读页面

模块四 多媒体课件的设计与制作

多媒体技术已成为当今教育领域应用极为广泛的教学辅助手段,多媒体课件在课堂教学中的运用已成为常态。2022年教育部发布的《教师数字素养》标准框架中"数字技术知识与技能""数字化应用"维度均涉及教学演示文稿(即课件)相关要求,课件的设计与制作已成为教师必备的数字素养。在幼儿教育中,多媒体课件丰富多样、形象直观、生动活泼的表现形式能够吸引幼儿注意力,激发幼儿兴趣,满足幼儿的求知欲望,灵活体现教育活动意图。因此,多媒体课件的设计与制作是幼儿教师必备的职业技能。

知识与技能学习

一、多媒体课件类型与特点

(一)多媒体课件的特点

1. 图文声像并茂,激发学习兴趣

多媒体课件提供了文本、图片、动画、音频、视频等多种媒体信息,图、文、声、像并茂,给学生提供多种感官的综合刺激,激发学生的学习兴趣,有利于学生对知识的获取和保持。

2. 生动直观的表达,增加学习感知

多媒体课件不仅可以更加自然、逼真地表现多姿多彩的视听世界,还可以对宏观和微观事物进行模拟,对抽象、无形事物进行生动、直观的表达,能够有效地将抽象内容变得具体形象,使学生获得更加清晰的学习感知。

3. 丰富的信息资源,扩大学生知识面

多媒体课件中包含了大量的信息资源,创设了丰富有效的教学情境,让课堂变得生动活泼,扩展了学生的知识面,有利于学生深入学习和加工知识。

4. 友好的交互设计,调动学生积极参与

多媒体课件可以提供友好的人机交互学习环境,学生能够按照自己的知识基础和习惯爱好选择学习内容,在学习过程中获得及时的反馈信息,有利于发挥学生的主体性与主动性。

5. 灵活的控制性,提供多种学习途径

多媒体课件呈现教学信息的时间、顺序,可以便捷地控制。利用超文本结构组织信息,符合人类非线性思维特点和认知规律,有利于培养学生的发散思维,不同的学生可以按照自己的认知特点重新组织信息,按照不同的学习途径进行学习。

(二)多媒体课件的类型

多媒体课件经过多年的发展,按照不同的分类标准,分为不同的课件类型,教师可在不同的教学情境中选用不同类型的多媒体课件。

1. 按照使用对象的不同分类

助学型：指以学生使用为主，功能定位是辅助课程学习和拓展知识。

助教型：指以教师使用为主，主要功能是辅助教学、课堂演示以及创设教学情境等。

教学结合型：兼顾教师和学生两者使用的课件，既能辅助课堂教学，又能提供学生自主学习资源。这类课件通常需要结合多种教学资源和工具，构建完整的教学环境，实现教与学的有机结合。

2. 按照教学功能的不同分类

课堂演示型：针对某一特定内容的教学而设计，主要目的是解决某一课程教学的重点和难点，揭示教学内容的内在规律，将抽象的教学内容具体化、形象化，注重对学生的启发、提示，反映问题解决过程。

图4-1　课堂演示型多媒体课件

自主学习型：具有完整的知识结构，能反映一定的教学过程和教学策略，提供相应的形成性练习供学生进行学习评价，并设计友好的界面让学生进行人机交互活动[1]。

模拟实验型：借助计算机虚拟仿真技术平台或相关的软件环境，为学生提供某种情境下的实验硬件和软件，提供学生与虚拟硬件之间的参数交互，能随时模拟真实对象的状态和特征，主要供学生进行模拟实验或探究发现学习使用。

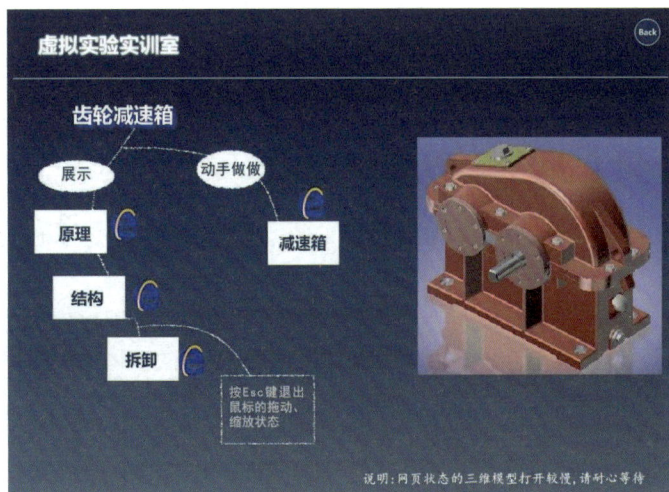

图4-2　模拟实验型多媒体课件

---

① 方飞.多媒体教学课件的设计和制作[J].科技信息（学术研究），2007，（24）：185＋187.

练习和测验型:主要通过练习和测验的形式,训练、强化学生某方面的知识和能力。

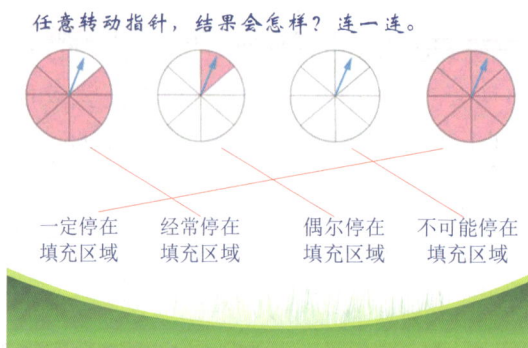

图4-3 练习和测验型多媒体课件

教学游戏型:基于学科知识内容寓教于乐,通过设置游戏的情境、模拟游戏环节,教会学生掌握学科基础知识,提升学生的学习兴趣。教学游戏型课件要求趣味性强、游戏规则简单、交互型强。

图4-4 教学游戏型多媒体课件

问题求解型:在教学中运用计算机作为工具,给学生提供创造性解决问题的机会,让学生自行解决与实际生活较接近的问题。

资料工具型:提供大量资料供学生检索和浏览,包括各种电子书、词典和积件式课件,一般仅提供某种教学功能和某类教学资料,不反映具体的教学过程。

3. 按照表现形式的不同分类

演示型课件:一般用于教师演示教学过程,创设教学情境,以图形、动画、视频等多媒体素材展现教学内容,将抽象的教学内容以形象具体的形式展现出来。

图4-5 交互型多媒体课件

交互型课件:以人机对话的方式进行人机交流互动,将单方面的信息传输变成双向沟通,并且充分调动学生的积极性,推进教学进程。

4. 按照教学环境的不同分类

单机型课件:是以光盘、U 盘等媒介存储、交流发布的教学辅助软件。

网络型课件:在网络环境中运行的、用于实现教学活动而开发制作的教学软件。

(三)多媒体课件在学前教育中的作用

多媒体课件在学前教育中具有得天独厚的优势,能够与幼儿交互开展活动,帮助幼儿释疑,引导他们探索和认识世界,促进思维发展;帮助教师解决教育活动中的重难点问题,提高活动效率。

1. 直观形象,激发幼儿学习兴趣

幼儿的注意力具有很大的随意性,易受情感支配,很容易分散。多媒体课件能够用图文并茂、声像结合的方式,将活动内容具体、形象、鲜活地展示给幼儿,全面刺激幼儿的感官,让他们最大限度地将注意力集中起来,使其产生浓郁的学习兴趣和知识探究欲望,促进学习效率的提升。

2. 帮助思考,培养幼儿想象力与创造力

多媒体课件能突破时间和空间的限制,让幼儿感受到形象、直观、生动的情境,获得身临其境的感觉,使幼儿思路开阔,激发他们的想象力。想象力、思维能力以及创造力之间具有紧密的联系,如果能够提升幼儿的想象力,那么其思维能力和创造能力也会相应得到提升[①]。

3. 提质增效,优化幼儿教育过程

多媒体课件是帮助幼儿系统地建构知识、主动探索学习的桥梁与工具。在幼儿教育活动中应用多媒体课件,不仅丰富教育活动方式,还调动活动氛围,增强活动的趣味性,让幼儿爱上学习,养成良好的学习习惯,并有助于增强幼儿的学习自主性,发挥幼儿的主体作用。

二、多媒体课件设计与制作

多媒体课件作为一种重要的数字资源已广泛地被幼儿教师使用,教师利用信息技术开发制作符合幼儿年龄特点的、互动性强、趣味性高的多媒体课件,能激发幼儿主动探索世界、了解世界,调动幼儿参与活动的兴趣,为幼儿提供直接、美观、易于操作的条件,让孩子们在轻松愉悦的氛围中学习并掌握知识。

(一)演示型课件的设计与制作

演示型课件使展示、分享和传递信息的过程变得生动有趣。一个好的演示型课件不仅可以吸引幼儿的注意力,而且能够清晰地传达想要表达的信息[②]。

1. 演示型课件的概念

演示型多媒体课件是根据一定的教学目标与教学设计,对特定的信息进行视觉化的设想、计划、处理与呈现,结合教师的讲授,最后实现信息传达的目的。

2. 演示型课件的设计原则

(1)简洁化原则。根据活动需求和幼儿的认知特点,呈现关键信息,避免添加与活动主题不相关的冗余信息,注重内容要点的整合提炼,注意避免大量的文字堆砌和搬家;根据需要选用符合幼儿视觉习惯的色彩搭配方式和排版结构。

(2)结构化原则。根据幼儿的认知特点和知识结构,有逻辑地呈现内容结构。根据需要选用恰当的内

① 占仕壮.多媒体技术在幼儿园教学中的应用策略研究[J].教师,2022,(29):72—74.
② 朱世昕,李月玲.演示型课件的视觉逻辑建构[J].中国教育信息化,2020,(14):84—87.

容布局。

（3）可视化原则。采用图像、图表等可视化的表达方式提升内容表现力，促进幼儿对学习内容的理解。

（4）互动性原则。避免照搬内容而忽略了与幼儿之间的互动。可采用留白、动画效果、互动问答、超链接等方式丰富互动的形式。

3. 常用的演示型课件制作工具

演示型课件制作工具种类繁多，常见的工具分为：办公软件类，如 WPS、PowerPoint 等，它们功能丰富、操作相对简单，提供了丰富的主题模板和动画效果，适合快速制作基本的演示课件；在线制作工具类，如 Prezi，它们适合制作非线性和创意性的演示课件，使得课件更具创意和动态感，能够吸引幼儿的注意力。此外，还可以利用交互白板软件制作高度定制化的演示型课件。教师可以根据活动需求和自身喜好选择合适的工具来制作演示型课件；也可以结合多个工具的功能和特点来制作更具创意和实用性的演示型课件。

4. 演示型课件的制作过程

（1）明确目标。首先明确课件的目标，确定想要传达的信息，希望幼儿通过演示型课件了解什么？记住什么？在演示之后能做到什么？如培养幼儿良好的行为习惯等。

（2）设计活动内容。根据目标设计合适的内容，确保内容符合幼儿的年龄特点和发展需求。

（3）规划结构与布局。一个良好的结构能够使演示型课件更具条理性和逻辑性。采用提纲的方式来规划演示型课件的整体结构，通过清晰的标题和子标题，以及适当的过渡，帮助幼儿更好地跟随活动进程。同时，在设计布局时，应注意使用统一的字体、颜色和风格，以确保整个课件的视觉效果统一而美观。

（4）收集素材。选择与内容紧密相关的图片、音频、视频等素材，帮助幼儿更好地理解和联想到相关内容。合理布局图片，使其与文本内容相得益彰，既能增加视觉上的吸引力，也能强化信息的传递。

（5）运用合适的动画与过渡效果。动画和过渡效果是演示型课件中常用的增强视觉效果的方法。通过综合运用动画和过渡效果，可以大大提升演示的效果。但是，在运用这些效果时，要注意适度。过多的动画和过渡效果反而会分散幼儿的注意力，导致信息传达不清晰。

（6）适时开展互动。根据活动环节开展师幼互动、幼幼互动、与演示型课件的互动来提高幼儿对信息的理解和记忆。

（7）修改完善。根据活动反馈，对课件进行修改和完善。可以调整素材的呈现方式、优化动画效果、改进导航结构等，以提高课件的质量和优化幼儿的学习体验。

（二）交互型课件的设计与制作

幼儿的注意力集中时间比较短，传统讲授式教学模式不能满足幼儿的探索欲、好奇心和深层次的认知需求，如果教师在活动过程中不能讲解得绘声绘色、趣味百出，幼儿就容易觉得索然无味，注意力不集中。交互型课件呈现的资源丰富性、学习互动性以及操作自主性等特征在培养幼儿的主动学习能力和维持学习动机、形成愉悦学习体验等方面具有独特的优势，能够很好地解决上述问题，因此设计和运用交互型课件成为进行信息化教育活动的一种途径。

1. 交互型课件的概念

交互型课件是一种具有互动性质的多媒体课件，是借助于软件制作的、可进行人机交互、实现隐性知识转化和教学效果优化的一种课件形式。将交互型课件应用于幼儿教学活动中，能够实现师幼互动、幼幼互动和人机互动，让幼儿在实践体验中，享受学习带来的乐趣。

2. 交互型课件的设计原则

（1）交互性原则。交互性是交互型课件与其他传统课件最大的区别之一。在活动过程中，除了师幼互动、幼幼互动，还能实现计算机与幼儿之间的双向交流和直接相互作用。通过触发器、按钮、超链接以及变量和相关指令的编写，支持幼儿自由选择相关内容进行观赏、游戏等；同时对幼儿做出的选择、判断、输入等做出即时反馈。例如，如果答案是正确的，就会出现"大笑脸"或小动物拍手的动画，如果答案有误，就会发出鼓励的声音"再想想"或"加油"等。这样，鼓励幼儿想说、敢说、愿说，激发幼儿主动学习的兴趣和求知欲望。

（2）科学性原则。要充分考虑幼儿的身心健康与发展规律，在尊重规律的基础上设计交互型课件，将教育活动与课件巧妙融合，让孩子在互动中，自然接受；在玩和游戏中，轻松掌握，促进幼儿认知、语言、社交等方面的发展。幼儿教育是启蒙教育，课件中的事物、景象、动物等会直接影响到幼儿，因此课件中的图片、文字、动画等内容必须是科学的、准确的、真实的，不要给幼儿以误导。

（3）艺术性原则。作为教师和幼儿之间传递信息的桥梁，优秀的课件不仅体现在内容的设计上，课件的美观性也很重要。课件的设计应符合幼儿的审美需求，课件的背景样式要简洁大方，过于绚丽的背景容易分散幼儿注意力；颜色搭配不要多元化，运用一种主色调，并借助与之相配的色调进行辅助，切忌大量的冷暖色调混用。交互型课件的制作会用到丰富的元素和素材，要注意合理选择搭配，删繁就简，对比鲜明，以便幼儿能清晰抓住内容要点。动画、交互等路径形式要根据需要进行设置，不宜过多[①]。

（4）趣味性原则。交互型课件设计要儿童化、游戏化，富有一定的童趣，这样幼儿才能对课件呈现的活动内容积极反馈和互动。制作交互型课件，不只是为了把抽象的内容变得形象易懂，还要考虑如何激发幼儿的兴趣，制作一个幼儿喜欢、接受和容易投入的课件，把抽象、枯燥的知识融入形象、生动、活泼的课件当中，在活动中轻松启发，使幼儿在活动中愉快地学习。

（5）可操作性原则。交互型课件的结构是"非线性结构"，因此，有必要设计一个方便、简单的交互型界面或导航器，以便可以根据活动需要随机安排课件的流程。根据活动过程中各个具体环节，实际变化需要，把某个情节的场景或片段及时展现在幼儿的面前。并且能够依据幼儿的适应状况和知识掌握情况，反复调用，反复操作[②]，从而帮助幼儿掌握学习中的重点、突破难点。

3. 常用的交互型课件制作工具分析

交互型课件的制作工具多种多样，涵盖了从专业 e-Learning 软件到多媒体制作软件，再到交互白板软件等多种类型。例如，Adobe Captivate、Articulate Storyline 等专业软件提供了丰富的交互设计功能，适合制作复杂的教学课件；而 Adobe Animate 和 H5P 等多媒体制作软件适合制作动画和基于 Html5 的交互内容；WPS Office 的演示功能也支持制作基础的交互型课件，适合快速简便的教学需求；虚拟现实和增强现实工具 Unity 等，为制作炫酷交互型课件提供了另一种选择。此外，交互白板软件自带满足不同学科特点的学科工具和活动模板，能够针对各个学科的特殊需求制作交互型课件。教师可以根据活动需求和自身技能，灵活选择最合适的制作工具。

4. 交互型课件的制作过程

交互型课件的设计与制作是一个综合性的过程，它涉及确定活动内容、明确活动设计思路、撰写交互脚本、收集资料素材、交互课件制作和修改完善课件六个步骤。在整个过程中，教师需要不断地评估和调整，确保课件能够满足活动需求，同时也要考虑到幼儿的接受能力和技术条件。

确定活动内容 → 设计活动思路 → 撰写交互脚本 → 收集资料素材 → 交互课件制作 → 修改完善课件

图 4-6　交互型课件的设计与制作的一般流程

（1）确定教育活动内容：所有的课件都是为了教育教学服务，在制作课件之前要确定幼儿教育活动的内容，分析内容的特点；同时，还要分析幼儿的认知特点，在此基础上制定合理可行的教育目标，通过对课件的设计实现教育目标。

（2）明确活动设计思路：幼儿园课件设计的核心是教育活动的设计。明确活动的设计思路，从而在整体上为课件定下一个逻辑框架，设计时关注内容之间的联系和过渡，保证内容的整体性、科学性。只有活动设计科学合理，才能利用软件制作出符合幼儿认知特点、交互逻辑清晰、能层层递进引导幼儿学习的课件。

---

① 杨光.高中生物教学交互式课件的制作技术及其应用[D].西南大学,2021.

② 万媛,万芳.多媒体课件在幼儿园教学中的应用[J].南昌高专学报,2005,(03):86—87.

（3）撰写交互脚本：依据活动设计思路，设计交互型课件内容结构。从宏观上把握课件的整体设计思路，从微观上确定每一页幻灯片的内容，包括文本、图片、视频、动画、交互方式、排版设计等，并撰写相应脚本。

（4）收集资料素材：这里的素材主要包括两个方面，一是课件风格素材，具体是指搜集课件模板、图片素材、音视频素材等；二是课件内容素材，如录制操作演示视频等①。

（5）交互课件制作：课件制作承载着内容的呈现、交互的实现等，是最重要的环节。创建课件可以使用PPT格式文件的导入，也可以直接创建新文件。依据撰写的交互脚本，选择合适的开发软件，通过模板、触发器等功能把各类素材有机连接起来，整合成一个有效的、完整的课件。课件交互功能的实现，主要分为三种：一种通过触发器实现交互操作；二是通过控件实现交互操作；三是通过测试工具实现交互操作。此外，还要完成反馈设计，对幼儿正确的应答操作给予鼓励性反馈；对有缺点的和错误的应答操作还应当给予续做或重做的机会；通过按钮等功能实现幻灯片之间、场景之间的跳转或链接，从而实现内容之间的联结以及增强课件的可操作性和学习活动的多样性。

（6）修改完善课件：制作完成的课件还不能直接投入使用，必须从头到尾按照活动流程，在相关的设备上进行测试。也可以请其他教师给予指导，从而完善课件内容，提高课件质量。

（三）数字故事的设计与制作

讲故事是古老的教育艺术，从远古先民用燧石在岩壁上刻画到口耳相传的人类朦胧期教育；从孔孟、三字经、史记，到今天的文学、电影，故事对于教育起着积极重要的作用。当教育步入到21世纪的数字化时代，以信息技术为载体的数字故事很自然地走入了教育，成为一种新的教学方式，对培养幼儿的表达能力、解决问题的能力、创造力和对幼儿多元智能的发展起到了积极的作用。

1. 数字故事的概念

数字故事是指编写教学故事，把传统讲故事的艺术与信息技术工具结合在一起，整合文字、图片、音乐、视频、动画等多媒体元素，创造可视化故事的过程。数字故事这一概念是由美国Dana Atchley最先提出的，随即受到国内外学者的关注，并广泛应用于教育领域。上海师范大学黎加厚教授最早在国内对数字故事进行了引介、应用和推广②。数字故事的优点是图文和音乐结合，生动的讲解使故事更加具有感染力，将感情融入教育传播之中，有效激发师生情感、促进师生思想深度互动。近年来，数字故事已成为激发学习兴趣、促进学生获得丰富的学习体验，提高教学质量的一种信息化教学的策略和技能。

故事教学法是幼儿教育领域中极为普遍且重要的一种教学方法③。随着幼教领域信息化教学设备的不断完善以及幼儿园教师信息技术能力的逐步提升，幼教数字故事在幼儿教学领域的应用具有可行性。3～6岁幼儿主要通过感知、表象来认知事物，对于数字原住民的当代幼儿来说，图文声像并茂的数字故事能有效地激发他们的学习兴趣，为幼儿提供良好的视听体验；直观、形象、生动的教学情景，能让教育活动更具感染力和说服力，促进幼儿对活动内容的充分理解，对促进幼儿知识、能力与思维等方面的发展具有重大意义。

2. 数字故事的设计原则

（1）故事性：聚焦故事。从数字故事的本质来看，制作数字故事，首先要有一个好故事，故事第一、画面第二、音乐再其次。故事应具有真实性，来自真实的生活，但不是简单地记录生活，而是经过观察与思考生活后，提取典型的故事；要以叙述为主，启发人思考；故事设计时要有一个照亮整个故事的主题。故事应具有情感性，要能引起强烈的共鸣，激发人内心深处的感情，蕴含一定的哲理；故事应具有意外性，要突出故事的冲突，引导观者深度互动，结尾让人意料不到，唤起观者心底的震撼。

① 贺淼. 信息技术交互式课件的设计与开发[J]. 安徽教育科研,2021,(20):73—74.

② 娄智华,钟琦. 数字故事创作理念探析[J]. 软件导刊(教育技术),2012,11(12):78—80.

③ 龚彦,孔雪龙. 基于动画制作工具的幼教数字故事设计与开发——以《小奶酪找太阳》幼教数字故事为例[J]. 中国教育信息化,2019,(16):51—54.

（2）艺术性：简洁即美。故事的设计要突出主题，只出现关键性的词语或短句，而不是作者要说的每句话，要给观者留白；数字故事的字一定不要多，以标题型为主；画面的设计要简洁、突出重点，要为内容服务，要对内容起到补充说明的作用，过于复杂的画面会增加幼儿的认知负荷；音乐主要是为了烘托氛围，应与主题一致，如果能起到对故事提升渲染的作用就更好了。

（3）技术性：用好技术。合理使用数字技术工具制作数字故事，将多种媒体元素（图像、音频、视频等）有机地整合在一起，形成完整的故事体验。视频控制在 10 分钟以内，画质清晰、声画匹配、播放流畅、具有相应的动画效果，符合幼儿视觉习惯。

（4）创新性：追求创新。不拘泥于传统的叙事方式，采用独特的视角讲述故事，引发儿童的好奇心，加深对故事的印象；运用新颖的表现形式，增加故事的趣味性和互动性，为幼儿带来全新的视听体验。

3. 常见的数字故事制作工具

（1）演示类软件制作数字故事。目前，WPS 和 PowerPoint 等演示类软件是大多数老师制作数字故事的首选软件。通常采用"文字＋图片＋声音＋动画"的形式来展示故事，在幻灯片中输入文字，插入符合故事主题的图片，配上相符的背景音乐、有感情的讲解，对文字、图片、音频等设置好自定义动画，使每张幻灯片按照故事的情节发展播放，从而有效地将学生带入故事情境中。利用演示类软件制作数字故事，技术要求相对较低、易于上手，但也存在表现力和交互性方面的限制。

（2）视频类软件制作数字故事。利用剪映、Adobe Premiere 等视频编辑软件制作数字故事，按照故事脚本的顺序，串联起音频、视频、图片等多媒体素材，通过剪辑、特效处理、音频调整以及字幕添加等操作，构建流畅的叙事节奏，形成视觉冲击力。视频编辑软件提供了丰富的剪辑、特效和音效工具，有助于数字故事的创意表达，增强故事的表现力和感染力。

（3）动画类软件制作数字故事。使用万彩动画大师、皮影客等一些常用的动画制作软件来制作数字故事，根据故事脚本，设计角色、构思场景，使用关键帧和运动路径来设计动画效果，添加声音配音、背景音乐和必要的音效以增强故事的情感和氛围，最终将不同的多媒体元素合成到一起，形成一个完整的数字故事。动画类数字故事的主要特点在于设计丰富的场景和生动有趣的动画角色，使故事更具有动态性和生动性，能有效激发学习者的观看兴趣，但动画类数字故事的制作需要一定的技术基础和创意能力。

4. 数字故事的制作过程

（1）选取主题。数字故事的选题，即选择故事需要共享的知识、情感、价值观等内容，它是形成一个优秀的数字故事的基础和关键。一方面，要考虑幼儿的年龄特点和认知水平，数字故事的主题要弘扬正确的道德伦理观、传递社会正能量、发扬真善美的精神，幼儿数字故事的主题围绕成长励志、情感社交、健康生活、爱国教育、自然探究等；另一方面，还要分析该主题是否适合数字化，并能借助多媒体元素将其生动有趣地表现出来。

（2）叙写故事。故事是数字故事的灵魂，观看数字故事本质上是大家同步进行故事阅读。故事的来源可以是儿童文学作品、经典童话、自然科学现象等或现实生活创编。可以基于真实的生活事件，从现实生活中挖掘数字故事的内容，在创编时要注意以下问题：撰写的是幼儿故事吗？撰写的故事是否生动有趣？是否符合幼儿的理解能力？是否适合幼儿阅读欣赏？故事的内容需要简单明了、生动形象，并快速吸引注意力，避免无关的元素出现扰乱幼儿的认知。

好的故事意味着好的故事内容和好的叙述艺术，要根据幼儿的年龄、兴趣和理解能力选择合适的叙述视角和巧妙的叙述策略，展现人物的思想、情感和命运，将幼儿潜移默化地带入故事情境中。例如，在关于家庭的故事中，可使用旁白来描述家庭成员的行为和情感；在故事的开头可以向幼儿抛出某个问题："如果……，你会……？"引发幼儿内心的深层思考，接着再引导幼儿带着问题在故事的跌宕起伏中寻找答案。

（3）设定脚本与版面。分镜头脚本设计是整个数字故事制作的基石，是数字故事制作过程中的蓝图，起到总指挥的作用。要透彻分析故事内容、提炼故事核心情节、使用镜头语言把故事碎片化，细分为一个个分镜头及其包含的相关多媒体元素。幼儿数字故事分镜头脚本编写包括镜号、画面、文字、音效、动画、时长等。

表4-1　幼儿数字故事分镜头脚本

镜号	文字	画面	音效	动画	时长	备注
1						
2						
3						
...						

在分镜头脚本的基础上,将各种多媒体元素协调组合起来,把脚本设计按照顺序可视化呈现出来,将多个场景根据需要合理布局与设计。数字故事的版面设计要符合儿童的思维方式和视觉习惯,画面要有艺术性,充分展示画面的内容,版面设计要协调,符合构图原则、色彩搭配原则等。

（4）搜集处理素材。图像、音频、视频等多媒体元素可以说是数字故事制作过程中的神来之笔,它们将文字变得鲜活起来,让制作过程更加有趣。选择符合主题的高清图片,不能模糊,尽量具有艺术性,图片要与文字内容相匹配;根据版面文字所表达的情绪选取背景音乐,激昂或舒缓,低落或高潮,音质要清晰、无杂音、声音洪亮;可以使用音频录制软件录制旁白或解说词等内容;选择高清、画面和谐的视频。

（5）编辑合成。以分镜头脚本为蓝本完成故事中的动画、图片、音频、文字等多种元素的合成,添加场景切换效果,将故事生动地呈现出来。所有的媒体元素都合成后,需再次回看整个作品,确保故事发展符合逻辑顺序、音频与画面完全匹配、播放过程流畅,背景音乐衔接流程,无任何纰漏后,整个数字故事便生成了。

（6）修改完善。作品制作完成后,还需要不断地进行修改和完善。可以沿着下面的路线图,检验数字故事作品[①],如图4-7所示。

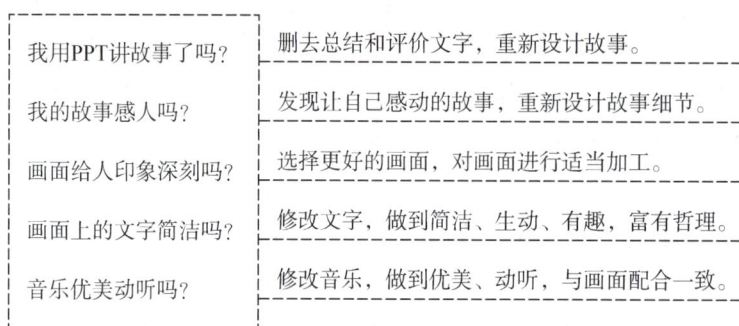

图4-7　修改数字故事路线图

三、AI 辅助制作多媒体课件

随着生成式人工智能技术的发展,AI 工具的应用为课件制作带来革命性的变革。借助 AI 工具分析所提供的内容,自动生成内容丰富、结构清晰的课件,大大提高了工作效率。对于幼儿园教师而言,如何有效利用 AI 工具辅助制作多媒体课件的基本技能,真正做到让技术为教师所用、为教学赋能成为亟待解决的问题。

（一）传统课件制作的痛点

教学课件是非常常用的教学资源,可以有效组织和呈现教学内容、增加学习的逻辑性和清晰性,课件的质量会对教学效果产生一定影响。传统课件制作的步骤繁多,需要历经明确目标内容、设计课件结构、搜集

---

① 杨艳艳,杨高云,杨晓哲,等. 数字故事的创作、设计及技术实现[J].中小学信息技术教育,2012,(06):11—13.

处理素材、设计版式布局、文字和图片美化等多个环节,制作一份高品质的课件需要投入大量的时间和精力。

课件制作过程可以简单拆解为内容和格式两个部分,许多新教师绞尽脑汁做课件但效果却不尽如人意,主要存在以下问题。

1. 缺乏整体认知框架,逻辑性不足

逻辑是课件的灵魂,没有逻辑和层次的课件,只能算是图片和文字的堆砌。部分老师刚学习制作课件时,习惯想到哪里做到哪里,缺乏一个整体的思路框架,导致学生不好理解。教师需要先理清一堂课教学内容的逻辑,拟出脉络清晰的课件大纲,这样制作出的课件才能使学生一目了然,抓住主要内容。

2. 缺乏美感和创意,吸引力不足

课件呈现方式需要进行创意设计。部分教师将书本内容直接塞到课件里,满页都是密密麻麻的文字,信息量非常大,重点不明确,影响了学生的视觉效果,缺少美感。可以把晦涩难懂的抽象文字转化为表格、图片、动画及声音所构成的生动场景,做到通俗易懂。有些教师在课件中放置了一些与教学毫无关系的花哨元素,反而容易分散学生注意力,打扰学生思维,削弱教学效果;或是页面简单重复,看起来相似,缺乏个性和创意。

3. 耗时耗力,效率不高

在课件制作过程中遇到选择文字和图片的困境,不得不耗费大量时间搜集素材、编辑调整和优化内容。排版、字体、配色等琐碎的细节耗费大量精力,最终的效果却未必如愿。

AI 工具的出现重塑了课件制作流程,实现了课件制作的自动化设计,能够自动完成课件大纲编写、素材生成,实现智能布局,大大提高课件制作效率,使得教师能有更多精力,专注于内容的表达和创意的发挥,而不是繁琐的排版和前期设计工作,实现减负增智。

(二)AI 对课件制作的重塑

AI 技术应用到多媒体课件制作中,有效打破了传统课件制作的桎梏,重塑了课件的制作流程,缩短了课件的制作周期,提高了工作效率,支持教师以更加高效的方式,探索和实现创意构思。

1. 利用 AI 工具辅助制作课件的流程

在多媒体课件的整个制作流程中,从构思、创作到美化,AI 技术都发挥着重要的作用。AI 辅助多媒体课件制作的过程可以概括为:接收教师输入信息、进行内容分析、生成初步设计方案、教师调整优化和 AI 自我学习进化这五个步骤。这个过程中既发挥了 AI 技术的自动化和智能化优势,又充分体现了教师的创造性和主导地位。

(1)教师输入信息:教师作为课件制作的主体,将课件的主题、目标受众等关键信息输入到 AI 工具中并提出明确指令。这些信息是 AI 工具进行后续分析的基础。

(2)AI 分析内容:AI 工具会对输入的内容进行深度分析,包括主题识别、关键词提取等。通过这些分析,AI 能够准确理解教师的需求和意图。

(3)AI 生成设计方案:基于对教师输入内容和指令的理解,AI 会从预设的设计库中智能选择相匹配的模板和元素。结合这些内容,AI 会快速生成一个初步的课件设计方案。

(4)调整和优化:教师对 AI 提供的初步设计方案进行审阅,根据自己的教学风格和学生的喜好进行调整和优化,如修改布局、替换元素、添加互动环节等,以确保课件能够更好地满足教学目标和学习需求。

(5)AI 学习和进化:通过不断接收教师的反馈和调整信息,AI 会进行自我学习和进化,逐渐理解并掌握教师的设计风格和偏好,以及不同类型课件的制作要求和技巧。这样,在下一次制作课件时,AI 就能提供更为精准和高效的设计方案。

2. AI 对课件制作的变革

(1)快速内容生成。AI 以智能化、自动化作为优势,帮助教师完成重复性工作,从而节省时间和精力,提高课件制作效率。它能够根据教师提供的主题和需求,快速生成一份结构清晰、内容丰富的课件。教师

无需进行繁琐的布局和设计操作,能有更多时间和精力专注于内容的打磨和创意工作。

(2)智能优化内容。AI不仅提高了课件制作的效率,还对内容进行了智能优化。它能够根据教师提供的主题和目标受众,自动生成大纲并补充更多内容细节,使课件内容更加完善;能够自动调整文字表达和排版布局,使内容更加清晰明了、易于理解。

(3)增强创造力。AI可以提供出人意料的创意建议,帮助教师打破思维定势,激发新的创作灵感。并且能够基于不同的风格、文化背景和用户偏好生成内容,为创作提供更广泛的视角和选择,使教师在课件制作过程中发现更多可能性。

(4)设计美观度提升。一个好的课件不仅要求内容充实,还必须设计美观。AI能够根据教学主题,智能挑选出相关的图片,自动推荐合适的字体、颜色和版式等,并将其融入到课件中。还能在课件制作过程中提供多种元素素材,如图表、音效、动画等,按教学需求进行自动匹配,提升课件演示效果。教师无需花费过多精力在设计上,就能轻松制作出高品质的课件。

(5)满足个性化需求。AI能够满足教师的个性化需求,支持教师根据自己的喜好和需要,对AI生成的课件进行修改和调整,展示教师的个性化创意设计。此外,AI能够理解并生成各种类型的课件,满足不同教学需求。无论是演示型课件、交互型课件还是数字故事,利用AI工具都能快速制作出令人满意的课件。

(三)AI在课件制作中的应用探索

内容是课件核心、是最重要的部分,内容的逻辑是贯穿课件始终的灵魂。在制作课件时,须坚持"内容为王"的原则,注重内容的简洁明了、重点突出、逻辑清晰。随着人工智能技术的发展,AI工具已经成为多媒体课件制作的有力助手。AI工具支持文本、图像、音频、视频等多模态内容创作,极大地丰富了课件的表现形式。借助AI工具不仅能迅速生成课件所需的内容,还能有效增强内容的呈现力,使课件更加生动、形象、易于理解。

1. AI生成课件内容

借助DeepSeek、文心一言、讯飞星火、ChatGPT等AI工具,通过聊天方式与其交互,可快速生成课件大纲及主要内容。与AI工具聊天前,首先得明确想要得到的是什么,在聊天过程中通过"定义角色+背景信息+任务目标+输出要求"的方式,获得满意的结果。

(1)定义角色。首先需要设定一个身份,告知AI"你是谁",让AI以这个身份理解接下来的任务,这样生成的课件才不会有太大的误差。

(2)任务目标。教师需要提前考虑清楚课件的内容是什么主题,并且这个课件的展示目的是什么,希望课件里包含哪些内容,明确告知AI需要"做什么"任务。

(3)背景信息。除了身份和目标之外,还需告知AI"有什么"背景。教师需要先想好目标实现的场景,再同步给到AI,让它能够代入背景。

(4)输出要求。最后给到AI"要什么"的要求,明确告知AI工具诉求是什么,如果不加以限制,AI生成的答案将会五花八门。具体而言可以从风格、字数、数量、格式等方面去限制要求。

遵循以上四个步骤,从"你是谁、做什么、有什么、要什么"逐步推进,例如,"假设你是一名课程开发专家,我需要对幼儿园教师开展AI教学应用培训,请制作一份如何利用AI制作课件的PPT,字数在800字以内,能够让幼儿园教师掌握AI应用技巧"。这样才能确保AI生成的内容在理想范围内。

2. AI生成课件素材

利用AI工具辅助制作课件时,可以通过自然语言来描述对图像、视频等素材的想法,并提供必要的提示词,AI即可自动生成全新的素材,大大降低了创作门槛、提高课件制作效率和创新能力。

(1)生成素材。选中任意一张图片,输入AI文生图提示词,即可重新生成新的图片,一键替换原有的图片,免去网上搜集图片素材的步骤,极大地提高了课件的制作效率。

(2)处理素材。基于AI技术可以快速完成背景去除等素材处理操作。例如,有一张图片素材不得不用,但是背景杂物需要去除,通过AI算法能够自动识别出前景主体与背景图,1秒完成抠图,如图4-9所

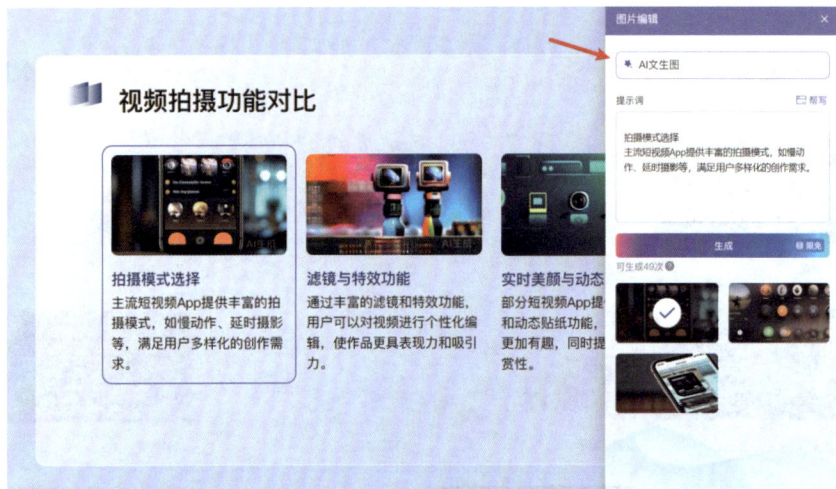

图 4-8　AI 生成图片素材

示。还可以利用 AI 工具优化和编辑图片,如裁剪、调整亮度/对比度、滤镜应用等,使图片更加吸引人,增强视觉效果。

图 4-9　背景去除效果对比图

　　(3)可视化表达。利用 AI 内置的可视化模板,能够帮助更好地呈现内容。例如,在分析做饭步骤时,可插入可视化的垂直时间轴模板,便于视觉化地阐释做饭步骤与时间规划,如图 4-10 所示。

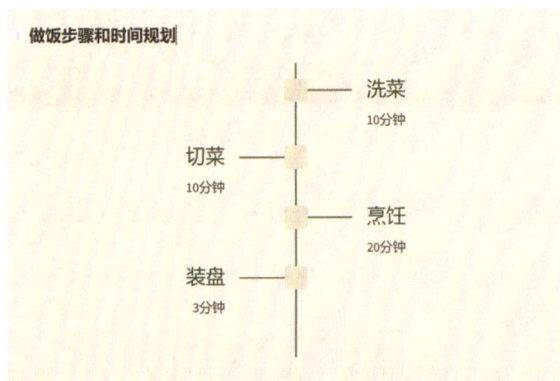

图 4-10　可视化表达

3. AI 生成配色排版

　　课件制作看似简单实则不易,需要仔细调整配色、设置格式等,通过使用不同的字体、颜色、布局和动画效果来增强课件的视觉效果,从而吸引学生的注意力。借助 AI 工具能够一键完成页面排版,自动调整页面布局,优化课件外观。

　　(1)模板配色选择。AI 工具可以提供多种预设的模版配色,教师可以根据活动主题和内容选择适合的模板,还可以根据内容自动调整布局和结构,确保课件有条理、易于学生理解。

图 4-11　选择模板配色

（2）自动排版与对齐。借助 AI 工具可以自动调整文本框、图片和其他元素的位置和大小,确保课件的整体布局和视觉平衡。

图 4-12　自动排版

（3）字体和标题推荐。AI 工具可以基于主题和内容,自动选择合适的字体和标题样式,提高课件的可读性和吸引力。

（四）AI 辅助课件制作的反思

针对课件制作,AI 工具可以发挥辅助作用,但教师才是主导者。在正式制作课件之前,教师应有自己的框架思路,明确想要呈现什么内容和做成什么样的课件,不应过度依赖 AI 生成;如果没有任何想法,很难做出满意的课件。

AI 的强大能力给课件制作带来了一定的便利,利用 AI 技术可以自动完成课件的排版、设计和动画效果等工作,极大地提高了制作速度和效率。AI 可以在课件制作过程中帮助我们省去一些繁琐的排版和前期设计工作,但 AI 自动生成的课件目前还无法一步到位满足实际教学需求。

首先,AI 无法代替教师在内容创造和表达方面的能力。制作课件不仅仅是单纯的设计和排版,更重要的是如何通过课件来清晰地传达内容、展示思路、引导学生思考。这涉及对于内容的深入理解和创意的运用,而这些是 AI 目前无法具备的。

其次,目前 AI 仍不能被信任为可生成准确、可靠内容的技术。尽管 AI 工具可生成看似合理的答案,但不能被视为可依据的准确答案;有时 AI 生成的学习内容/素材可能包含偏颇的信息。因此,需要在 AI 生成的课件的基础上进行细致的人工修改和优化,才能达到预期教学效果。

主题实践活动

项目一　利用 AI 制作"幼儿七步洗手法"演示型多媒体课件

一、情境与任务

主题活动

利用 AI 制作"幼儿七步洗手法"演示型多媒体课件

我们周围的环境存在着许多看不见的细菌、病毒等,幼儿好奇的天性使他们到哪里都想摸摸、玩玩,小手也在不知不觉中沾上细菌等微生物。如果不注意洗手,幼儿极易将病菌带入口中。洗手是日常生活中最简单有效的防病措施,也是预防疾病的第一道防线。请老师们综合运用所学技能,利用 AI 工具辅助制作一份"幼儿七步洗手法"演示课件,帮助幼儿认识到洗手的重要性,初步掌握洗手的基本方法,养成良好的卫生习惯。

二、活动分析

(一)活动计划

1. 确定活动目标和内容

《3~6 岁儿童学习与发展指南》中提出要帮助幼儿养成良好的生活与卫生习惯,提高自我保护能力,形成使其终身受益的生活能力和文明生活方式,远离疾病。关注幼儿个人卫生,引导幼儿养成勤洗手的好习惯,通过"七步洗手法"健康教育活动让幼儿学会洗手这个简单而重要的动作,加强卫生意识,以防止感染传染病。带领幼儿学唱洗手儿歌,做到人人会唱洗手歌,个个学会正确洗手。用积极的行动养成讲卫生的好习惯,保证幼儿的身体健康,为幼儿愉快学习打下基础。

2. 利用 AI 工具构思和制作课件

常用的 WPS Office 软件中的 WPS AI 就可以辅助制作多媒体课件。利用 WPS AI 自动构思大纲、智能填充内容、美化排版,迅速生成一份结构清晰、内容丰富的演示型多媒体课件。如在"幼儿七步洗手法"这个课件中,首先输入课件主题,利用 AI 工具自动生成大纲方案,选择幼儿喜爱的课件风格模板,一个粗略的 PPT 课件就生成了。

3. 适当进行人工修改并保存

AI 工具在课件创作过程中只是辅助,可以帮助理清思路、减少机械操作,但具体细节还需要人工进行局部调整。围绕幼儿健康教育活动主题,对课件进行加工处理,基于幼儿认知特点考虑课件存在哪些不理想的地方进行进一步修改,如替换相关图片,插入音频、视频等。全部定稿后,根据需要保存不同的格式。

（二）所需知识与技能

（1）演示型课件设计与制作的基础知识。

（2）AI 工具的安装与使用。

（3）利用 AI 工具自动生成演示型课件大纲、素材、配色排版等。

（4）修改美化演示型课件的方法。

三、方法与步骤

（一）新建演示课件

打开 WPS AI 官网（https://ai.wps.cn），根据电脑操作系统选择适合的软件版本下载并安装。安装完毕后，打开 WPS 客户端，点击新建"演示"，如图 4-13 所示；选择"智能创作"，如图 4-14 所示，即可进入 PPT 创作界面。

图 4-13　新建演示课件

图 4-14　选择智能创作

（二）创建课件大纲

在 WPS AI 对话框输入主题"幼儿七步洗手法"，如图 4-15 所示，明确目标受众为幼儿，点击"生成大纲"，AI 即可自动生成结构清晰的课件大纲并进行正文扩写，如图 4-16 所示。输入的主题关键词越精准，AI 生成的内容越符合教育活动需求。

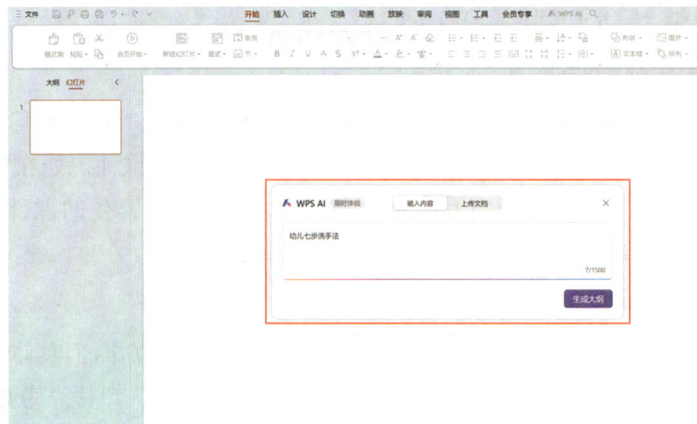

图 4-15　输入课件主题

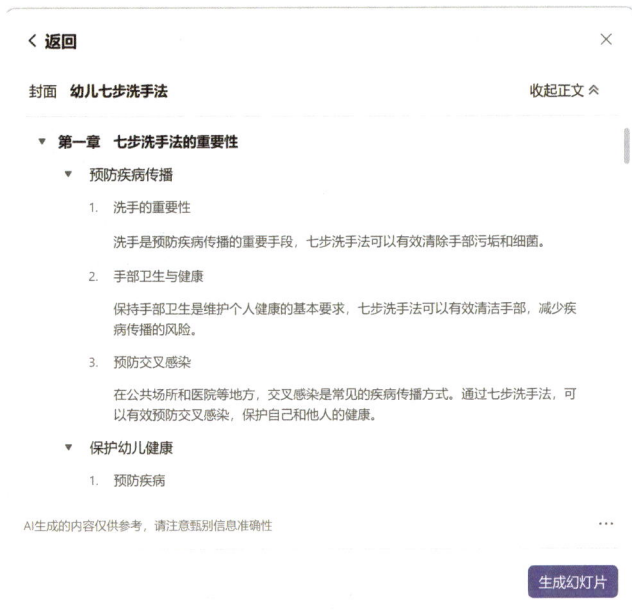

图 4‑16　自动生成并扩写课件大纲

（三）优化大纲内容

根据实际活动需求，对生成的大纲进行人工修改和完善，如图 4‑17 所示，以便后续生成符合心意的课件。

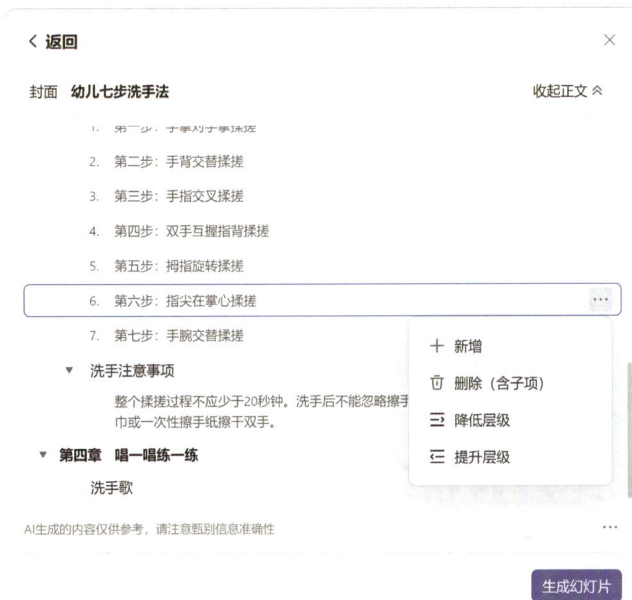

图 4‑17　修改课件大纲

（四）快速生成课件

基于调整后的大纲，点击"生成幻灯片"，从提供的多种幻灯片模板中挑选符合幼儿认知喜好的主题模板，如图 4‑18 所示。点击"创建幻灯片"，AI 将根据内容自动查找匹配适合的图片、自动完成页面设计，快速生成一份比较完整的课件。如此，WPS AI 辅助生成的演示课件已完成，如图 4‑19 所示。如果觉得页面不合适，可以进行更换主题、配色、字体等操作，提升视觉效果。

图 4-18　选择主题模板

图 4-19　快速生成课件

（五）修改细化内容

1. 单页布局美化

选择需要修改的单页，点击"单页美化"，按需对页面布局进行调整，如图 4-20 所示。

图 4-20　单页布局美化

2. 素材优化

如对图片、视频等素材不满意，可适当进行人工调整。依据活动主题和具体页面的内容，审核图片等素材的契合性，如需变更图片，右击图片选择"更改图片"进行替换，如图 4-21 所示；在课件最后一页插入一段洗手歌视频文件，点击"插入"—"视频"—"嵌入视频"，如图 4-22 所示，选择电脑中的视频素材，插入。可通过缩放工具、位置移动工具设置视频显示框的大小和位置，以实现视频在课件中的最佳布局。

图 4-21　替换图片素材

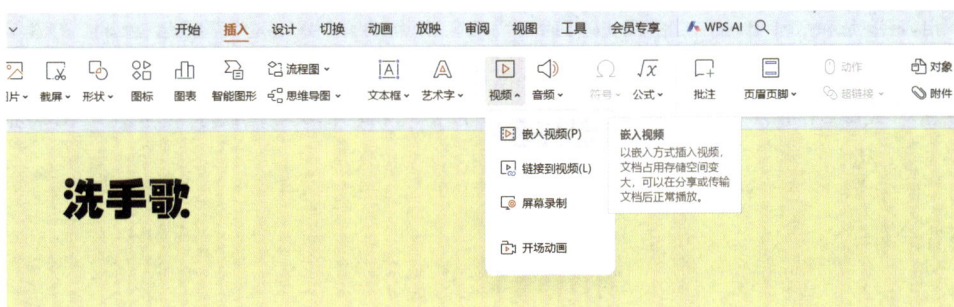

图 4-22　插入视频

3. 文字转语音

幼儿没有太多文字储备，有大量文字的课件容易让幼儿产生挫败感，因此，可以将部分文字转为语音，促进幼儿对活动内容的理解。文字转语音的具体操作如图 4-23 所示，打开 WPS 文档，将需要转换成语音的文字输入进去；选中需要转换成语音的文字，在"审阅"选项卡中找到"朗读"功能，接着点击"输出语音"，即可将选中的文字转换为语音；最后，如图 4-24 所示，将语音插入到课件中对应的位置。

图 4-23　文字转语音

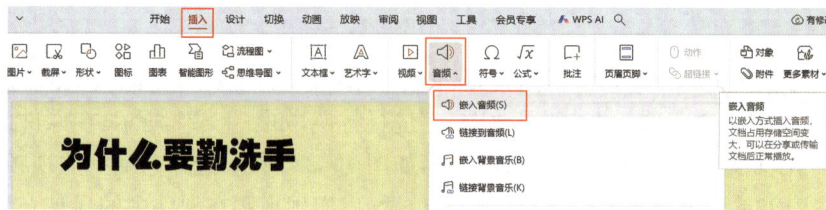

图 4-24 插入音频

（六）保存演示课件

演示课件完成后，从头播放一遍，若有不满意的细节可以进一步加工处理。课件保存时，根据实际需求选择格式，可将其保存为.pptx 演示文件，也可将其输出为.pps 放映文件。

项目二 "多彩中国年"交互型多媒体课件制作

一、情境与任务

主题活动

利用 AI 制作"多彩中国年"交互型多媒体课件

中国农历春节历史悠久，是我国的重要节日之一，但幼儿对春节的概念并不是很了解。幼儿园老师们综合运用所学知识，利用 AI 工具辅助制作一个"多彩中国年"交互型多媒体课件。该课件通过丰富的互动内容让幼儿了解过年的由来、十二生肖以及过年的习俗和美食，感受中国传统文化的魅力，体验新年的喜庆氛围；培养幼儿的爱国情怀和传统文化意识，提升幼儿的数字素养和文化素养。

二、活动分析

（一）活动计划

AI 工具能够帮助快速生成排版精美、布局丰富的课件基础内容。基于实际活动需求，在基础内容之上添加交互元素，通过 AI 动画制作工具，进行触发动画、轮播展示等交互设计，使呈现的课件更加生动有趣，吸引幼儿的注意，实现幼儿、教师、课件三者的智能互动。

1. 确定课件内容

在制作课件之前，首先要明确活动的内容，包括活动主题、活动目标、具体活动内容等，这将决定后续的课件大纲框架。

2. 使用 AI 工具生成基础课件

选择合适的 AI 工具，输入关键词或主题，让 AI 自动生成课件大纲，结合课件内容修改课件大纲。利用 AI 自动扩写内容、设计课件样式并配色和排版，自动生成课件基础内容。

3. 添加交互元素

根据活动需求、幼儿的体验与接受度，在具体页面设计一些交互元素。利用 AI 工具的交互功能，为课件添加点击、拖动等交互操作，从而增加课件的趣味性、吸引幼儿的注意，促进幼儿积极主动参与学习。

4. 优化完善课件并保存

AI 辅助制作交互型课件不能完全代替人脑，只能完成一些机械性的工作，还需要教师自己的创造性和思考。按照活动需求对 AI 生成的内容进行必要的文字内容修订、替换更适合的图片等操作。在课件制作完成后,进行测试,确保所有的功能和元素都能正常工作。全部确认后,根据需要保存不同的格式。

(二) 所需知识与技能

(1) 交互型课件设计与制作的基础知识。
(2) AI 工具的安装与使用。
(3) 利用 AI 工具自动生成交互型课件基础内容,修改优化课件内容。
(4) 利用 AI 工具设计交互动画。

三、方法与步骤

(一) 选择 AI 工具

1. 选择 AI 工具

日前市面上有各式各样的 AI 工具,经过深入应用评估后,选择一个符合活动需求的 AI 工具是制作交互型课件的第一步。本案例的操作步骤和截图基于 ChatPPT(MotionGO)插件(插件集成到 WPS 中)。

2. 安装 AI 工具

进入 ChatPPT 官网,下载安装包。安装完成以后,WPS 演示文稿选项卡中就增添了"MotionGO"和"ChatPPT"选项卡,如图 4-25 所示。

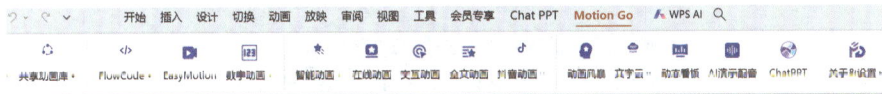

图 4-25　安装插件

(二) 生成课件基础内容

1. 生成课件标题

点击"ChatPPT",打开 ChatPPT 对话框,输入自己想要生成的课件主题,AI 会自动分析生成与之相关的标题,从中选择合适的或者对标题进行修改,如图 4-26 所示。

2. 选择课件内容丰富度

选择课件内容丰富度,按照教学需求选择课件内容的复杂度,如图 4-27 所示。

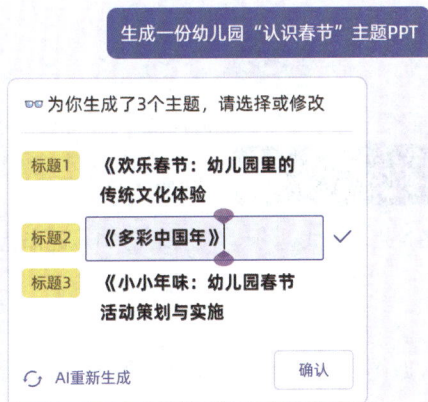

图 4-26　修改标题方案

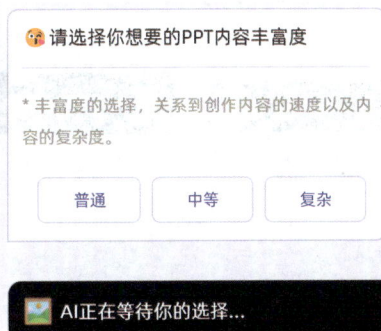

图 4-27　选择内容丰富度

3. 生成课件大纲

完成上述步骤后，AI会自动生成课件大纲，不满意可点击"AI重新生成"，重新生成大纲或修改补充大纲内容，如图4-28所示。

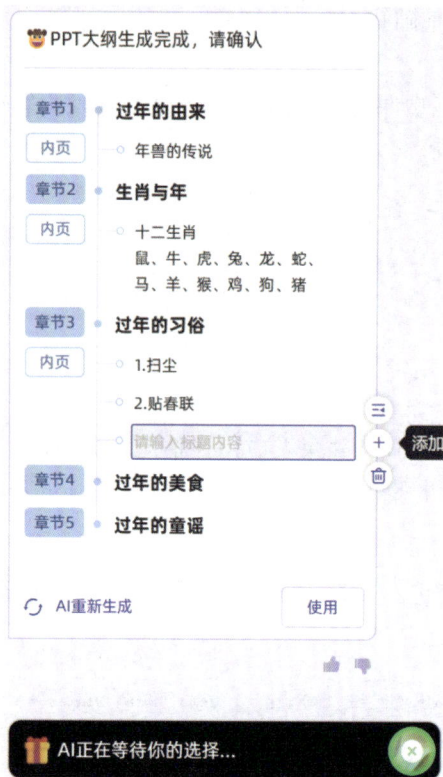

图4-28　修改课件大纲方案

4. 选择主题风格

根据活动内容选择适合幼儿的主题风格，如图4-29所示。

图4-29　选择主题风格　　　　图4-30　选择图片生成模式　　　　图4-31　选择生成演示动画

5. 选择生成模式

选择图片/图标等生成模式和根据内容生成演示动画，如图4-30和4-31所示，确认之后ChatPPT会自动生成完整的课件，如图4-32所示。

图4‑32 生成课件预览

(三) 修改调整内容

1. 调整多媒体素材

通过更换主题风格使课件整体风格更能反映春节喜庆的氛围;遵循幼儿课件设计原则,精简文字,通过AI指令根据内容自动生成相关图片,如图4‑33所示,替换与教学内容相关性不高的图片,点击菜单栏中"设计"—"单页美化"优化布局,如图4‑34所示,突出主题,吸引幼儿的注意力。

图4‑33 智能生成图片

图4‑34 优化页面布局

2. 插入 AI 演说

将课件中的文本转换为演说音频,以聆听故事的方式吸引幼儿的注意力,激发他们对教学内容的兴趣和好奇心。点击"Motion Go"—"AI演示配音",输入相关文本,选择适合幼儿的声音类型,点击"导出语音文件"即可自动生成合成的配音音频,如图4‑35所示,最后将其插入对应页面中。

图4-35　AI演示配音

（四）制作交互动画

1. 套用AI工具提供的交互动画

直接套用AI工具提供的交互脚本，替换相应素材，快速生成所需动画。

（1）选择交互动画模板。依次点击"Motion Go"—"交互动画"—"在线动画库"，选择适合活动内容的交互动画，如翻牌动画，点击"下载动画"，如图4-36所示。

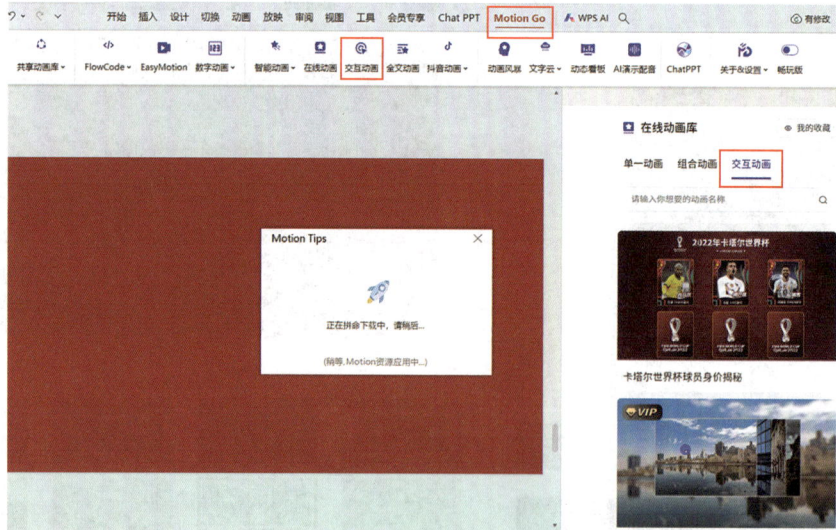

图4-36　选择交互动画模板

（2）替换素材。PPT动画都是一层层组合出来的，找到相应图层图片进行替换即可，具体操作分为三步：第一步选择窗格，在开始菜单栏中，找到选择，点击"选择窗格"，就能看到这一页PPT中全部图层图片。第二步找到所要替换的图层，点击小眼睛，这个图层便会隐藏不再显示，不用移动任何一个图层就修改后面的内容。第三步替换图片，找到想要替换的图片的位置后，依次"右键单击图片"—"更改图片"—"选择本地图片"即可，如图4-37所示。

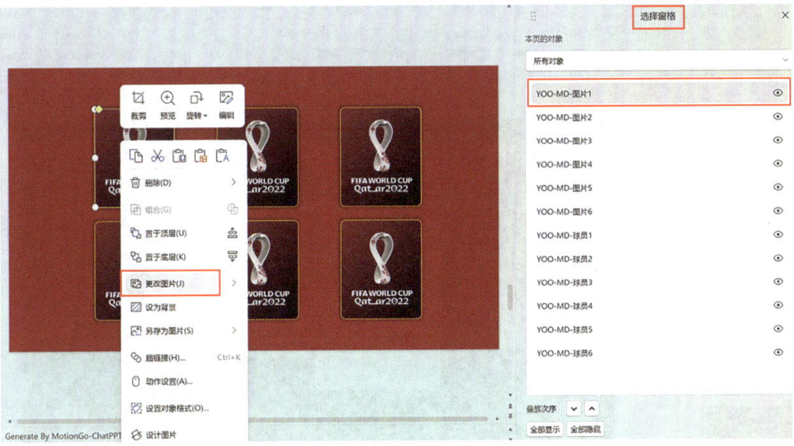

图 4-37 替换对应图层图片

2. 自主设计交互动画

如果没有找到符合活动需求的动画模板,也可以自主设计一个交互动画,如在"生肖与年"这部分添加十二生肖触发切换动画效果。

(1)准备素材。根据互动内容提前下载好十二生肖图片(白色背景)并进行保存,根据互动需求将图片矢量化处理(另存为透明背景图),并在"生肖与年"这一环节新建十二张幻灯片。

(2)绘制互动按钮。在课件中新建 12 张幻灯片,在新建幻灯片 1 中插入 12 个等大的圆圈,调整圆圈的填充色和边框颜色(案例中填充色为白色,边框为黄色),把准备好的 12 生肖透明背景图片依次填充到相应小圆圈中;在每页幻灯片同一位置放入准备好的十二生肖图片;把新建幻灯片 1 中的圆圈组依次粘贴到新建幻灯片 2~12 中;依次将新建幻灯片 2~12 中的 12 个小圆圈的图片替换为白色背景生肖图片,突出显示,如图 4-38 所示。

图 4-38 绘制互动按钮

(3)设置动画。选中新建幻灯片 1 中凸显的生肖图片,插入动作,操作设置为鼠标单击,超链接到对应的幻灯片中,如图 4-39 所示;依次给 12 张幻灯片设置鼠标单击动作;为每页幻灯片设置平滑切换动画。

(五)测试后保存课件

完成交互课件制作后,预览课件进行测试,确保所有的交互元素都能够达到预期的活动效果。有不满意的地方,进行调整修改。最后,导出课件文件。

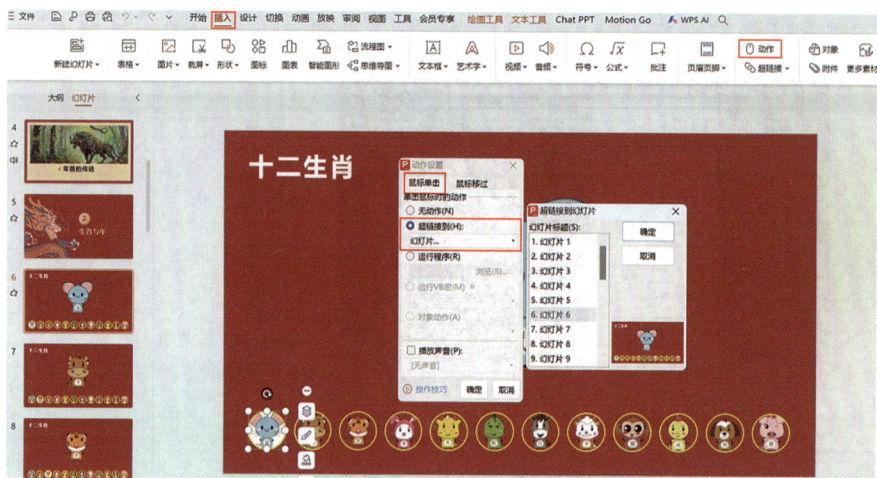

图 4-39 设置动画

项目三 "情绪宝盒"数字故事制作

一、情境与任务

主题活动

利用 AI 制作"情绪宝盒"数字故事

　　每个人都有情绪的起伏,每个人都有一个自己的"情绪宝盒",教师综合运用所学知识,利用 AI 工具辅助制作一个"情绪宝盒"数字故事。基于 AI 自动生成故事文本内容、绘制故事画面、生成配音旁白等,通过图文并茂的故事帮助孩子认识和了解"情绪",让幼儿更好地感受和理解自己的情绪变化,学会接受各种情绪的存在,能够合理表达和管理自己的情绪,成为能够情绪自控的优秀宝贝。

二、活动分析

(一)活动计划

　　数字故事的创作,主要分为故事和画面两部分。故事部分可使用 DeepSeek、文心一言等大模型工具来完成,画面图片使用通义万相来实现,通过 WPS 的朗读功能进行旁白配音,最后在演示文稿中编辑合成实现数字故事的智能创作。

1. 确定故事主题

　　首先需要选择一个适合幼儿的数字故事主题。可以从孩子们喜欢的绘本故事、童话故事等方面入手,也可以根据《幼儿园教育指导纲要(试行)》《3~6 岁儿童学习和发展指南》等来选择主题,还可以直接用 AI 工具来帮助我们写故事标题。例如,"情绪宝盒"这个数字故事是基于上述指南中健康领域幼儿身心状况目标,即要求"幼儿情绪安定愉快,良好的情绪表现是心理健康的重要标志",从而选择了幼儿情绪管理这个故事主题。

2. 编写故事内容

　　故事是数字故事的灵魂,根据选定的主题利用 AI 写作工具生成整个故事的描述。通过提示词引导 AI

参考一些经典绘本故事,或者自定义大致情节让 AI 进行创意编写。基于 AI 编写的故事进行修改完善,故事内容要简单易懂,语言要生动有趣,能够吸引幼儿注意力。

3. 撰写故事脚本

只有将故事变成分镜头脚本才能便于后续的制作。利用 AI 工具将生成的故事用分镜的方式描述出来,将其拆分成一个个相对独立的分镜头画面和旁白。基于 AI 工具给出的分镜描述,进行人工优化,使得描述尽量简单直接,不要有复杂的语句。

4. 处理故事素材

根据活动需求和幼儿认知习惯,选择合适的 AI 绘画工具。将分镜描述转换成 AI 绘图提示词,通过 AI 工具生成各个分镜画面对应的图片。AI 绘画创作时输入的提示词需要准确、清晰,需要不断调试提示词最终生成符合要求的图片;利用文本转语音技术,将旁白文本转化为音频,这样就节省了自己录音的过程,在转化过程中还可以根据需求选定不同的音色,增加故事的感染力。

5. 编辑合成

有了图片、语音等所有的素材之后,可以在演示文稿制作软件中,将图片和语音按照故事内容顺序排列,整合形成一个生动有趣的数字故事课件。

(二) 所需知识与技能

(1) 数字故事设计与制作的基础知识。
(2) AI 撰写故事、生成故事脚本方法。
(3) AI 图片创作技巧。
(4) 将各类素材编辑合成数字故事的基本操作。

三、方法与步骤

(一) AI 撰写故事

打开百度文心一言,通过对话的方式让 AI 先自行理解一遍需要参考的儿童绘本故事《我的情绪小怪兽》,如图 4-40 所示。

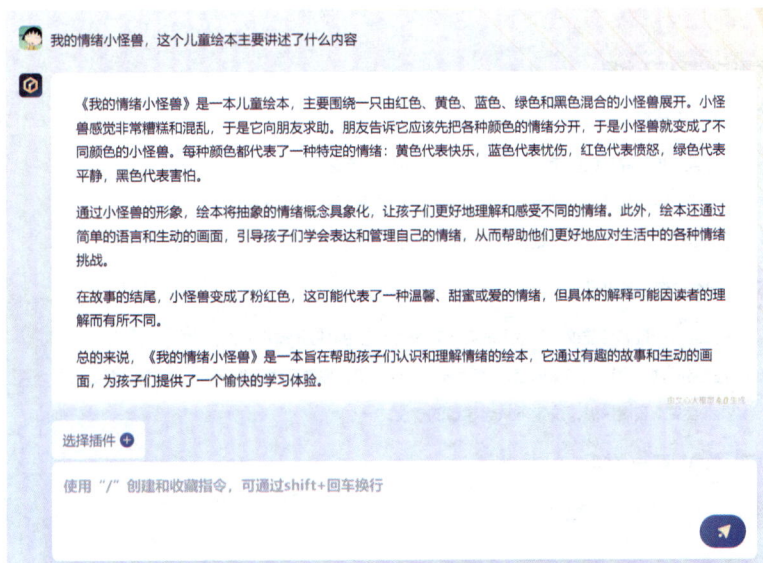

图 4-40　让 AI 理解所参考的绘本故事

　　然后，让 AI 根据绘本故事框架，编写一个幼儿情绪管理主题的故事，如图 4‑41 所示。如果对故事内容不满意，继续对 AI 提出要求进行修改，直到得到满意的故事版本。

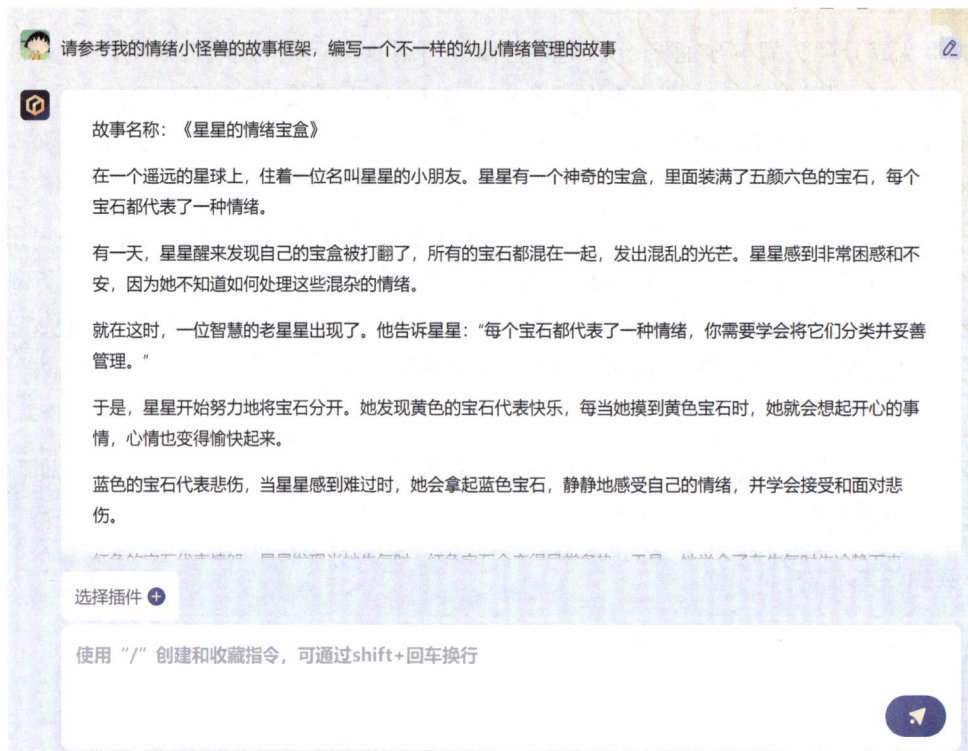

图 4‑41　AI 撰写故事

（二）AI 生成故事脚本

　　对 AI 提出要求"将故事内容拆成分镜"，便可以得到一个个独立场景的画面描述，如图 4‑42 所示。为了区分画面和旁白，让 AI 进行脚本优化调整，让 AI 按照画面和旁白这样的框架，重新将故事内容拆成分镜，如图 4‑43 所示。

图 4‑42　拆成分镜脚本

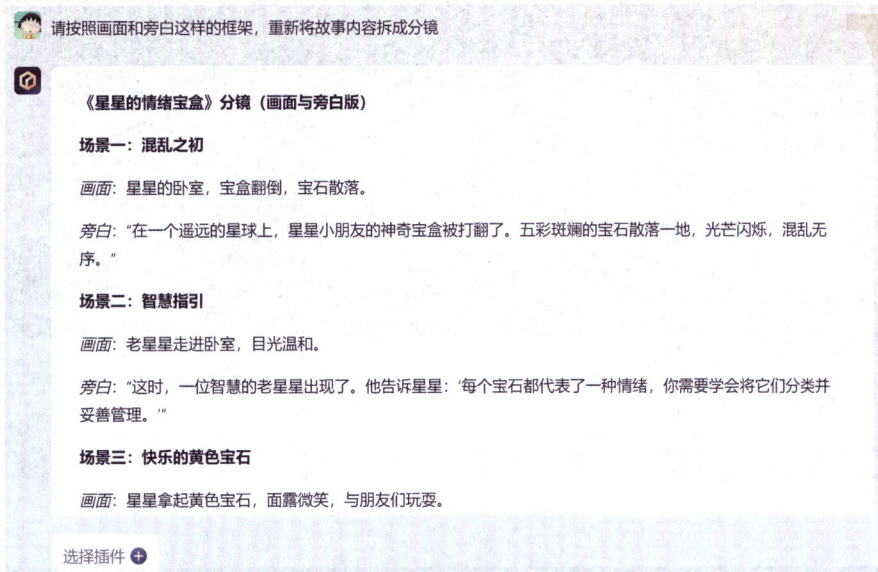

图 4-43　优化故事脚本

　　根据画面内容，让 AI 将每个场景画面的描述转换成 AI 绘图提示词，如图 4-44 所示，便于后续生成我们想要的图片。

图 4-44　AI 生成绘图提示词

（三）AI 图片创作

　　打开通义万相，选择"创意作画"，在"文本生成图像"对话框中输入场景画面相关提示词，在"咒语书"中选择与故事相符的风格、色彩、视角等，点击"生成创意画作"，如图 4-45 所示，逐一生成封面和每个场景的画面图片，从中挑出合适的图。如果对生成的图片不满意，可以让 AI 重新生成，最后下载保存即可。

　　本故事的主角是星星小朋友，为了让生成的每一张图片中星星小朋友角色形象相对一致，需要提前在脑海中构思出主角形象，如星星是一个小男孩，可爱，简约，全彩，蓝衣服，多种姿势和表情，让 AI 根据提示词生成不同角度和姿势的星星小朋友的图片，如图 4-46 所示。从中挑出一张满意的作为后续所有图片的参考图。后续可以通过提示词＋上传参考图，调整参数强度，生成其他场景图片。AI 图片创作，需要不断微调各种参数，重复操作，直到生成自己认为合适的图片为止。

图 4‑45　AI 图片创作

图 4‑46　生成参考图

（四）AI 配音

1. PPT 批量导入旁白文字

打开 Word，将脚本中的旁白复制粘贴到 Word 中，将场景序号应用"标题 1"样式，旁白文字应用"标题 2"样式；新建幻灯片，选择"从文字大纲导入"，如图 4‑47 所示，插入故事旁白 Word 文档，即可完成批量导入，如图 4‑48 所示。

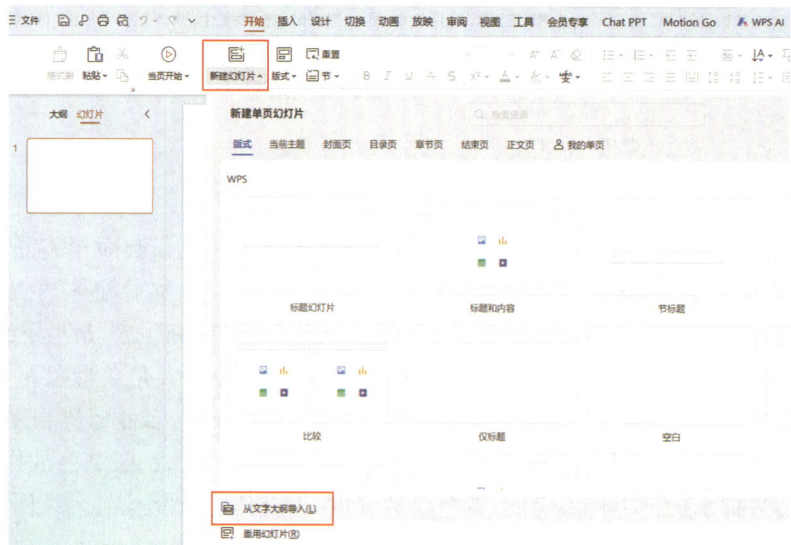

图 4‑47　从文字大纲导入

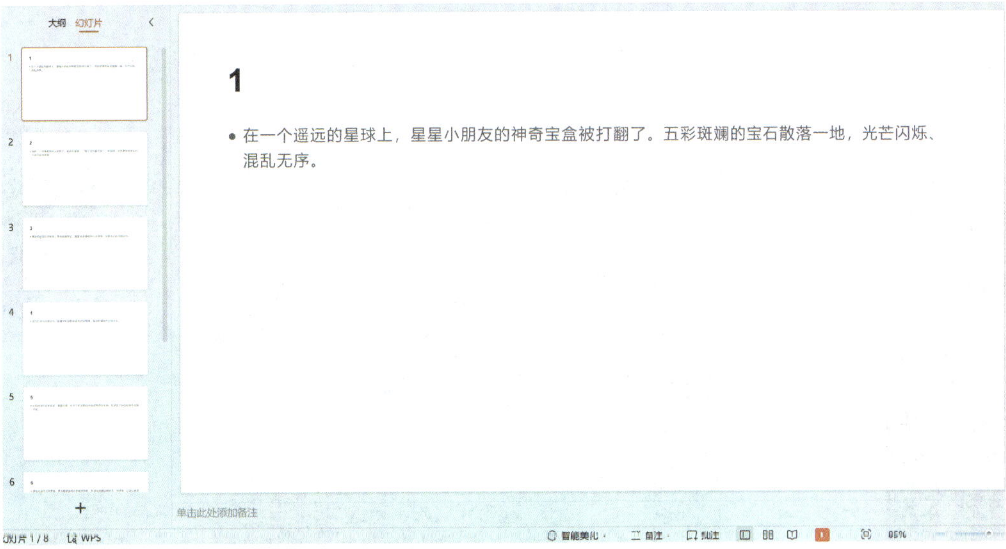

图 4-48 批量导入旁白文字

2. 文字转语音

参照之前介绍的 MotionGo AI 演示配音，将旁白文字全部转为语音，插入到对应的幻灯片中。

（五）编辑合成

在演示文稿制作软件中，将图片按照故事内容顺序插入到幻灯片中，选中幻灯片右键点击"更改背景图片"，从"本地图片"中选择对应场景图片插入即可，如图 4-49 所示。

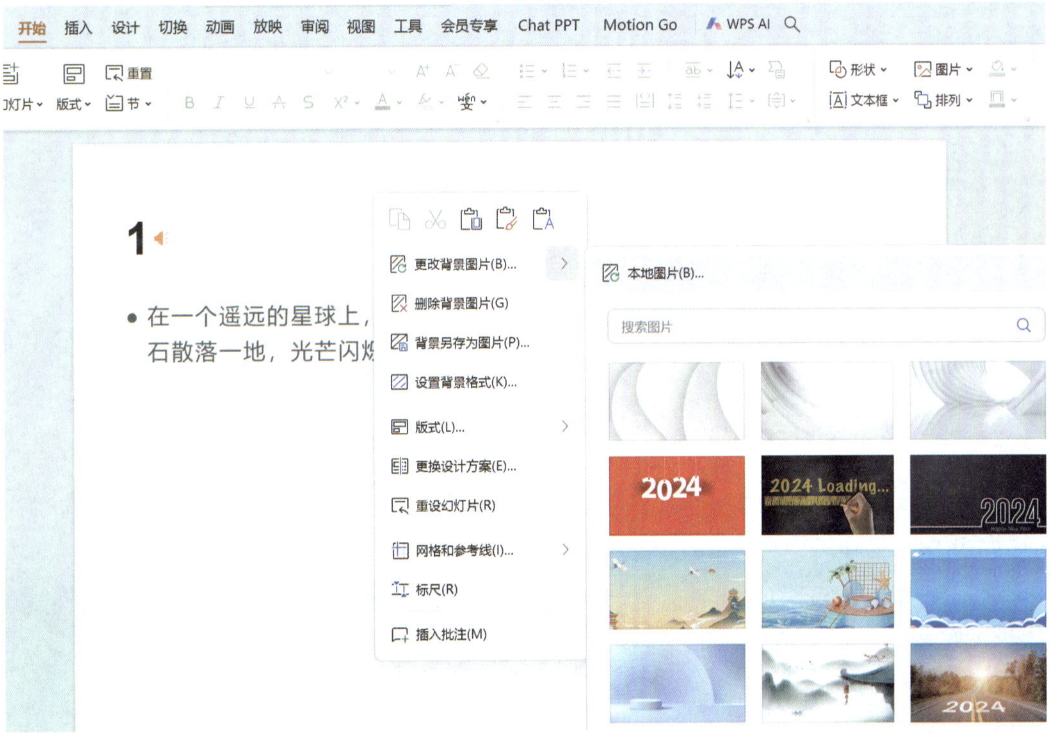

图 4-49 插入故事分镜图片

为了把控数字故事播放时间，提高演示效果和幼儿体验，可采用排练计时配合课件使用。点击"放映"—"排练计时"，如图 4-50 所示，进入全屏播放 PPT，系统会记录保存每一张幻灯片停留时间，在下次演示时就会自动切换幻灯片。

图 4‑50　排练计时

最后,整体播放一遍数字故事,确认无误后,保存为演示文件. pptx 格式。

模块五　数字微课的设计与开发

"互联网＋"的出现增加了人们接收知识的渠道,改变了原有学习方式,移动学习、非正式学习、碎片化学习、微学习成为了一种趋势。学习方式的转变和资源设计的变化相互影响,同时驱动课程设计向微型化发展。在幼儿教育领域,数字微课的设计与开发不仅能够丰富教学内容、激发幼儿兴趣,为幼儿成长提供更有利的支持,还能够逐步实现幼儿教学资源的数字化,从而推动幼儿教育教学方式发展。数字微课作为移动学习、非正式学习、碎片化学习、微学习的重要资源,从学科知识点解析、科普频道的原理讲解到生活频道的点点滴滴,从学科知识、科学知识到生活常识,数字微课对于满足随时随地学习需求、提高教育质量和效率都具有非常重要的意义。

知识与技能学习

一、数字微课设计与开发的原则和流程

数字微课的实质是数字化工具支持下的微课程,以教育为目标的微课程应符合教育课程的设计与开发原则,并遵循一定的设计与开发流程。

(一)设计与开发原则

图 5-1　数字微课设计与开发原则

为确保数字微课的质量和效果,幼儿园数字微课设计与开发的原则应遵循学生为本、目标导向、互动性、创新性以及安全性等原则,如图 5-1 所示。

1. 学生为本

"学生为本"原则指的是所有教学活动、内容选择和交互设计都应围绕幼儿的需求、兴趣和能力展开。微课内容选择不仅要符合幼儿的认知发展水平,还要与他们的日常生活经验紧密相连,使幼儿能够产生共鸣并乐于接受。选择幼儿熟悉的主题和场景,可以激发他们的学习兴趣和好奇心,促使他们更积极地参与到微课学习中来。微课互动设计应充分考虑幼儿的参与性和体验性,可以设置一定的互动环节,吸引幼儿的注意力,并使他们通过亲身参与和实际操作来深化对知识的理解。微课应提供多种学习路径和选择,以满足不同幼儿的需求。微课的学习评估与反馈应关注幼儿的学习过程和成果,了解他们的学习进度和困难,然后提供有针对性的反馈和建议,此外也要注重反馈的激励作用,及时给予幼儿正面的评价和鼓励。只有真正以幼儿为中心,才能设计出符合他们需求、能够激发他们学习兴趣并提升他们学习效果的数字微课。

2. 目标导向

"目标导向"原则强调的是在微课的整个设计与开发过程中,始终围绕明确的教学目标进行,确保所有教学活动和内容都能有效地服务于这些目标。明确教学目标是"目标导向"原则的核心。设计数字微课之前,需要清晰地界定教学目标,这些目标应与幼儿园的教育目标、课程大纲以及幼儿的身心发展特点相一致。微课内容设计应紧密围绕教学目标展开,微课的主题、知识点和技能点需要与教学目标紧密相关,能够直接支持目标的实现;内容选择应具有针对性,能够解决幼儿在学习上的具体问题或需求。同时,应以教学目标为导向,基于微课内容设计,选择与幼儿年龄、认知特点和学习风格相适应的教学活动、教学方法和策略。评估与反馈机制也是实现"目标导向"原则的重要手段。通过对幼儿的学习过程和成果进行评估,可以了解他们是否达到了预定的教学目标,从而及时调整教学策略和内容。

3. 关注互动

"关注互动"原则是确保教学效果和提升幼儿学习体验的关键所在,强调幼儿与课程内容的互动、幼儿与教师的互动、幼儿之间的互动。幼儿与课程内容互动方面,数字微课要利用动画、游戏、音乐等多种数字媒体形式,创造出丰富多样的互动场景,吸引幼儿的注意力,激发他们的学习兴趣。设计有趣的交互环节,如让幼儿通过点击、拖拽、选择等方式参与课程,加深幼儿对知识的理解和记忆。幼儿与教师互动方面,数字微课能够支持教师与幼儿现场互动或通过在线平台以提问、讨论、反馈等方式与幼儿实时互动,回答他们的问题,给予及时的反馈和指导。这种互动不仅能够帮助教师更好地了解幼儿的学习情况,还能够增强师生之间的情感联系,提高教学效果。幼儿之间的互动方面,数字微课可以设计一些需要幼儿合作完成的任务或游戏,鼓励他们相互交流、协作解决问题,在培养幼儿的团队合作精神和沟通能力的同时,让幼儿在互动中相互学习、共同进步。

4. 鼓励创新

"鼓励创新"原则是数字微课激发幼儿创造力、培养其创新思维能力的核心指导思想。"鼓励创新"原则关注微课内容的新颖性和启发性,不局限于传统的知识传授,融入更多具有探索性和开放性的问题,激发幼儿的好奇心,引导他们主动思考、探索答案。同时,课程内容应关注幼儿的生活经验和兴趣点,将知识与实际情境相结合,创造出富有想象力的学习场景,使幼儿在轻松愉快的氛围中发挥创造力。"鼓励创新"原则关注教学方法的多样性和灵活性,数字微课中利用多种技术手段,如虚拟现实、增强现实、人工智能等,创造丰富多样的教学环境和互动方式,为幼儿提供更多元的思考角度和创新灵感。此外,"鼓励创新"原则也关注对幼儿创新成果的肯定和鼓励。微课教学中,对于幼儿的创新想法和作品,教师应予以充分的认可和赞扬,还可以组织幼儿分享自己的创新成果,以激发其继续探索和创新的动力。

5. 安全至上

"安全至上"原则是指在微课制作与实施过程中,应始终将幼儿的安全放在首要位置,确保幼儿在参与数字化学习的过程中不会受到任何伤害或风险。从内容安全的角度来看,数字微课的内容必须严格筛选和审核,确保所有呈现给幼儿的信息都是健康、积极、正面的,避免任何可能引起幼儿模仿的危险行为、产生不良心理反应的内容,对于涉及的知识、故事、游戏等,都应进行严格的评估,确保其符合幼儿的认知水平和心理发展特点。技术安全也是数字微课设计与开发不可忽视的一环。微课制作应使用稳定、安全的技术平台和工具,确保在幼儿使用过程中不会出现卡顿、崩溃等技术问题。此外,在数字微课中,可能会涉及一些网络互动环节,如在线提问、分享作品等。在这些环节中,必须严格保护幼儿的个人信息和隐私,防止信息泄露或被滥用。幼儿园应加强对数字微课的监督和管理,制定明确的微课制作标准和审核流程,确保每一节微课都符合安全要求。同时,定期对微课进行更新和维护,及时修复可能存在的安全隐患。

(二)设计与开发流程

幼儿园数字微课的设计与开发流程大体可按照确定教学目标与内容、开展教学设计、准备教学材料与工具、录制视频、后期编辑与美化、添加互动、发布与反馈、定期更新与优化这八个步骤进行,如图5-2所示。

在整个流程中,要遵循数字微课设计与开发的五大原则,同时符合幼儿的发展规律和兴趣点,使微课既具有教育性又具有趣味性。

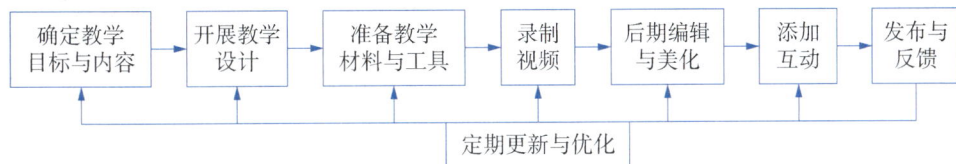

图 5-2　幼儿园数字微课的设计与开发流程

1. 确定教学目标与内容

微课针对特定的主题,如核心概念、单个知识点、某教学环节、教学活动等,教学目标明确,教学内容清晰,能够在很短的时间内讲解清楚,而且学习者很感兴趣,容易在短时间内掌握。对于无关紧要、主题不明显、没有特色或对学习者没有吸引力的教学内容或活动,没有必要作为微课进行开发,那样不仅起不到微课引导自主学习的效果,还增加微课教学内容的冗余。

微课的教学目标要在众多的知识点或教学环节中提炼出重点、难点或兴趣点予以重点解答。确定微课教学目标时,要分析幼儿发展特点,确保目标符合其发展阶段;要根据幼儿园的教育理念和课程目标,确定数字微课的总体方向;要具体化教学目标,将总体目标细化为具体、可衡量的子目标。

微课教学内容可以是技能演示、总结归纳、知识拓展、绘本阅读、方法传授等。确定微课教学内容时,要根据已确定的教学目标,选择与之相符的教学内容,确保内容既具有教育价值,又能吸引幼儿的注意力;要关注生活实践,选择与幼儿生活密切相关的内容,如日常生活中的数学、科学、艺术等,让幼儿在熟悉的环境中学习新知识;要注重综合性,将不同领域的知识进行整合,培养幼儿的跨学科思维和综合能力。例如,在音乐微课中,可以融入节奏、旋律与规律的关系,让幼儿在欣赏音乐的同时学习逻辑知识。

2. 开展教学设计

教学设计是微课的核心内容,是影响微课教学质量的重要因素。认知负荷理论认为,影响认知负荷的基本因素是学习材料的组织与呈现方式、学习材料的复杂性和学习者的先验知识。微课主题明确,内容短小,要求在尽可能短的时间内将教学内容组织好、讲清楚,而且要生动、有趣。尽量将复杂问题简单化,避免给学习者有限的工作记忆空间带来太大的压力,要适度安排原生性认知负荷,降低无关性认知负荷,优化相关性认知负荷。

微课讲解脚本是微课教学设计的一项成果材料,也是后期微课视频录制的必备材料。教师可以在完成教学设计后,撰写微课讲解脚本。如果是知识理解类的,讲解脚本应使用简单易懂的语言,并结合幼儿的生活经验和兴趣点,可以通过讲故事、列举实例等方式,使内容更加生动有趣。如果是操作演示类的,讲解脚本应包含详细的演示步骤和解说词,确保每一步操作都清晰明了,解说词要简单易懂,适合幼儿理解。

3. 准备教学材料与工具

微课教学材料与工具的精心准备和有效整合,可以为学习者提供一个更加生动、有趣和有效的数字化学习环境。数字化教学材料与工具准备包括如下内容。

(1) 将传统的教学材料转化为数字化格式,如将绘本扫描成电子版,将儿歌或故事录制成音频或视频文件。

(2) 利用专业的数字化教学平台或工具,制作交互式课件、动画或游戏,以增强幼儿的学习体验。

(3) 选择适合幼儿园数字微课教学的软硬件,如触摸屏电脑、平板电脑、投影仪、视频编辑软件等。

要注意的是,教师要确保数字化材料的清晰度和分辨率,以便幼儿能够清晰地看到和听到教学内容,也要确保设备和软件的兼容性和稳定性,以避免在教学过程中出现技术问题。

4. 录制视频

视频是微课最常见的表现形式,大多采用流媒体形式呈现教学过程。微课的教学过程要简短完整,包括教学问题的提出、教学案例或情景导入、教学内容讲解、教学活动安排、引导和启发学生开展协作学习、探究学习等。根据记忆的信息加工理论,只有受到注意的信息才能得到人脑的进一步加工,只有注意到的感觉记忆(瞬时记忆)才能进一步加工成为工作记忆(短时记忆)。因此,在微课中吸引并保持学习者的注意是成功的关键。

从课程视角来看,根据微课的类型不同,可能有不同的教学主题导入方式,但都要快速准确、新颖有趣,吸引学习者注意力,引起学习者学习兴趣。微课开头应开门见山地进入主题,可以设置疑问悬念引出主题,也可以从学习者熟悉的与生活相关的现象或很感兴趣的案例引入主题。微课教学内容讲解要清晰、明确,沿着教学主题逐步展开,突出重点、去除繁冗,应有意识地采取恰当的措施保持学生对学习内容的注意力。由于微课时间很短,学习内容少,往往都在学习者的短时记忆中,微课的收尾总结要简洁明了,留出给学生思考回味的空间。

从视频视角来看,微课视频可能是基于拍摄的视频进行后期制作,也可能是基于录屏的视频进行后期制作。不管是何种方式,都要使用合适的设备录制微课讲解过程,确保录制环境安静、光线充足、画面清晰,同时注意录制者的声音清晰、语速适中、解说与画面同步。如果是教师也出镜的微课视频,幼儿教师可适当使用自然恰当的肢体语言或面部表情来增强表达效果。

5. 后期编辑与美化

后期编辑与美化旨在使数字微课视频更加生动、有趣、易于理解,提高幼儿的学习兴趣和效果。数字微课视频的后期编辑与美化主要包括以下几个方面。

(1) 原始视频剪辑。根据微课内容,将拍摄的视频素材进行初步剪辑,去除多余或不符合主题的片段,再进行精细剪辑,确保内容的连贯性和完整性。为视频添加必要的字幕,如标题、重点内容提示等,帮助幼儿更好地理解课程内容。

(2) 特效处理。使用不同的转场效果,使不同微课视频片段之间的切换更加自然流畅。适当添加动画效果和视觉特效,如放大、缩小、淡入淡出等,增强视频的趣味性和吸引力。

(3) 音频处理。去除噪音、杂音等,确保音频质量清晰。根据视频内容,添加适当的音效和背景音乐,提升微课的氛围和观感。

(4) 色彩调整。调整视频的色彩、亮度、对比度等参数,使画面更加清晰、鲜艳,符合幼儿的视觉喜好,确保整个微课视频的色彩风格一致,营造出和谐、统一的视觉感受。

(5) 美化与修饰。对视频画面进行修饰,如添加滤镜、调整画面比例等,使画面更加美观。在视频中添加一些动态元素,如动画角色、气泡文字等,增加视频的趣味性和互动性。

6. 添加互动

在微课中加入互动问题或小游戏,激发幼儿的兴趣,鼓励幼儿参与和思考。在幼儿数字微课中添加互动环节,可以有效提升幼儿的学习参与度和兴趣,使学习过程更加生动有趣,提高微课的教育教学效果。微课中的互动活动包括互动问答、互动游戏、角色扮演、互动动画、互动实验等。

(1) 设计互动问答。在视频的关键节点设置问题,可以采用选择题、填空题或判断题的形式,确保问题符合幼儿的认知水平,引导幼儿思考并回答问题,并提供即时反馈。例如,在演示完剪纸后,提问"小朋友们,你们知道剪纸还有什么用途吗?"在动物食物链讲解过程中可以提出问题:"小朋友们,你们知道哪个动物是食草动物吗?"然后给出几个选项供幼儿选择。

(2) 添加互动游戏。结合微课内容,设计一些简单的教育互动游戏,如拼图游戏、记忆游戏等,帮助幼儿巩固所学知识。

(3) 设置角色扮演。引导幼儿在视频中扮演某个角色,参与故事情节的发展,通过角色扮演,让幼儿更深入地理解课程内容,提高学习兴趣。

(4) 运用互动动画。在视频中加入一些互动动画元素,如可点击的虚拟物体、动态变化的场景等。幼儿可以通过点击或拖动等方式与动画元素进行互动,增强学习的趣味性。

（5）创建互动实验。对于涉及科学实验的微课内容,可以设计虚拟实验环节,通过模拟实验过程,让幼儿在操作中了解科学原理,培养探究精神。

7. 发布与反馈

数字微课的发布与反馈是确保教学质量和提升教学效果的关键环节。微课视频和相关材料制作完成后,要上传到相应的网络环境中。如果是参加微课比赛,应传到指定的网络平台,并且按规定的技术要求和规范调整视频分辨率和速率参数以及填报要求的参赛信息等。如果是为某课程或相关主题、领域的网络教学而制作的微课,应传到相应的网络平台,并按平台要求对用户点评、疑问等进行答疑、反思、更新等。如果是家校共育的微课,可将微课发布到幼儿园的平台或 APP 上,供幼儿、教师或家长观看。

关于数字微课的反馈,应建立专门的反馈渠道,如邮箱、在线问卷、家长群等,方便家长、幼儿等微课学习者提供反馈意见。鼓励家长和幼儿积极参与反馈,了解他们的学习体验和需求。定期收集和分析反馈意见,了解微课的优点和不足。在收集和处理反馈的过程中,不断总结经验和教训,提升微课质量和效果。

8. 定期更新与优化

微课的定期更新与优化是确保其持续吸引学习者并保持教育效果的关键,包括如下方面。

（1）内容更新。跟进最新教育理念调整微课内容,确保与当前的教育趋势保持一致。随着学科知识的进步和更新,定期检查和更新微课中的知识点,确保内容的前沿性和准确性。定期收集新的教学素材,如动画、图片、视频等,为微课内容注入新活力。

（2）技术优化。升级录制和编辑设备,提高微课视频的画面质量和音质。根据幼儿的反馈,优化或更新微课中的互动环节,使其更加符合幼儿的认知特点和兴趣。

（3）教学模式创新。尝试引入新的教学方法和策略,如项目式学习、游戏化学习等,使微课更加生动有趣。探索微课与其他学科的整合方式,帮助幼儿建立更全面的知识体系。

（4）互动与反馈机制优化。完善反馈渠道,确保反馈渠道的畅通。定期收集和分析反馈,找出微课中存在的问题和不足,及时进行改进。在更新与优化的过程中,要注意保持微课的连贯性和系统性,确保新内容与原有内容的衔接自然流畅。同时,也要关注幼儿的学习进度和效果,根据他们的实际情况调整微课的难度和进度。

二、AIGC 辅助开发数字微课

随着生成式人工智能技术的发展,AIGC（人工智能生成内容）技术在辅助开发幼儿园数字微课方面具有显著的优势和潜力。通过合理利用这一技术,将为幼儿提供更加优质、个性化、互动式的学习体验,促进幼儿的全面发展。

（一）内容创作与生成

AIGC 正逐渐成为数字微课内容创作与生成的重要推动力。首先,AIGC 通过智能算法和大数据分析,能够精准把握幼儿的学习特点和兴趣点。基于这些分析结果,AIGC 技术可以根据预设的教育目标和幼儿发展所处阶段,自动生成符合幼儿认知水平和兴趣爱好的微课内容,使教学更加贴近幼儿的实际需求。例如,对于喜欢动物的幼儿,AIGC 可以生成以动物为主题的故事、游戏和互动环节,激发幼儿的学习兴趣和好奇心。其次,AIGC 在内容创作上具备高度的创新性和多样性,它可以从海量的教育资源中筛选出符合幼儿课程需求的素材,通过自然语言处理、图像识别等技术,将文字、图片、音频、视频等多种元素融合在一起,创作出丰富多样的微课内容,这些内容既可以是生动的动画故事,也可以是互动小游戏,还可以是富有启发性的探索活动,为幼儿提供多样化的学习体验。同时,AIGC 还能够提升微课内容的更新速度和灵活性。传统的微课内容制作往往需要耗费大量的时间和人力,而 AIGC 则可以在短时间内生成大量的高质量内容。同时,AIGC还可以根据教育理念和教学方法的变化,随时更新和调整微课内容,保持其与时俱进。

(二) 个性化学习路径设计

通过深度学习和大数据分析,AIGC能够精准地把握每个幼儿的学习特点和需求,从而为他们定制个性化的学习路径,提供更为精准和高效的教育服务。首先,AIGC能够通过收集并分析幼儿在学习过程中的数据,如学习时长、互动频率、完成度等,识别出每个幼儿的学习风格、兴趣点以及薄弱环节。基于这些分析结果,AIGC可以为每个幼儿生成一份独特的学习报告,为教师提供有针对性的教学建议。其次,AIGC能够根据幼儿的学习报告,智能推荐适合他们的微课内容和难度级别。对于学习进度较快的幼儿,AIGC可以提供更具挑战性的内容,激发他们的探索欲望;对于学习进度较慢的幼儿,AIGC则可以提供更为基础和细致的内容,帮助他们逐步建立自信和提高能力。也可以根据幼儿的学习路径和进度,利用AIGC智能调整教师的微课教学策略和互动方式。这种基于AIGC的幼儿个性化学习路径设计与调整可以更好地满足幼儿的个体差异,提高教学效果和学习效率。

(三) 互动式教学体验

AIGC在幼儿园数字微课的互动式教学体验中发挥着至关重要的作用。它能够通过智能化的手段,增强微课的互动性和趣味性,从而激发幼儿的学习兴趣和参与度。AIGC能够根据幼儿的学习特点和兴趣,生成丰富多样的互动元素,包括动画角色、游戏环节、语音互动等,使微课内容更加生动有趣。例如,在学习动物知识时,可以利用AIGC生成可爱的动物角色,与幼儿进行互动对话,引导幼儿通过游戏的方式了解动物的特点和习性。AIGC可以与AR、VR等技术结合,为幼儿提供沉浸式的学习体验。通过模拟真实场景或创造虚拟世界,AIGC可以帮助幼儿更直观地理解抽象的概念和知识。此外,AIGC还可以利用语音识别和合成技术,实现与幼儿的实时对话和互动。这不仅可以提高幼儿的参与度,还能培养他们的语言表达能力和社交技能。

(四) 学习效果评估与反馈

利用AIGC的智能化分析能力,教师可以更准确地了解幼儿的学习情况,及时发现问题并提供有针对性的反馈,从而提升幼儿的学习效果。AIGC通过实时收集和分析幼儿在微课学习过程中的数据,生成详细的幼儿学习报告,为教师提供客观、量化的评估依据。根据学习报告,AIGC能够为教师提供个性化的教学建议。针对每个幼儿的学习特点和问题,AIGC可以推荐相应的教学策略和互动方式,帮助教师更好地指导幼儿学习。例如,对于学习进度较慢的幼儿,AIGC可以建议教师增加重复练习和解释说明;对于学习兴趣不浓的幼儿,AIGC可以推荐一些更具吸引力的微课内容和互动环节。AIGC还能够为幼儿提供及时的反馈和激励。在微课学习过程中,AIGC可以根据幼儿的答题情况和表现,给予及时的评价和鼓励。对于正确的答案,AIGC可以给予肯定和奖励;对于错误的答案,AIGC可以指出错误原因、提供正确的答案解析和更多相关的强化学习内容,这样的反馈机制有助于激发幼儿的学习动力。

利用AIGC辅助开发幼儿园数字微课时,也需要注意一些问题。首先要关注微课内容的科学性和准确性。AIGC虽然强大,但也可能因为数据源或算法的问题而导致内容出现偏差。因此,在使用AIGC生成微课内容时,需要对生成的内容进行仔细审核和修正,确保其符合教育教学的要求,避免误导幼儿。其次要考虑幼儿发展规律和教育目标。AIGC技术能够生成多样化的微课内容,但这些内容是否符合幼儿当前实际发展水平、是否与幼儿园教育目标和教育理念相匹配,需要教师具有辨析能力以及准确向AIGC提问的能力。此外,安全性也是不可忽视的问题。在使用AIGC技术时,需要确保数据源的安全性和隐私保护,避免泄露幼儿的个人信息。同时,对于微课中的链接和推荐内容,也需要进行严格的筛选和审核,确保其内容的安全性和适宜性。

主题实践活动

项目一 "小球的旅行"微课设计与开发

一、情境与任务

主题活动

"小球的旅行"微课设计与开发

基于学习共同体的教研活动是幼儿园教师提高课堂教学质量、创新课堂教学模式的重要途径。近期的幼儿园教学听评课中,某教师的一节"小球的旅行"课通过生动有趣的方式,引导幼儿探索小球的滚动、弹跳等物理特性,激发了幼儿的好奇心和探索欲望,获得了一致好评并被选为科学教育优秀课例在区级教研活动中作分享交流。该教师希望提炼该课教学的核心环节制作成数字微课,以便能够在有限的时间里使其他教师了解本节课的构思和亮点特色。

二、活动分析

从微课的生成方式来看,微课制作有两种方式:第一,通过 PPT 录屏生成微课;第二,利用视频编辑软件生成微课。"小球的旅行"微课制作将主要利用视频编辑软件来完成,PPT 用来辅助制作教学环节的过渡页,视频编辑软件用来实现课堂教学的图片素材、视频素材、PPT 过渡页和背景音乐整合以及微视频输出。

(一)活动目标

旨在通过提炼"小球的旅行"这一优秀幼儿科学教育课例的课堂教学过程,收集反映幼儿学习表现的图片、视频等素材,综合利用 PPT、视频编辑软件来制作微课。通过微课的形式,有效展示交流本课例的教学方法和成果,以期促进幼儿科学教育的交流与发展,同时为其他教师提供有借鉴和启发意义的优质教学资源。

(二)活动设计

明确微课的核心主题,设计微课内容大纲 → 收集、整理微课素材 → 微课的制作 → 微课的优化与保存

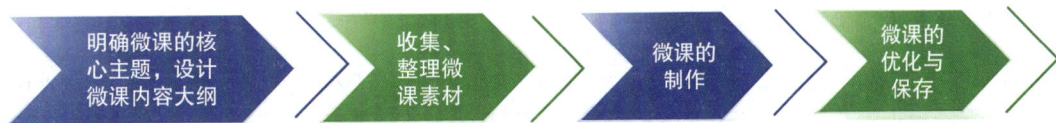

图 5-3 "小球的旅行"微课设计与开发流程

1. 明确微课的核心主题,设计微课内容大纲

微课内容短小精悍,往往只围绕一个突出的主题内容进行讲解。因此,在制作微课之前,要能够明确微课的核心主题,围绕该核心主题按照起承转合、循序渐进的思路设计内容大纲。

2. 收集、整理微课素材

围绕微课的主题和内容大纲,收集、整理微课中需要用到的多媒体素材,如图片、视频、音频、内容讲解稿等,并根据需要进行相关的加工和处理。

3. 微课的制作

根据内容大纲,利用微视频制作软件,整合多媒体素材,进行微视频的各环节内容的制作,如片头制作、主体内容制作、片尾制作、背景音乐添加、字幕添加等。微课制作过程中,各环节的起承转合一定要明晰,方便学习者理清微课的讲解思路。

4. 微课的优化与保存

微课初稿完成后,还要进行整体浏览播放,如字体、页面布局、背景音乐效果、各环节过渡效果等,对于不理想的地方进行局部调整优化。全部定稿后,根据需要保存成易于播放和展示的视频格式,并保存微课项目文件。

(三)所需知识与技能

(1)图片文件的拍摄和处理。
(2)视频文件的拍摄和处理。
(3)音频文件的获取和处理。
(4)基于 WPS office 的 PPT 文件制作。
(5)视频编辑软件的使用。

三、方法与步骤

(一)明确微课的核心主题,设计微课内容大纲

"小球的旅行"微课旨在体现科学教育活动中如何把问题分析和解决的主动权交给幼儿,引导幼儿在自主探索中实现让小球在管道中旅行且不落地的核心主题。围绕该主题,课堂教学活动中教师将按照"探索如何让小球在直管道中旅行"——"探索如何让小球在有连接、有转向的管道中旅行"——"探索如何才能不让小球落到地上"的思路引导幼儿进行循序渐进式的探索实践。"小球的旅行"微课内容大纲如表 5-1 所示。

表 5-1 "小球的旅行"微课内容大纲

核心主题:如何引导幼儿在渐进式自主探索中解决让小球在管道中旅行且不落地的问题		
	内容大纲	微课素材
游戏环节 1	滚球:探索如何让小球从直筒管道里滚出来	图片素材+背景音乐,或视频素材
游戏环节 2	滑滑梯:探索管道的连接和转向	图片素材+背景音乐,或视频素材
游戏环节 3	小球的家:探索不让小球掉到地上的方法	图片素材+背景音乐,或视频素材

(二)收集、整理微课素材

围绕着"小球的旅行"微课的主题和内容大纲,拍摄、收集、整理微课中需要用到的多媒体素材,如幼儿自主探索游戏各环节的图片、视频、音频等,如表 5-2 所示,并根据需要进行适当的加工和处理。

表 5-2 "小球的旅行"微课素材

微课环节	微课素材	微课环节	微课素材
开场		游戏环节 2	
过渡：游戏环节 1		过渡：游戏环节 3	
游戏环节 1		游戏环节 3	
过渡：游戏环节 2		背景音乐	

（三）微课的制作

1. 制作微课首页和各环节过渡页，并将其分别保存为图片

在 WPS office 中打开 PPT 工具，通过设置 PPT 的背景、添加文字并设置字体、字号和布局，完成"小球的旅行"微视频首页和三张过渡页的制作。点击"文件"—"输出为图片"，如图 5-4 所示，选择将首页和三张过渡页的 PPT 逐页输出为图片，并保存至电脑文件夹。

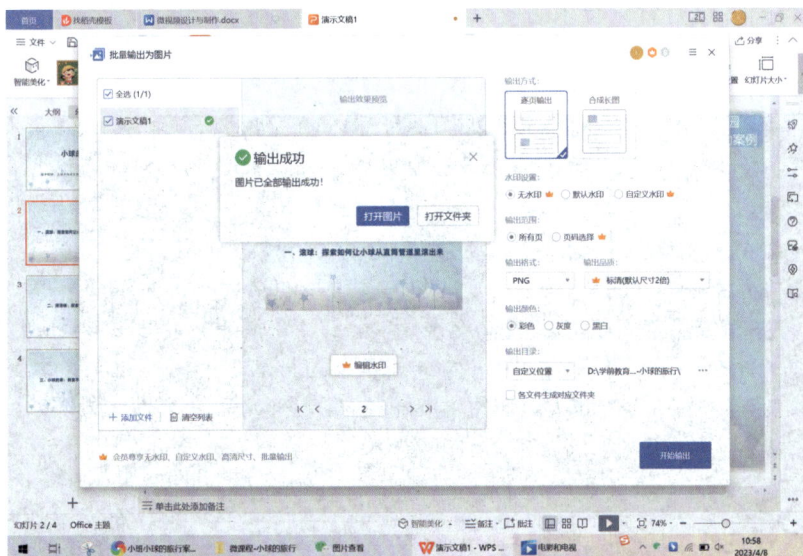

图 5-4 将 PPT 逐页保存为图片

2. 创作微课

（1）在视频编辑软件（以"剪映"为例）中，新建项目，导入微课创作所需的所有素材，如图 5-5 所示，包括微课首页和三张过渡页的图片、加工处理后的 3 个游戏环节中幼儿表现图片和视频、微课背景音乐。

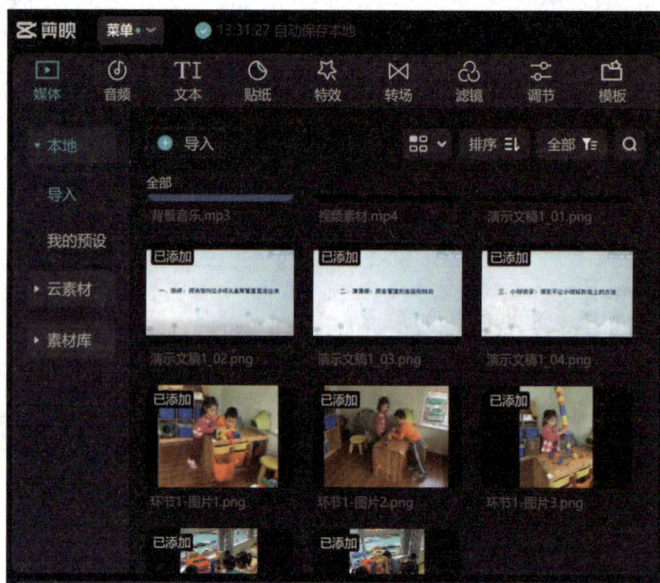

图 5-5　导入微课所需素材

（2）按照"小球的旅行"微课内容大纲，按照"开场"—"过渡：游戏环节 1"—"游戏环节 1 的多媒体素材"—"过渡：游戏环节 2"—"游戏环节 2 的多媒体素材"—"过渡：游戏环节 3"—"游戏环节 3 的多媒体素材"的顺序，将导入的素材依次拖放至剪映软件的视频时间轴，并设置转场效果，如图 5-6 所示。

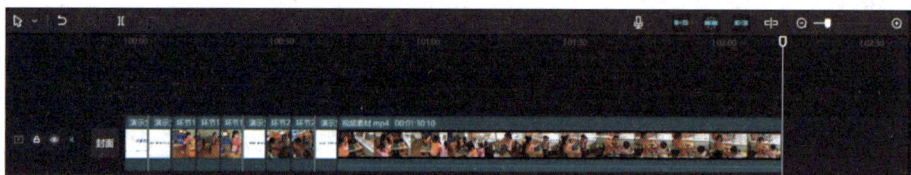

图 5-6　按照内容大纲顺序将素材拖放至视频时间轴

（3）插入背景音乐，并进行背景音乐的效果设置，如图 5-7 所示，包括背景音乐的时长、音量、淡入时长、淡出时长等。

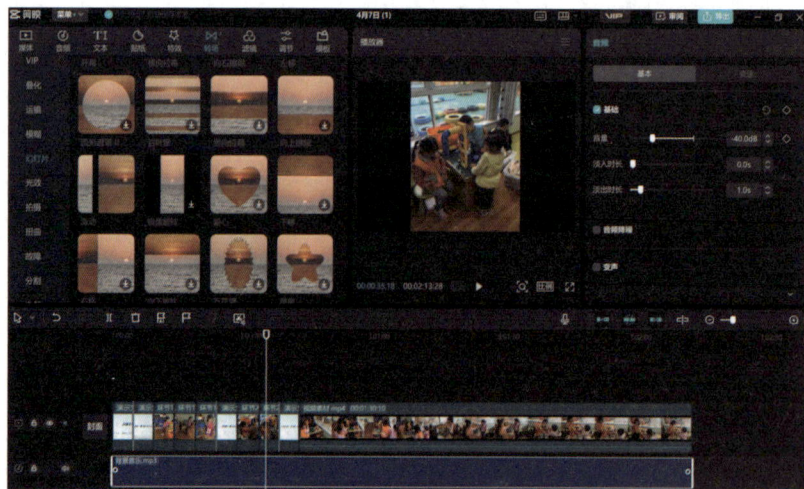

图 5-7　插入背景音乐并设置音频效果

（四）微课的优化与保存

微课编辑完成后，点击剪映软件播放器的播放按钮，从头到尾播放一遍微课，如有不满意的转场效果、图片大小等细节之处可以进一步优化。确认微课优化完成后，点击剪映软件右上角的"导出"，并设置视频文件的保存位置、视频文件格式等，完成"小球的旅行"微课的导出和保存，如图 5-8 所示。

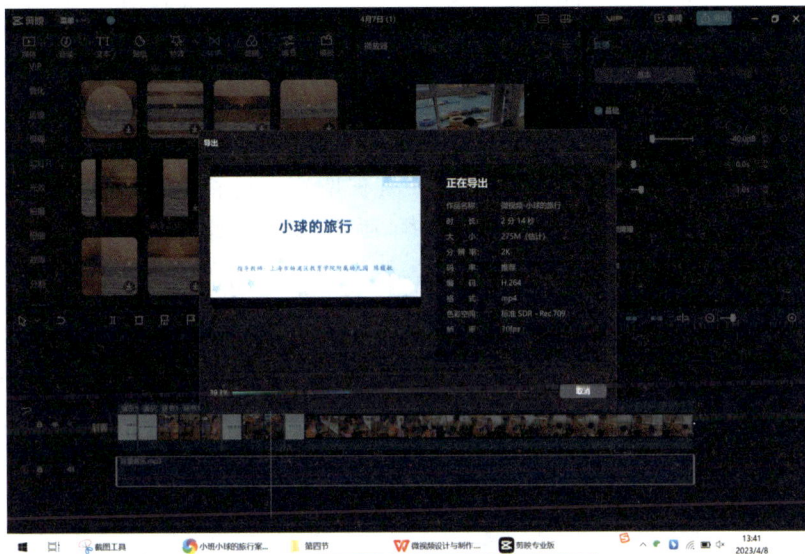

图 5-8 导出微课

项目二 利用 PPT 制作"食品安全"微课

一、情境与任务

主题活动

"食品安全"微课设计与开发

近年来，食品安全问题频发，威胁着人们的健康，特别是对正处于身体发育关键期的幼儿。当前幼儿教育中关于食品安全的内容较少，且教学方法单一，难以引起幼儿的兴趣。因此，我们计划开发"食品安全"微课，利用视频、动画等生动形式，将复杂的食品安全知识转化为幼儿易于理解的内容。微课短小精悍、方便传播，适合幼儿及家长随时随地学习，提高学习效率。此举旨在增强幼儿及家长的食品安全意识，守护孩子们的健康成长。

二、活动分析

（一）活动目标

本项目旨在通过 PPT 制作与转换，形成一节生动有趣的食品安全微课视频，以此向幼儿及其家长普及食品安全知识。通过这种直观、便捷的学习方式，提高幼儿及家长的食品安全意识，帮助他们更好地辨别食物的好坏，并养成健康饮食的好习惯。

图5-9 "食品安全"微课设计与开发流程

（二）活动设计

1. 明确主题与框架

确定微课的核心主题，这是整个视频内容的基石，确保所有素材和讲解都围绕这一主题展开。设计一个简单明了的内容大纲，确保每部分都紧密相连，逻辑清晰，方便学习者跟随和理解。

2. 搜集素材并制作PPT

根据微课主题，有针对性地搜集相关的图片、视频片段等多媒体素材，使内容更加生动和丰富。制作PPT时，注意选择简洁美观的模板和配色，确保字体大小和颜色搭配合理，提高幻灯片的可读性。

3. PPT转视频

利用PPT软件自带的"导出"或"另存为"功能，将PPT内容转化为视频格式。在导出过程中，可以根据需要调整视频的分辨率、视频质量等参数，确保最终的视频效果清晰流畅。

4. 后期调整与分享

在视频生成后，预览整个视频，检查是否有错别字、或画面不流畅等问题，并进行相应的调整。保存视频文件时，选择常见的视频格式，方便在不同设备上播放和分享。

（三）所需的知识与技能

这个项目所需要的知识与技能主要包括以下几个方面：

1. PPT制作技能

熟练掌握PPT软件的基本操作，包括页面布局、字体调整、颜色搭配等，以制作出美观且易于理解的幻灯片。熟悉PPT中的动画和过渡效果设置，能够根据需要为幻灯片添加合适的动态效果，提升视频的观感体验。

2. 视频编辑技能

了解视频编辑的基本原理和技巧，知道如何进行视频的剪辑、拼接、添加音效等操作。掌握视频格式转换和参数调整的方法，确保导出的视频能够在不同设备上顺畅播放。

3. 多媒体教学设计知识

具备多媒体教学设计的理念和方法，能够根据学习者的特点和需求，设计出符合教学目标的微课内容。熟悉微课制作的基本流程和规范，能够合理安排教学内容和时间，保证微课的质量和效果。

4. 素材收集与处理能力

具备收集和处理多媒体素材的能力，能够根据微课主题，搜集到合适的图片、视频片段、音频等素材。熟悉素材的编辑和处理软件，能够对素材进行基本的裁剪、调整、格式转换等操作，使其符合微课制作的需要。

三、方法与步骤

（一）明确主题与框架

1. 深入主题分析

对于幼儿园学生，食品安全微课应简单明了且有趣。内容应集中于食物的安全性以及如何简单辨别食物好坏,确保他们在实际生活中能应用所学。考虑到幼儿园学生的特点,教师应使用色彩鲜明、形状可爱的图片和动画,以及简单易懂的故事来呈现内容,激发他们的学习兴趣。可以列举一些常见的不安全食物,解释为何不能吃。同时,教他们通过观察外观、闻气味、查看标签等方法来判断食物的好坏。

2. 逻辑结构梳理

按照循序渐进的思路,详细梳理内容大纲,确保每个部分之间的衔接流畅,逻辑清晰。

(1)激发兴趣。展示可爱食物图片,提出问题:"这些食物都能吃吗?"引起幼儿的好奇。

(2)讲解与辨别。用简单故事解释不安全食物的问题,然后教他们如何通过观察、闻味、看标签来辨别食物。

(3)总结。总结内容,强调食品安全的重要性。

梳理食品安全这一微课的框架内容和逻辑结构如表5-3所示。

表5-3 "食品安全"微课的框架内容和逻辑结构

框架	内容	逻辑结构
这些食物能吃吗	列举并解释哪些食物可能不安全 使用生动的图片和动画,展示不安全食物可能带来的危害	激发兴趣
如何辨别食物好坏	观察食物的外观、闻食物的气味、认识安全标志和认证等	讲解与辨别
健康饮食好习惯	强调幼儿在日常生活中要注意食品安全,养成健康饮食好习惯	总结

(二)搜集素材并制作 PPT

1. 素材精选与整合

精选图片、动画与视频素材,确保色彩鲜艳、形象可爱,吸引幼儿园学生的注意力。图片素材应包含新鲜与变质食物的对比,以及食品安全相关的认证标志和标签。动画与视频素材应简短生动,展示食物的生产加工过程,强调食品安全的重要性。

2. 内容讲解稿精炼

讲解稿采用简洁明了的语言,避免专业术语,通过问答、故事等形式增强趣味性。重点突出食品安全的重要性和食物辨别方法,通过举例和对比分析加深学生的理解。同时,设计互动环节,鼓励学生提问和参与。

3. 视觉设计提升

采用明亮活泼的颜色作为主色调,字体圆润可爱,布局简洁明了。确保视觉效果舒适,文字大小适中,方便学生观看。同时,注重整体美感的协调统一,提升 PPT 的观赏价值。

4. 动画与过渡效果优化

为图片、文字等元素添加简单流畅的动画效果,如淡入淡出、平滑移动等,增强视觉效果。过渡效果采用自然顺畅的方式,如滑动、渐变等,提升幻灯片之间的切换体验。避免动画过于复杂或快速,以免分散学生的注意力。

搜索素材和 PPT 制作要求,食品安全的 PPT 部分内容可以如图5-10所示。

(三)PPT 转视频

1. 优化 PPT

需对内容进行深度优化,确保所展示的知识点准确无误、逻辑清晰。同时,设计层面亦需精益求精,色彩搭配和谐统一,排版布局科学合理,以符合幼儿的视觉审美习惯。此外,动画效果作为提升 PPT 吸引力的重要手段,亦需精心设计,既要符合内容的逻辑顺序,又要避免过于繁琐或突兀,确保在吸引幼儿注意力的同时,不影响其对内容的理解和接受。最后,需确保所有图片、视频片段等素材均已高质量嵌入 PPT 中,以

图 5-10　食品安全的 PPT 部分内容

便在展示过程中能够流畅播放，为幼儿提供最佳的学习体验。

2. 录制音频

在录制音频环节，教师需要依据 PPT 的详细内容，精心准备与之相匹配的讲解稿。这一步骤至关重要，因为它不仅能帮助教师在录制过程中保持流畅，还能确保信息的准确性和完整性。在准备好讲解稿后，教师应选择一个安静的录音环境，以避免背景噪音对音质的影响。使用高质量的录音设备，如手机、录音笔或专业级录音设备，进行音频录制。在录制过程中，教师应保持语速适中，语调自然，以确保音频内容易于被学生理解和接受。完成录制后，保存录音文件，并确保它与 PPT 文件存放在同一目录下，这样在后续的课件制作和播放过程中，能够方便地实现音频与 PPT 的同步播放，从而提升学生的学习体验。

3. 将音频嵌入到 PPT 中

打开 PPT 编辑软件，并加载 PPT 文件。在需要添加音频的幻灯片上，点击"插入"菜单。在下拉菜单中，选择"音频"或"声音"选项。如图 5-11 所示。

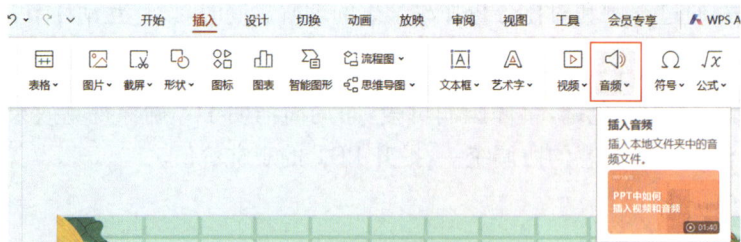

图 5-11　插入音频按钮

从弹出的文件选择器中，找到之前录制的音频文件，并选择它。根据提示，将音频嵌入到 PPT 中，并设置音频的播放方式（如自动播放或点击播放），如图 5-12 所示。

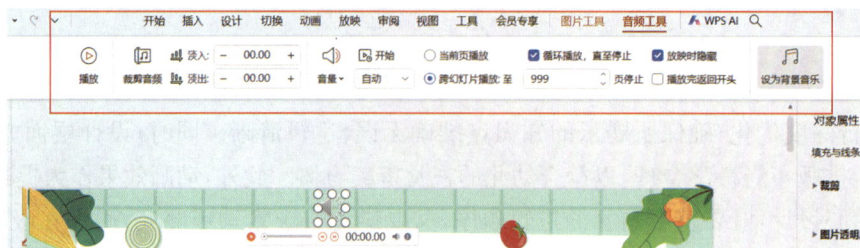

图 5-12　设置音频播放方式

4. 使用PPT软件导出为视频

在PPT编辑软件中,确保所有幻灯片都已经添加了需要的音频,并且音频的播放方式已经设置好。

在菜单栏中,找到并点击"文件"选项。在下拉菜单中,选择"另存为"或类似的选项。在选项中,找到并点击"输出为视频"等选项,如图5-13所示。

在弹出的视频设置窗口中,选择适当的分辨率、帧率等参数,并确保音频选项已启用,以便将音频嵌入到导出的视频中。选择视频的输出位置和文件名,然后点击"导出"或"创建"按钮开始转换过程。

图 5-13　输出为视频

(四)后期调整与分享

细节调整与优化是微课视频制作过程中不可或缺的一环。在微课视频生成后,需对其进行整体浏览播放,以便细致观察和评估视频质量及教育效果。在浏览过程中,应重点关注字体大小、页面布局、背景音乐音量、过渡效果等细节元素,确保它们符合视觉审美标准,同时有助于提升学习者的学习体验。针对字体大小,需确保其适中且易于阅读,避免过小导致学习者阅读困难,或过大影响页面整体布局。在页面布局方面,应注重信息的层次感和逻辑性,确保各个元素排列有序,突出重点内容。背景音乐音量应适中,既能营造出适宜的学习氛围,又不至于干扰学习者的注意力。过渡效果的选择应自然流畅,有助于提升视频的连贯性和观看体验。

完成细节调整后,还需进行格式转换与保存工作。根据实际需求,将视频转换成易于播放和展示的格式,以便在不同平台上进行分享和推广。同时,应妥善保存好原始PPT文件和项目文件,以备后续修改和更新之需。这些文件的保存不仅有助于保持微课内容的完整性和一致性,还能为后续的版本迭代和更新提供便利。

最后,通过多渠道分享与推广,可进一步扩大微课视频的影响力。利用在线教育平台、社交媒体等渠道,将微课视频分享给更广泛的学习者群体。同时,鼓励学习者进行分享和传播,以扩大微课视频的受众范围,提升其教育价值和社会影响力。

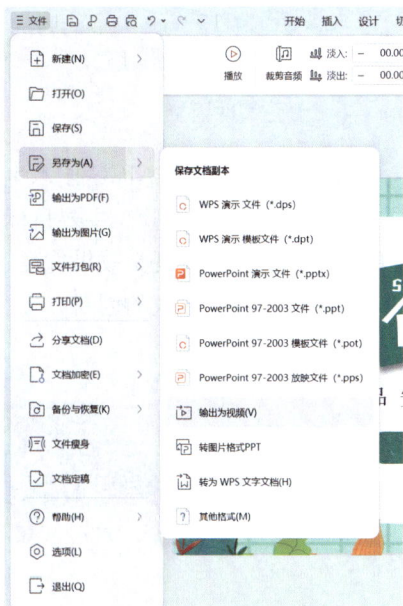

项目三　AIGC辅助开发数字微课

一、情境与任务

主题活动

AIGC辅助开发数字微课——《咏柳》微课的开发

在当今教育科技迅猛发展的时代,幼儿园教师正面临着如何将人工智能技术融入日常教学,以提升教学质量和激发孩子们学习兴趣的挑战。为此,我们特别设计了一个面向幼儿园教师的项目——如何利用AIGC技术生成数字微课《咏柳》。

这个项目旨在帮助教师掌握AIGC技术的核心应用,通过简单的操作,便能生成丰富多样的微课内容。教师将学习如何利用AIGC平台上传古诗《咏柳》的文本内容,通过平台的智能分析,自动生成与古诗意境相匹配的动画、图片和音频等多媒体素材。

二、活动分析

（一）活动目标

本项目旨在利用 AIGC 技术生成数字微课《咏柳》，为幼儿园教师提供创新的教学方式，同时提升幼儿对古诗学习的兴趣和体验。主要目标为：掌握 AIGC 技术的基本应用，能够将其有效融入幼儿园古诗教学中；制作一部内容丰富、视觉效果优良、互动性强的数字微课《咏柳》；提升幼儿园教师运用数字化工具进行教学的能力，推动教学方式的创新。

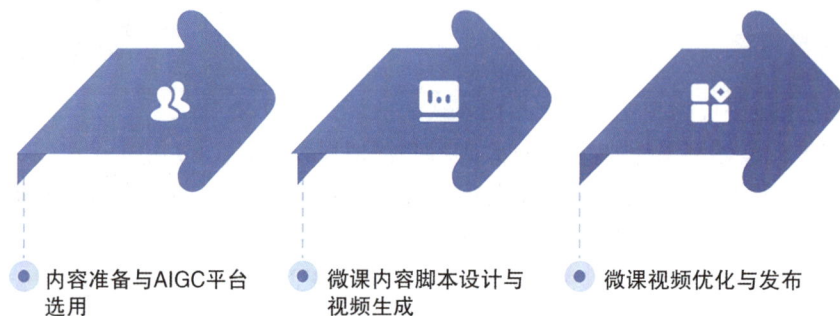

内容准备与AIGC平台选用　　　微课内容脚本设计与视频生成　　　微课视频优化与发布

图 5‑14　设计与开发流程

（二）活动设计

1. 内容准备与 AIGC 平台选用

在微课制作过程中，内容准备与 AIGC 平台的选用是至关重要的第一步。首先，我们需要确定微课的主题和目标，确保内容紧凑、针对性强，能够清晰地传达给学习者所需的知识和技能。接着，对所需素材进行梳理和准备，可以包括文字、图片、音频、视频等多种形式的素材。

在选择 AIGC 平台时，需要考虑平台的稳定性、易用性、功能丰富度以及是否能够满足特定需求。一个好的 AIGC 平台应该能够提供丰富的素材库、智能的编辑工具以及高效的视频生成功能，从而帮助我们快速、高效地完成微课的制作。

2. 微课内容脚本设计与视频生成

脚本设计是微课制作的核心环节，它决定了微课的内容和呈现方式。在设计脚本时，需要充分考虑学习者的认知特点和需求，采用简洁明了的语言，将知识点进行清晰的梳理和呈现。同时，还需要设计合适的互动环节，以提高学习者的参与度和学习效果。

在视频生成阶段，将利用 AIGC 平台的视频编辑功能，根据脚本内容，将准备好的素材进行剪辑、拼接和配音等操作，生成初步的微课视频。在视频编辑过程中，需要注意画面的流畅性、音效的协调性以及整体风格的统一性。

3. 微课视频优化与发布

完成微课视频初步制作后，还需要进行一系列的优化工作。这包括检查视频的画质、音质、字幕等是否达到要求，调整视频的播放速度、节奏等以提升观看体验。同时，还可以利用 AIGC 平台的智能推荐功能，对视频进行标签化、关键词优化等操作，以便更好地被学习者搜索和发现。

最后，将优化后的微课视频发布到适当的平台上，如在线教育平台、社交媒体等，以便学习者能够方便地获取和观看。在发布过程中，还需要注意保护视频的版权和安全性，避免被非法复制或篡改。

本项目坚持"学生为本"的原则，确保微课内容符合幼儿的认知特点和兴趣，能够吸引他们主动参与学习。遵循"目标导向"原则，明确教学目标，通过微课帮助幼儿深入理解和学习古诗《咏柳》。体现了"创新性""互动性"原则,尝试将新技术引入幼儿园古诗教学,为教学带来新的可能性。还严格遵守"安全性"原则,确保微课内容的安全、健康、无害,保护幼儿的隐私和信息安全。

（三）所需的知识与技能

1. AIGC 工具应用能力

这一能力主要涵盖了对 AIGC 工具的熟练掌握和应用。它要求能够准确理解 AIGC 平台的各项功能,并根据微课制作的需求,灵活选择和使用合适的工具,从而高效生成丰富多样的多媒体素材,为微课的制作提供有力支持。

2. 视频脚本撰写能力

视频脚本撰写能力是微课制作中的核心技能之一。它要求能够深入分析教学内容,准确把握知识点的逻辑关系,同时结合学习者的认知特点,设计出结构清晰、语言生动的脚本。脚本应能够引导学习者逐步深入理解知识,激发他们的学习兴趣和积极性。

3. 视频编辑能力

视频编辑能力是微课制作中不可或缺的技能。它要求能够熟练运用视频编辑软件,对拍摄的素材进行剪辑、拼接、添加特效等操作,从而生成符合教学需求的微课视频。在编辑过程中,还需要注重画面的流畅性、音效的协调性以及整体风格的统一性,以提升视频的观看体验。

三、方法与步骤

（一）内容准备与 AIGC 平台选用

1. 内容准备

首先,按照项目目的,明确微课的主题为《咏柳》,目标是帮助幼儿园小朋友理解并欣赏这首古诗,同时掌握相关的文学知识和欣赏技巧。

接下来,梳理所需素材。可以准备包括《咏柳》的原文、译文、作者介绍、古诗背景等文字素材;柳树的图片、古诗朗诵的音频、背景音乐等多媒体素材等。这些素材将构成微课的主要内容,帮助幼儿全面理解古诗。

2. AIGC 平台选用

在选择 AIGC 平台时,应注重平台的稳定性、易用性和功能丰富度。一个理想的平台应该具备以下特点:提供丰富的素材库,包括文字、图片、音频、视频等,方便我们快速获取所需素材。拥有智能的编辑工具,能够支持我们对素材进行剪辑、拼接、添加特效等操作,实现微课内容的个性化定制。具备高效的视频生成功能,能够自动将编辑好的内容生成视频文件,方便我们发布和分享。

以视频编辑软件"剪映"为例,作为本次微课制作的工具开展项目。打开剪映官网(https://www.capcut.cn/),剪映版本有专业版、移动端、网页版、企业版等,如图 5-15 所示,下载所需要的版本。本项目以剪映专业版 windows 版本为例介绍。

（二）AIGC 辅助的微课内容脚本设计与视频生成

1. AIGC 辅助微课内容脚本设计

利用强大的生成式人工智能模型,如 DeepSeek、文心一言、讯飞星火等,教师可以高效地获得符合教学目标的微课脚本。通过输入教育教学素材和预期传达的信息,这些模型能够迅速输出创意丰富且多样化的脚本内容。然后,教师可以依据自己的教学经验和学生的具体情况,对这些生成的脚本进行调整和优化,以确保最终的微课内容既吸引学生的兴趣,又有效地传达了教学重点。这种结合 AI 技术与教师专业判断的方法,不仅提升了教学准备的效率,也保证了教学内容的个性化和实用性。

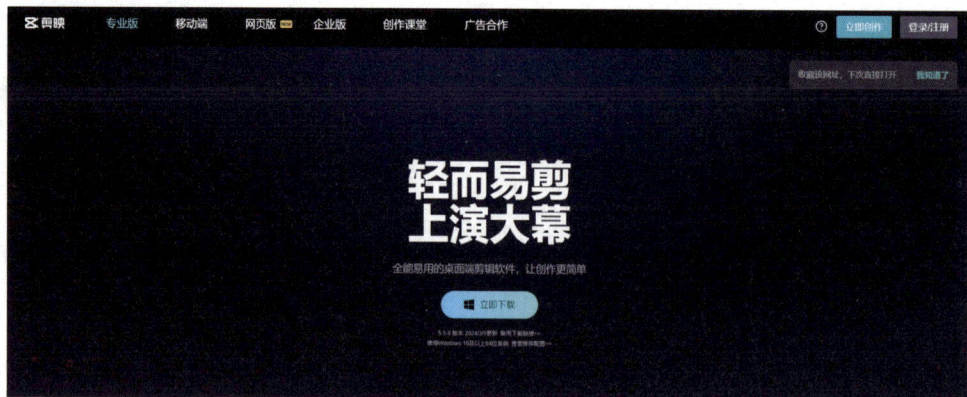

图 5-15　剪映界面

例如，以“讯飞星火”这个 AIGC 工具为例，输入需求“我是幼儿园教师，给学生讲解《咏柳》，帮我生成微课主题为《咏柳》的脚本”，根据要求输出的内容如图 5-16 所示。教师可以根据所提示的内容基于幼儿的认知情况进行优化完善。

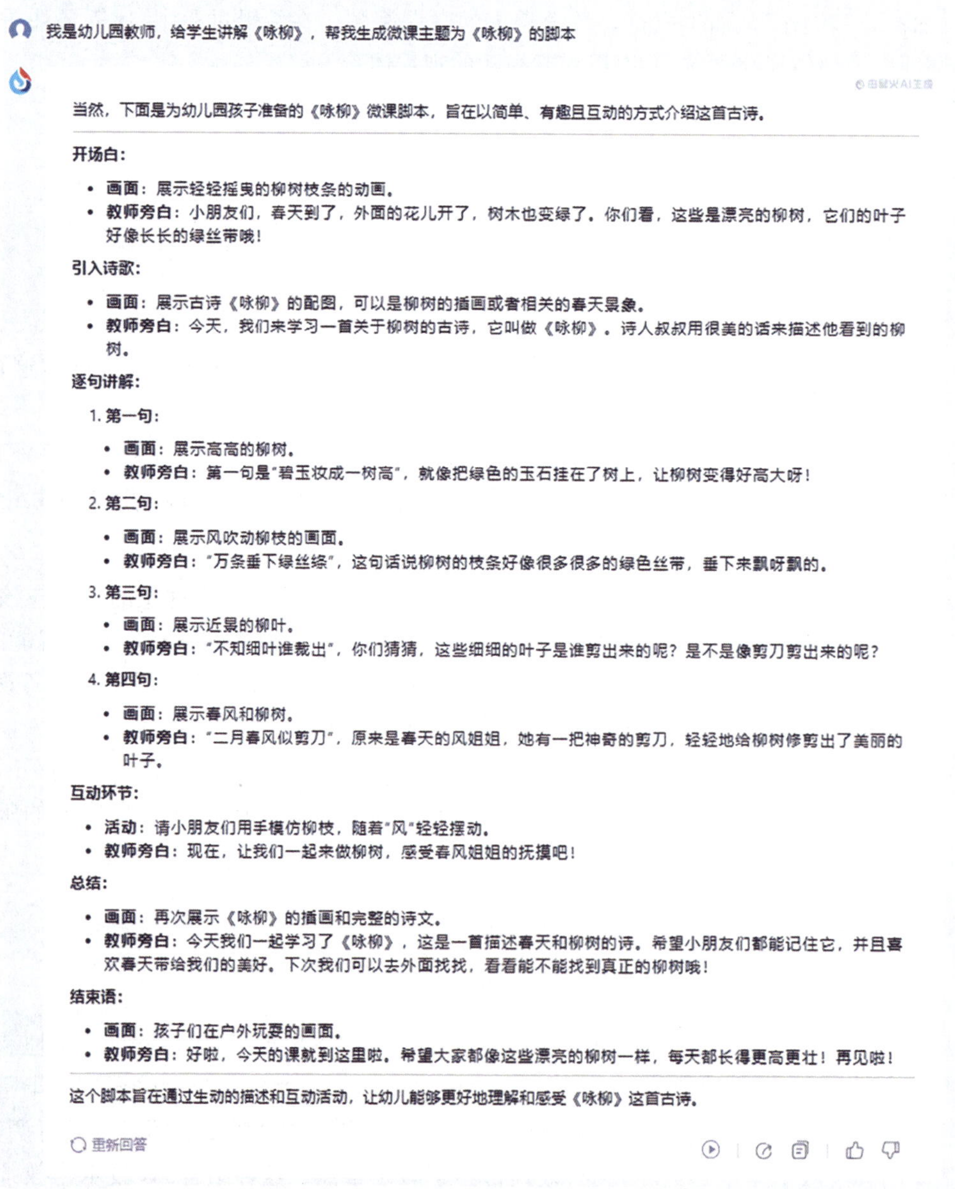

我是幼儿园教师，给学生讲解《咏柳》，帮我生成微课主题为《咏柳》的脚本

当然，下面是为幼儿园孩子准备的《咏柳》微课脚本，旨在以简单、有趣且互动的方式介绍这首古诗。

开场白：

- **画面**：展示轻轻摇曳的柳树枝条的动画。
- **教师旁白**：小朋友们，春天到了，外面的花儿开了，树木也变绿了。你们看，这些是漂亮的柳树，它们的叶子好像长长的绿丝带哦！

引入诗歌：

- **画面**：展示古诗《咏柳》的配图，可以是柳树的插画或者相关的春天景象。
- **教师旁白**：今天，我们来学习一首关于柳树的古诗，它叫做《咏柳》。诗人叔叔用很美的话来描述他看到的柳树。

逐句讲解：

1. **第一句：**
   - **画面**：展示高高的柳树。
   - **教师旁白**：第一句是“碧玉妆成一树高”，就像把绿色的玉石挂在了树上，让柳树变得好高大呀！
2. **第二句：**
   - **画面**：展示风吹动柳枝的画面。
   - **教师旁白**：“万条垂下绿丝绦”，这句话说柳树的枝条好像很多很多的绿色丝带，垂下来飘呀飘的。
3. **第三句：**
   - **画面**：展示近景的柳叶。
   - **教师旁白**：“不知细叶谁裁出”，你们猜猜，这些细细的叶子是谁剪出来的呢？是不是像剪刀剪出来的呢？
4. **第四句：**
   - **画面**：展示春风和柳树。
   - **教师旁白**：“二月春风似剪刀”，原来是春天的风姐姐，她有一把神奇的剪刀，轻轻地给柳树修剪出了美丽的叶子。

互动环节：

- **活动**：请小朋友们用手模仿柳枝，随着“风”轻轻摆动。
- **教师旁白**：现在，让我们一起来做柳树，感受春风姐姐的抚摸吧！

总结：

- **画面**：再次展示《咏柳》的插画和完整的诗文。
- **教师旁白**：今天我们一起学习了《咏柳》，这是一首描述春天和柳树的诗。希望小朋友们都能记住它，并且喜欢春天带给我们的美好。下次我们可以去外面找找，看看能不能找到真正的柳树哦！

结束语：

- **画面**：孩子们在户外玩耍的画面。
- **教师旁白**：好啦，今天的课就到这里啦。希望大家都像这些漂亮的柳树一样，每天都长得更高更壮！再见啦！

这个脚本旨在通过生动的描述和互动活动，让幼儿能够更好地理解和感受《咏柳》这首古诗。

重新回答

图 5-16　AIGC 工具生成脚本

2. 通过视频软件生成视频

（1）打开剪映，选择图文成片功能，如图5-17所示。

图5-17　图文成片

（2）打开图文成片，呈现5-18界面，可以选择自由编辑文案，也可以根据所要生成的微课主题进行选择，并设置时长等，以自由编辑文案为例，如图5-19所示，选择"已有文案"—"自由编辑文案"，把修改优化后的文案复制到文案框里。

图5-18　图文成片界面

图5-19　自由编辑文案界面

把脚本文案输入之后，可以选择声音，如"少儿故事""元气少女"等声音，如图5-20所示，然后点击"生成视频"按钮，可以选择成片方式，有智能匹配素材、使用本地素材等，如图5-21所示，教师可以按照不同成片方式来生成视频内容。以"智能匹配素材"为例，点击生成视频，即可生成初步微课视频，如图5-22所示，教师可以基于生成的初步微课视频，进一步修改完善，最终形成微课。

图5-20　选择声音

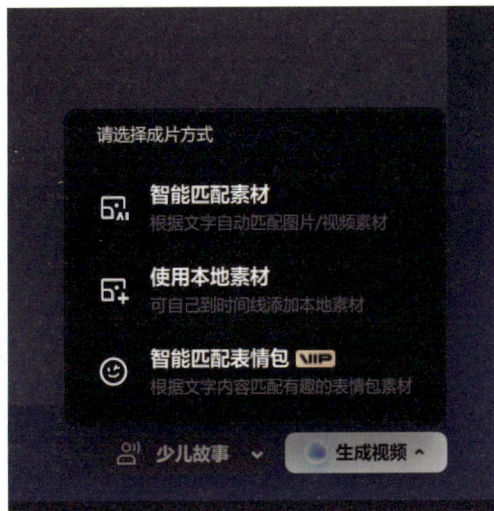

图5-21　选择的成片方式

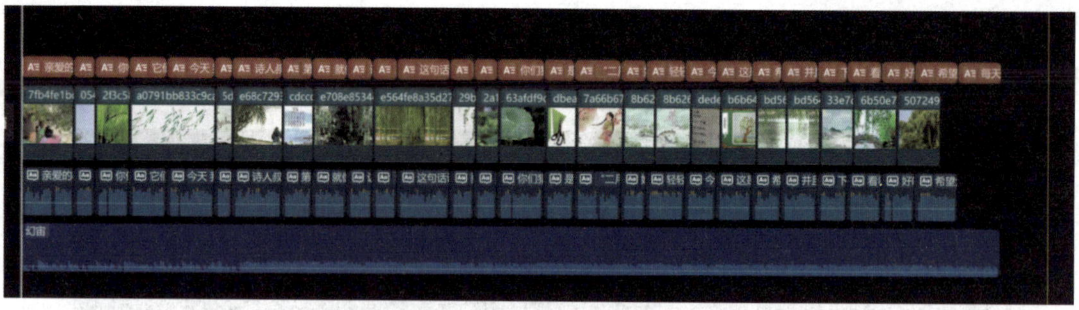

图 5-22　初步生成视频

模块六　数字化环境下幼儿教育活动的设计与实施

随着生成式人工智能的快速发展,数字化环境正在深刻改变着幼儿教育领域。数字化环境下的幼儿教育活动设计更加注重个性化与互动性,通过智能设备进行数据收集与分析,教师可以更精准地了解每个幼儿的学习情况和兴趣点,利用大数据分析幼儿学习行为,为教师绘制一幅幅生动的"学习画像",从而量身打造个性化学习方案,激发内在学习动力。数字化工具成了幼儿探索世界的窗口,丰富的多媒体形式、游戏化的学习体验,极大地拓宽了幼儿的学习边界。在这样的互动学习环境中,幼儿不仅能够自主发现、解决问题,还能在虚拟与现实的交汇中培养形象思维、团队协作能力与创新精神。

知识与技能学习

随着信息技术的飞速发展,特别是生成式人工智能的迅速发展,数字化环境正在日益深刻改变着幼儿教育领域。生成式人工智能利用复杂的算法、模型和规则,从大规模数据集中学习,以创造新的原创内容,从而为幼儿教育活动的设计与实施带来了前所未有的变革。

传统的幼儿教育活动设计,注重以游戏为基本形式,结合幼儿的身心发展特点,通过丰富多样的活动,引导幼儿在探索中学习,在互动中成长。然而,生成式人工智能的出现,为我们提供了全新的视角和工具,使得教育活动的形式和内容得以极大丰富和拓展。数字化环境下的幼儿教育活动设计也更加注重个性化与互动性。通过智能设备的数据收集与分析,教师可以更精准地了解每个幼儿的学习情况和兴趣点,为其提供个性化的学习路径。此外,数字化工具也为幼儿提供了更多互动学习的机会,有助于培养幼儿的协作精神和创新能力。

生成式人工智能环境下,幼儿教育活动的形式和内容也在发生深刻变革。在设计数字化环境下的幼儿教育活动时,我们需要遵循以幼儿为本的原则,尊重其身心发展规律和学习特点。活动设计应充分考虑幼儿的认知水平和兴趣爱好,利用数字化工具的优势,创设富有创意和趣味性的活动情境,激发幼儿的学习兴趣和探索欲望。同时,我们还应注重活动的实践性和体验性,鼓励幼儿通过亲身实践来感知和理解世界,培养其探究世界的好奇心和创新思维。

一、幼儿教育活动变革的时代背景

数字化环境对幼儿教育活动的变革产生了深远的影响,不仅改变了教学方式,还丰富了教学资源,为幼儿的学习和发展提供了更多的可能性。在数字化环境下,幼儿教育活动更加注重孩子的主体地位,倡导以孩子为中心的教学理念。数字化工具使得孩子们可以通过多种方式参与到学习中来,激发孩子们的学习兴趣,提高他们的学习主动性。同时,数字化环境也为幼儿教育提供了丰富的教学资源。通过网络,教师可以获取到大量的教育资源,包括各种教学视频、音频、图片等,这些资源可以为教学活动提供有力的支持。数字化环境下幼儿教育活动也面临着一些挑战。例如,数字化设备的过度使用可能会对孩子的视力产生影响,过度依赖电子设备可能会影响孩子的社交能力等。因此,在数字化环境下进行幼儿教育活动时,教师需要合理安排孩子们使用电子设备的时间,注重培养孩子们的综合素质。

（一）新一代人工智能技术飞速发展

以 ChatGPT 为代表的新一代生成式人工智能技术正在以惊人的速度发展，引领着科技领域的革新。生成式人工智能通过深度学习和自然语言处理等技术，能够生成新的、有用的内容，如文本、图像、音频和视频等，从而在很大程度上提高了内容的生产效率，带来了更加智慧便捷的处理方式。

基于大规模预训练模型的新一代人工智能，展示了优秀的对话生成能力，几乎可以胜任所有自然语言处理任务。随着计算能力的增强，AI 模型能够处理更大规模的数据集，进行更复杂的计算。大数据的广泛应用为人工智能提供了丰富的训练材料，使得 AI 模型能够从海量数据中学习到更加准确和全面的知识。新一代人工智能技术多模态融合数据，不仅仅是文本或语音，而是融合图像、文本、语音等多个模态的信息处理，提高了 AI 的应用范围和能力。

（二）人工智能社会对人才培养的要求

知识更新速度的加快，单纯的知识获取已不再是教育的唯一目的。人们越来越重视主体性知识的构建，这意味着学生不仅要获取知识，还要掌握学习的技巧和方法，学会如何将这些知识内化并转化为自身的思维和能力。这种转变对于幼儿教育来说尤为重要，因为它关乎孩子们未来的学习和成长。

新时代的人才培养理念强调学生的自主学习、批判性思维和创新能力。这意味着孩子们需要具备独立思考、解决问题的能力，以及适应快速变化的社会环境的能力。为了实现这一目标，幼儿教育需要与时俱进，根据社会的需求进行变革。

在数字化时代背景下，幼儿教育可以更加灵活地适应社会的变化。例如，利用数字技术开展跨学科学习，可以让孩子们在探索不同学科领域的过程中，培养综合思维和解决问题的能力。此外，协作式学习也是培养孩子们团队合作和沟通能力的重要途径。通过数字技术，孩子们可以更加便捷地进行在线协作，共同完成任务，从而培养他们的团队精神和沟通能力。

除了跨学科学习和协作式学习，幼儿教育还可以借助数字技术培养孩子们的批判性思维。例如，通过让孩子们分析数字媒体中的信息，他们可以学会如何辨别真伪、评估价值，从而培养批判性思维的能力。

二、生成式人工智能对幼儿教育活动设计的影响

（一）对幼儿教育活动的选题产生影响

在生成式人工智能技术发展背景下，幼儿也有必要学习 AI。这不仅可以帮助孩子们适应未来社会的发展需求，还可以培养他们的创新思维、科技素养和竞争力。同时，通过学习 AI，孩子们还可以发现自己的兴趣和爱好，为未来的学习和生活打下坚实的基础。因此，对幼儿活动的主题起到丰富和扩充的作用。对于幼儿教育活动，设计生成式人工智能主题可以从以下几个方面展开。

（1）AI 绘画工坊：利用 AI 绘画工具，让孩子们在画板上创作，然后通过 AI 技术将他们的画作转化为数字艺术。让孩子们了解不同的艺术风格，并通过 AI 工具尝试模仿或创造新的风格。

（2）智能机器人体验营：引入简单的可视化编程概念，让孩子们学习如何控制小型机器人进行移动、跳舞或执行简单任务。鼓励孩子们通过编程解决简单的实际问题，如设计机器人帮助捡拾玩具等。

（3）AI 故事讲述会：使用 AI 语音合成技术，让孩子们录制自己的故事并转化为 AI 配图。孩子们可以创作自己的故事，并通过 AI 技术合成视频。

（4）智能问答游戏：利用 AI 问答系统，设计知识竞赛或问答游戏，增强孩子们的学习兴趣和互动性。这些问题可以涵盖多个领域，如自然科学、习俗、文化等。

生成式人工智能技术还能够利用大数据和机器学习算法，对幼儿的兴趣、偏好和学习风格进行深入分析。通过收集和分析幼儿在日常互动、游戏和学习中的行为数据，人工智能能够精准地把握每个幼儿的独

特需求和兴趣点。这种个性化的分析为教育者提供了有力的支持,使他们能够根据每个幼儿的特点来定制教育活动的选题。

生成式人工智能可以整合丰富多样的教育资源,为教育活动选题提供广泛的素材和灵感。这些资源可能包括图书、视频、音频、游戏等各种形式的多媒体内容。通过将这些资源与幼儿的兴趣和学习目标相结合,教育者可以设计出更加生动、有趣且富有教育意义的教育活动。以下是一些具体实例。

(1) 小小 AI 探险家:利用虚拟现实(VR)技术和生成式人工智能,构建一个虚拟的自然或历史探索环境。孩子们可以在虚拟世界中化身为探险家,通过完成任务和解决问题来探索未知领域,如热带雨林、古埃及金字塔等。AI 会根据孩子的探索行为和表现,动态调整难度和故事情节,提供个性化的探险体验。

(2) 智能音乐创作坊:结合 AI 音乐生成技术,设计一个让幼儿参与音乐创作的活动。孩子们可以选择不同的乐器音色、节奏型和旋律模式,AI 则会根据他们的选择生成相应的音乐片段。随后,孩子们可以进一步编辑和混合这些片段,创作出属于自己的音乐作品。这个过程不仅能培养幼儿的音乐感知力和创造力,还能让他们体验到音乐创作的乐趣。

生成式人工智能还能够根据教育目标和幼儿的认知发展规律,为教育活动选题提供科学的建议。这种建议可能包括选题的主题、难度、时间安排等方面。通过遵循这些建议,教育者可以确保选题既符合教育要求,又能有效地促进幼儿的全面发展。

(二) 对幼儿教育活动的目标产生影响

在目标设定方面,生成式人工智能可以帮助教育者更加明确地了解每个幼儿的学习和发展目标。通过对幼儿的学习数据进行深度分析,人工智能可以为每个幼儿提供个性化的目标设定建议,使目标更加具体、可衡量和可实现。同时,人工智能还可以实时监测幼儿的学习进度和达成情况,为教育者提供及时的反馈和调整建议,确保教育目标的顺利实现。

在生成式人工智能技术的支持下,幼儿教育活动的目标设定更加注重培养幼儿的综合素质和创新能力。以下是一些具体的例子。

(1) 培养幼儿的科技素养和创新思维。通过 AI 绘画工坊、智能机器人体验营等活动,让孩子们接触和了解人工智能技术,激发他们的创新精神和实践能力。在 AI 绘画工坊中,孩子们不仅感受艺术的美,还利用 AI 辅助设计软件创作自己的动画、游戏或简单的应用程序。机器人体验营中,通过拖拽式编程界面,孩子们可以设计一款简单的 AI 宠物游戏,宠物会根据孩子的互动做出不同的反应,这样的过程激发了孩子们对科技的兴趣和创新思维。

(2) 加强幼儿的跨学科学习和协作能力。利用 AI 技术开展跨学科学习,让孩子们在解决实际问题的过程中,培养沟通、协作和批判性思维能力。如组织一个以 AI 技术为支撑的环保项目,孩子们需要跨学科学习与合作,结合科学(了解环境污染)、数学(计算资源消耗)、艺术(设计环保宣传海报)和语言(介绍项目)等知识,共同设计一个 AI 驱动的环保监测系统或提出创新性的环保解决方案。此过程中,孩子们不仅学习了新知识,还学会了如何与不同领域的伙伴有效沟通与合作。

(3) 提高幼儿的自主学习和问题解决能力。通过智能问答游戏等活动,培养孩子们独立思考、自主学习和解决问题的能力。如设立一个 AI 侦探社,孩子们扮演小侦探,利用 AI 工具分析虚拟案件中的线索。AI 系统会根据孩子们的推理过程提供反馈,引导他们逐步接近真相。这样的活动鼓励孩子们独立思考,运用逻辑推理和批判性思维解决问题,同时培养了他们的自主学习能力。

(4) 培养幼儿的审美意识和艺术创造力。利用 AI 技术,让孩子们在音乐、绘画等领域进行创新尝试,提高他们的审美和艺术创造力。如在音乐活动中,孩子们使用 AI 音乐创作软件,通过选择不同的音轨、节奏和和弦,创作出独特的音乐作品。AI 不仅能提供创作灵感,还能根据孩子的选择进行智能编曲,让孩子们在享受音乐创作乐趣的同时,提升审美意识和艺术创造力。

(5) 提升幼儿的人际交往和沟通能力。通过 AI 故事讲述会等活动,让孩子们学会分享、合作和交流,培养良好的人际沟通能力。利用 AI 技术模拟不同国家的文化场景,孩子们通过虚拟交流平台与来自世界各地的"小伙伴"互动,了解他们的文化习俗、传统节日等。在这个过程中,孩子们需要运用语言和非语言沟通技巧,增进相互理解和友谊,从而提升人际交往和跨文化沟通能力。

(6)培养幼儿的道德和社会责任感。在 AI 技术应用的过程中,教育幼儿了解数字社会责任,引导他们树立正确的价值观和道德观。通过一系列关于 AI 伦理和社会责任的讨论和实践活动,如角色扮演游戏、小组讨论等,让孩子们了解 AI 技术可能带来的社会影响,如隐私保护、算法偏见等。同时,引导孩子们思考如何在使用 AI 技术时遵守道德规范,培养他们的社会责任感和正确的价值观。例如,可以设计一个 AI 辅助的公益项目,让孩子们利用 AI 技术为社区或弱势群体提供帮助,体验服务社会的乐趣和意义。

(三)对幼儿教育活动实施的影响

在实施阶段,生成式人工智能可以为教育者提供丰富多样的教育资源和工具,极大地丰富了教育资源和工具,支持教育活动的顺利进行,使得教育活动的实施更加高效、多样化和个性化。例如,人工智能可以根据教育目标和内容,自动生成适合幼儿的学习材料和活动方案,为教育者提供有力的支持。同时,人工智能还可以实时监测幼儿的学习情况,为教育者提供及时的反馈和建议,帮助他们更好地调整教学策略和满足幼儿的学习需求。在生成式人工智能技术的支持下,幼儿教育活动的实施方法更加多样化和个性化。以下是一些具体的方法:

(1)增强情境教学。利用 AI 技术,教育者可以创建高度逼真的虚拟或增强现实情境,如模拟海底探险、历史场景重现等。这些情境不仅视觉效果震撼,还能根据幼儿的反应进行互动,使孩子们仿佛身临其境,从而更加主动地探索和学习,极大地提高了学习兴趣和参与度。

(2)深化项目式学习。AI 在项目式学习中扮演了重要角色,从项目选题、资源搜集、方案设计到成果展示,全程提供智能化支持。例如,AI 可以根据幼儿的兴趣和能力推荐合适的项目主题,并提供相关的学习资源和工具。在项目执行过程中,AI 还能分析幼儿的表现,给予个性化的指导和反馈,帮助他们更好地解决问题,培养综合能力和创新精神。

(3)精准个性化教学。通过 AI 技术,教育者能够深入了解每个幼儿的学习风格、兴趣点和能力水平,从而为他们量身定制个性化的学习计划。AI 系统可以实时跟踪幼儿的学习进度和成效,自动调整教学内容和难度,确保每个孩子都能在适合自己的节奏下学习,实现因材施教,提高教学效果。

(4)创新游戏化学习。结合 AI 技术设计的游戏化学习活动,不仅具有高度的趣味性和挑战性,还能根据幼儿的表现和反馈动态调整游戏难度和规则。这样的游戏不仅能让孩子们在玩耍中学习到新知识,还能激发他们的竞争意识和合作精神,培养解决问题的能力。同时,AI 还能记录和分析幼儿在游戏中的行为数据,为教育者提供宝贵的教学参考。

(5)拓展协同学习。信息技术打破了时间和空间的限制,使得跨地域、跨年级的协同学习成为可能。通过 AI 平台,孩子们可以与其他地区的同龄人一起参与在线讨论、合作完成任务或进行远程实验,还可以有虚拟学伴陪伴学习、成长。这种协同学习方式不仅拓宽了孩子们的视野,还培养了他们的沟通能力和团队协作精神。AI 还能根据协同过程中的互动数据,为每个孩子提供个性化的反馈和建议。

(6)融合混合式学习。在混合式学习模式中,AI 技术将线上和线下的教学优势完美融合。线上部分,AI 提供丰富的学习资源和互动平台,支持幼儿自主学习和探究;线下部分,则注重实践操作和面对面交流。AI 系统能够无缝衔接线上线下学习环节,为教育者提供全面的教学支持和学生管理功能。同时,AI 还能根据学生的学习数据,为教育者提供精准的教学分析和改进建议,促进教学效果的持续提升。

(四)对幼儿教育评价体系的影响

在评估阶段,生成式人工智能可以帮助教育者更加客观、全面地评估幼儿的学习成果和发展情况。通过对幼儿的学习数据进行分析和挖掘,人工智能可以为教育者提供丰富的评估信息和建议,使评估更加科学、准确和全面。同时,人工智能还可以根据评估结果,为教育者提供针对性的改进建议和发展方向,促进幼儿的全面发展。在生成式人工智能技术的支持下,幼儿教育的评价体系将更加客观、全面和智能化。具体有如下几个方面。

（1）过程性评价：利用 AI 技术，实时监测和记录幼儿的学习过程，全面了解幼儿的学习状况。

（2）多元化评价：结合 AI 技术，实现对幼儿认知、情感、行为等多方面的综合评价。

（3）个性化评价：根据每个幼儿的特点，制定个性化的评价标准和方法，更加精准地评价幼儿的发展水平。

（4）智能化评价：利用 AI 技术，实现对幼儿学习成果的自动分析和智能评价，提高评价的效率和准确性。

三、数字化环境下幼儿教育活动的设计

在数字化环境下，幼儿教育活动的教学设计旨在充分利用数字技术的优势，为幼儿创造一个富有创意、互动性强的学习环境。活动目标的设计注重幼儿的全面发展，旨在提升他们的认知能力、情感表达和社交技能，同时促进身体发展。学习活动设计以幼儿的兴趣和需求为出发点，通过多媒体资源、互动游戏和跨学科内容的整合，激发幼儿的学习热情和探索欲望。在活动评价方面，采用过程性评价与表现性评价相结合的方式，通过观察记录、作品展示、互动评价以及反馈指导等手段，全面了解幼儿的学习和发展状况，为他们提供个性化的学习支持和引导。这样的教学设计旨在促进幼儿在数字化时代下的全面发展，培养他们具备未来社会所需的核心素养和关键能力。

（一）幼儿教育活动的目标设计

课程目标是课程第一要素，教育活动目标确定教育活动内容和方向。幼儿教育活动目标设计是幼儿园教育工作的重要组成部分，它关系到幼儿全面发展和教育质量提升。在设计幼儿教育活动目标时，我们应在新一代人工智能飞速发展的背景下，依据创新人才培养框架，分析学习者特征，以先进教育理念支撑，确保幼儿教育活动的科学性、系统性和实效性。

幼儿园学习者通常处于身心迅速发展的时期，他们的认知、情感、社交和身体能力都在经历着显著的变化和提升。因此，制定教学目标时，教育者需要综合考虑幼儿的现有水平、年龄、个性、真实兴趣、学习风格以及认知能力发展水平等多项要素。

教学目标的设定应当符合幼儿的现有发展水平。这意味着教育者需要了解每个幼儿的实际能力，包括他们的认知、语言、数学和科学等各个领域的发展状况。通过观察和评估，教育者可以确定幼儿的现有水平，并据此制定相应的教学目标。例如，对于认知能力较低的幼儿，教学目标可以侧重于基础认知能力的培养，如颜色、形状和数字的认知等。

教学目标的设定应当考虑到幼儿的年龄和个性特点。幼儿期是个性形成的关键时期，每个幼儿都有自己独特的性格和兴趣爱好。因此，教学目标应当尊重幼儿的个性差异，允许他们在自己感兴趣的领域内深入探索和学习。同时，教育者还需要根据幼儿的年龄阶段制定相应的教学目标。例如，对于小班幼儿，教学目标可以更加注重游戏和活动的参与，以培养他们的社交能力和动手能力；而对于大班幼儿，教学目标则可以逐渐转向更高层次的认知和情感培养。

教学目标的设定还需要关注幼儿的真实兴趣和学习风格。幼儿的学习动机往往源于他们对事物的兴趣和好奇心。因此，教育者需要关注幼儿的兴趣点，将教学目标与他们的兴趣相结合，激发他们的学习热情。同时，不同幼儿的学习风格也存在差异，有的幼儿善于视觉学习，有的幼儿则更擅长听觉学习。教育者应当根据幼儿的学习风格调整教学方法和手段，以满足他们的学习需求。

教学目标的设定还需要关注幼儿的认知能力发展水平。幼儿期是认知能力快速发展的时期，教育者需要关注幼儿的思维发展特点，制定相应的教学目标。例如，对于处于具体形象思维阶段的幼儿，教学目标可以更加注重具体事物的认知和操作；而对于处于抽象逻辑思维阶段的幼儿，教学目标则可以逐渐转向更高层次的思维培养。

（二）数字化环境下幼儿教育的学习活动设计

在数字化环境下,学习活动设计应注意以下几点。

1. 明确幼儿教育活动的学习任务

在数字化环境下,幼儿教育的学习活动设计首先要明确学习任务。这不仅仅是因为学习任务能够引导孩子们有目的地进行学习,更是因为在数字化的大背景下,孩子们的学习方式、学习路径以及学习资源都发生了巨大的变化。因此,幼儿教育者在设计数字化学习活动时,必须清晰地界定学习任务,确保孩子们能够在丰富多样的数字化环境中,有效地吸收知识,提升技能,培养兴趣,实现全面发展。学习任务应该与幼儿的实际生活紧密相连,具有趣味性和探索性,以激发幼儿的学习兴趣和动力。例如,教师可以设计一些与自然环境、动物世界、社会生活等相关的主题任务,让幼儿通过完成任务来学习和了解相关知识。同时,任务的设计还需要考虑幼儿的年龄特点和认知水平,确保任务难度适中,既不会过于简单又不会过于复杂。

2. 设计多样化的学习活动

在数字化环境下,幼儿教育的学习活动设计应该多样化,以满足不同幼儿的学习需求和兴趣。教师可以设计一些情境游戏、场景体验、头脑风暴、合作探究、小组交流等多样化的学习活动。这些活动应该具有互动性、合作性和创新性,能够激发幼儿的参与热情和创造力。利用数字化工具创建虚拟场景或模拟环境,让孩子们在模拟的情境中学习。结合孩子们熟悉的故事、动画角色或日常生活场景来设计学习任务,增强趣味性。设计具有挑战性和探索性的任务,激发孩子们的好奇心和求知欲。同时,教师还需要注意活动的组织和管理,确保活动的顺利进行和目标的达成。

3. 提供有效的技术环境支持

在数字化环境下,幼儿教育的学习活动设计需要提供有效的学习支持。这些支持可以包括教师的指导、同伴的帮助、家长的参与等。教师应该根据幼儿的学习情况和需求,提供及时的指导和帮助,帮助幼儿解决学习中的问题和困难。同时,教师还可以通过与家长的沟通和合作,共同关注幼儿的学习进展和成长变化,为幼儿提供全方位的支持和帮助。

（三）数字化环境下幼儿教育活动的评价设计

评价不仅是对幼儿学习成果的检测,更是对他们学习过程的反馈和指导。因此,在数字化环境下,评价设计应注重多元性、过程性和个性化,以全面、客观地反映幼儿的学习和发展状况。

1. 幼儿教育活动多元化评价方式

在数字化环境下,评价应摒弃传统的单一评价方式,采用多种评价方法和工具,如观察记录、作品展示、口头表达、数字化学习平台记录等。这些方法和工具可以全面收集幼儿的学习信息,包括他们的学习态度、兴趣、能力、合作与沟通等方面,从而更全面地了解幼儿的学习状况。

2. 技术赋能活动过程性评价

数字化环境下的评价应注重过程性,即关注幼儿在学习过程中的表现和进步。通过观察幼儿在活动中的参与情况、解决问题的能力、与同伴的互动等,教师可以及时发现问题,提供针对性的指导和帮助,促进幼儿的学习和发展。

3. 基于技术的个性化评价

每个幼儿都是独一无二的,他们的学习进度、方式、兴趣等都有所不同。因此,评价设计应尊重幼儿的个性化差异,提供个性化的评价方案。例如,根据幼儿的学习特点和兴趣,为他们定制不同的学习任务和评价标准,以更好地激发他们的学习潜力和创造力。

主题实践活动

项目一　互动白板环境下幼儿"小动物搬新房"活动的设计与实施

一、情境与任务

主题活动

互动白板环境下幼儿"小动物搬新房"活动的设计与实施

　　门牌号在我们日常生活中最常见,也最常用,一般由3～4个简单的阿拉伯数字自由组合而成,其中的每一个数字都被赋予了特定的意义。幼儿在日常生活中都知道门牌号码和自己家的关系,但少有幼儿真正了解在这个数字组合里每个数字所代表的意思和功用。因此,借助门牌号码开展数学游戏,能让幼儿进一步感知数字在生活中的具体意义,同时在丰富孩子们已有经验的基础上,促进幼儿的社会性发展。

　　"小动物搬新房"活动以小动物搬新家的故事贯穿整个活动,让幼儿通过帮助小动物做门牌,了解门牌号的功用,理解门牌号的涵义。这种结合现实生活的学习非常适合中班下学期幼儿,将生活中简单的数字组合成有涵义的门牌号。而通过对门牌号的认识又可以促使幼儿对生活中出现的数字感兴趣,愿意去探索这些数字所代表的含义。

二、活动分析

(一)活动目标

(1)让幼儿了解门牌上数字所代表的意思和功用。
(2)让幼儿能够根据门牌号码找到相应的房间并根据房间的位置编门牌号。
(3)让幼儿对生活中的数字感兴趣,体验帮助小动物搬新房的快乐。

(二)教具准备

(1)教师示范用的高五层楼、每层三个房间的房子模型;小猴、小羊、小鸡、小狗、小兔的图片各一张。
(2)教师示范用5格3层的"抽屉柜"。
(3)幼儿操作用的楼房模型每人一份,身上写有门牌号码的小动物每人一份。
(4)区域环境布置:装饰过的牛奶罐、动物小区信箱。

(三)活动准备

(1)幼儿分别对横的、纵的两方面的序数已有了解。
(2)有少数幼儿在区域游戏中玩过此类游戏,有一定的经验积累。

三、方法与步骤

表6-1 教学过程

教师活动	幼儿活动	白板作用
一、情境导入		
1. 教师使用白板展示动物小区背景,并播放《小动物们搬新家》的故事。	1. 幼儿观看白板上的动物小区和故事,进入活动情境。	1. 展示动物小区背景,吸引幼儿注意力。播放故事增强情境导入效果。
二、分钥匙		
1. 教师使用白板展示5格3层的抽屉柜和提示语。	1. 幼儿观察白板上的抽屉柜和提示语。	1. 展示抽屉柜和提示语,帮助幼儿理解任务。
2. 教师指导幼儿使用白板上的圈化功能,圈出钥匙的正确位置。	2. 幼儿使用圈化功能,圈出钥匙的正确位置。	2. 圈化功能帮助幼儿明确钥匙位置,增强互动性和参与感。
三、找房间		
1. 教师使用白板展示门牌号码示例和动物形象。	1. 幼儿观察白板上的门牌号码示例和动物形象。	1. 展示门牌号码示例和动物形象,帮助幼儿理解任务。
2. 教师指导幼儿使用白板的拖曳功能,将动物形象拖至正确的房间位置。	2. 幼儿使用拖曳功能,将动物形象拖至正确的房间位置。	2. 拖曳功能帮助幼儿直观理解门牌号码的含义,并找到正确的房间位置。
四、相互检验操作单		
1. 教师指导幼儿使用白板展示操作单,并鼓励幼儿相互检验。	1. 幼儿观看白板上的操作单,并与同伴进行相互检验。	1. 白板展示操作单,方便幼儿进行相互检验和讨论。
五、编门牌		
1. 教师使用白板展示更多动物小图片和空白的门牌。	1. 幼儿观看白板上的动物小图片和空白的门牌。	1. 展示动物小图片和空白的门牌,为编门牌活动做准备。
2. 教师指导幼儿使用白板上的书写功能,为动物安排房间并编写门牌号码。	2. 幼儿使用书写功能,为动物安排房间并编写门牌号码。	2. 书写功能帮助幼儿自由编写门牌号码,提升互动性和创造力。
六、延伸活动:给小动物送信		
1. 教师指导幼儿使用白板将操作图"房子"贴在牛奶盒上,并放入小区内。	1. 幼儿使用白板将操作图"房子"贴在牛奶盒上,并放入小区内。	1. 白板提供操作平台,方便幼儿进行贴图和放置操作。
2. 教师扮演信差角色,根据门牌号给小动物送信。	2. 幼儿扮演信差角色,根据门牌号给小动物送信。	2. 通过扮演信差角色和送信活动,巩固幼儿对门牌号的理解和记忆。

总结反馈:

在数字化环境下,利用交互白板进行幼儿教育活动,无疑为教学带来了更多的可能性与活力。本次教学活动,通过情境导入、分钥匙、找房间、相互检验操作单、编门牌以及延伸活动等多个环节,充分展示了交互白板在幼儿教育中使用的优势。

首先,交互白板的直观性和互动性极大地激发了幼儿的学习兴趣。无论是展示动物小区背景、抽屉柜和提示语,还是让幼儿使用圈画、拖曳和书写功能,都使得幼儿能够更加直观地理解任务,并积极参与其中。这种互动方式不仅提高了幼儿的参与度,也让他们在操作中深化了对知识的理解。

其次,交互白板为教学提供了更多的可能性。通过展示操作单、动物小图片和空白的门牌,教师可以灵活地调整教学内容,根据幼儿的实际情况进行有针对性的指导。同时,幼儿也可以在白板上自由发挥,编写门牌号码,提升了他们的创造力和想象力。

在使用交互白板进行教学时,也需要注意一些问题。例如,要确保每个幼儿都有机会进行操作,避免出现"旁观者"现象;同时,教师也要适时地引导和帮助幼儿,确保他们能够正确理解并完成任务。

项目二　AIGC 助力幼儿情绪感知活动的设计与实施

情绪作为人类内心世界的晴雨表,不仅影响着个体的心理健康,更在某种程度上决定了其未来的社交能力和幸福程度。因此,如何有效地帮助幼儿学会感知、理解和表达情绪,成为幼儿教育工作者必须面对的挑战。

一、情境与任务

主题活动

基于 AIGC 的幼儿情绪感知活动

在幼儿教育中,情绪感知与表达能力的培养至关重要。近年来,AIGC(人工智能生成内容)技术逐渐走入了我们的视野。这项技术以其强大的数据处理能力和精准的分析预测,为众多领域带来了革命性的变革。而在幼儿教育领域,AIGC 技术同样展现出了其独特的魅力。本次活动便是以 AIGC 技术为基石,为幼儿打造一个新颖、有趣的情绪感知环境。在这个环境中,幼儿们不再是被动的情绪接收者,而成为主动的情绪探索者。他们可以通过与系统的互动,将欢快的语言表述转化为直观的图片呈现。这种逆向可视化的感知方式,不仅让情绪变得更加直观、易于理解,同时也激发了幼儿们的好奇心和探索欲。在这个过程中,幼儿不仅能够更加准确地理解情绪,还能够学会如何表达和管理情绪。他们可以在与系统的互动中,不断地尝试、探索,逐渐掌握情绪的奥秘。而这种对情绪的深入理解和表达能力的提升,无疑会为他们未来的情绪智商发展奠定基础。

二、活动分析

本次活动结合了语言表述与图片呈现两种方式,利用 AIGC 技术作为桥梁,旨在让幼儿在互动中感知情绪,为他们的成长之路铺设坚实的基石。从可行性、适宜性和创新性三个方面,对本次活动进行深入分析。

从可行性来看,随着人工智能技术的飞速进步,大模型已经具备了强大的语言与图像智能转化能力。这一技术的应用,不仅顺应了时代发展的潮流,更是满足了幼儿对新奇事物的好奇心。在这样的背景下,将大模型技术引入幼儿教育领域,为孩子带来全新的学习体验,是完全可行的。

从适宜性方面考虑,幼儿阶段是个体情绪发展的关键时期。在这个阶段,孩子们对于情绪的认知和表达能力正在逐渐形成。而本次活动通过轻松愉快的方式,让孩子们在互动中学习情绪知识,无疑有助于提高他们的情绪认知能力和表达能力。这样的活动形式,既符合幼儿的心理特点,也符合教育规律,显示出极高的适宜性。

从创新性角度来看,传统的情绪教育活动多以说教为主,形式单一,往往难以激发孩子们的兴趣。而本次活动利用 AIGC 技术,实现了语言与图片的双向互动,让孩子们在直观、生动的体验中感知情绪。这种创新性的教育方式,不仅增强了孩子的学习兴趣,也提高了教育效果,具有较强的创新性。

三、方法与步骤

（一）活动过程

表6-2　活动过程

序号	环节名称	具体内容与操作	AIGC 的作用	备注
1	导入环节	教师通过播放一段欢快的音乐，引导幼儿进入活动氛围。询问幼儿："你们听了这段音乐有什么感觉？"引出情绪的主题。	在此环节，AIGC 尚未直接介入，但通过教师的引导，为后续 AIGC 的应用和幼儿的情绪感知打下基础。	音乐选择应富有感染力，能够激发幼儿的积极情绪。
2	认知环节	教师向幼儿介绍 AIGC 技术："今天我们要用一个神奇的工具来感知情绪。它可以把我们说的话变成图片哦！"接着，教师展示 AIGC 如何将情绪词汇转化为图片的过程。	AIGC 作为认知工具，将抽象的情绪词汇转化为直观的图片，帮助幼儿更直观地理解和感知情绪。	示例："快乐的脸"生成为笑脸图片，"生气的脸"生成为愤怒的表情图片等。
3	实践环节	邀请幼儿尝试使用 AIGC 技术。教师提供一系列情绪词汇，如"开心、难过、惊讶、害怕"等，让幼儿选择其中一个词汇，输入 AIGC 平台，并观察生成的图片。	AIGC 在此环节作为实践工具，让幼儿通过亲自动手操作，体验语言生成为图片的过程，从而深化对情绪的理解和感知。	鼓励幼儿用自己的语言描述图片中的情绪内容，增强理解与表达。
4	互动环节	教师设计"情绪猜猜看"游戏。利用 AIGC 生成表达不同情绪的图片，让幼儿猜测图片所代表的情绪类型。	AIGC 在此环节作为游戏辅助工具，生成多样化的情绪图片，增加游戏的趣味性和挑战性，帮助幼儿在轻松愉快的氛围中提升情绪感知能力。	游戏可分组进行，增加竞争性与趣味性。
5	创作环节	提供画纸和绘画工具，鼓励幼儿根据自己对某种情绪的理解，创作一幅表现该情绪的画作。完成后，教师可引导幼儿分享创作心得。	AIGC 在此环节作为创作对比工具，激发幼儿的创作热情，帮助他们更好地理解和表达自己的情绪。	强调创作过程的乐趣与表达方式的多样性。
6	总结环节	教师引导幼儿回顾整个活动过程，分享自己的感受与收获。同时，教师可利用 AIGC 生成一些总结性的情绪图片，帮助幼儿巩固和加深对情绪的理解。	AIGC 在此环节作为总结辅助工具，通过生成总结性的情绪图片，帮助幼儿将活动过程中的体验和感受进行归纳和提炼，形成更深刻的情绪认知。	可通过提问方式引导幼儿进行反思与总结。

（二）活动总结

本次活动通过 AIGC 技术为幼儿创设了一个新颖、有趣的情绪感知环境，取得了显著的效果。

（1）活动亮点：利用 AIGC 技术实现了语言与图片的双向互动，让幼儿在直观体验中感知情绪，提高了活动的趣味性和实效性。过多样化的活动环节设计，如游戏、创作等，充分激发了幼儿的参与热情和创造力。教师在活动中扮演了引导者、支持者和合作者的角色，为幼儿提供了充分的自主学习与探索空间。

（2）待改进之处：部分幼儿在使用 AIGC 技术时存在操作困难，未来可考虑增加辅助工具或简化操作流程以降低难度。在互动环节中，部分幼儿过于关注游戏结果而忽视了对情绪本身的感知与理解，教师需适时引导与纠正。

（3）后续拓展方向：可将 AIGC 技术应用于其他领域的教学活动中，如科学探索、艺术创作等，进一步拓展其教育价值。结合家园共育理念，引导家长在日常生活中利用类似技术工具与幼儿进行互动学习，共同促进幼儿全面发展。

本次基于 AIGC 的幼儿情绪感知活动案例是一次有益的尝试与探索。借助 AIGC 技术，我们为幼儿创造了一个新颖、有趣的情绪感知环境。在这个环境中,幼儿不仅能够更加准确地理解、表达和管理情绪,还能够在探索中不断成长、进步。我们期待着这项技术能够在未来的幼儿教育中发挥更加重要的作用,为孩子们的成长之路增添更多的色彩和动力。通过不断总结经验教训并持续改进创新,AIGC 有望为幼儿提供更加优质、高效的教育服务。值得一提的是,这种基于 AIGC 技术的情绪感知环境,还能够为教育者提供宝贵的数据支持。通过对幼儿与系统的互动数据的分析,教育者可以更加深入地了解每个幼儿的情绪特点和发展需求,从而为他们提供更加个性化的教育方案。

项目三　基于运动手环的幼儿足球运动活动设计与实施

一、情境与任务

主题活动

基于运动手环的幼儿足球运动活动设计与实施

　　阳光幼儿园正在大班年级发展足球特色运动,学校老师共同编排了足球操,开展幼儿带球、传球等足球基本功练习。大(2)班王老师也带领孩子们玩了一段时间足球了,班上孩子们都对足球产生了强烈的兴趣。王老师计划以足球户外团队运动为主打运动,设计一堂自我练习以及和同伴游戏的足球运球活动,加强户外 2 小时运动,适当增加孩子们的运动强度。

二、活动分析

　　每天 2 小时的户外活动,其中 1 小时中高强度运动,让幼儿每天有足够的时间融入自然环境中,与环境充分接触,增强体魄,改善视力,促进身心健康,这非常有利于儿童的成长发育。如何保证户外活动的时长以及户外运动的强度,带给幼儿园的一个新课题。智能可穿戴运动手环可以识别户外运动,并且实时监测心率,保证运动强度,保障运动健康,赋能教师的户外 2 小时运动教学。

(一) 活动计划

1. 主题活动目标的设计

　　幼儿园初阶足球可以自己玩,也可以分小队进行游戏比赛,增强竞争与合作意识。心率是足球运动中最常用的生理参数,在不同类型的足球运动和训练中作为内部负荷的评估指标,已得到验证。足球属于较高强度的运动,佩戴运动手环监测既能发现运动量不够的小朋友,又能预警心率过快的幼儿。

2. 主题活动方式的设计

　　活动选在户外宽阔场地。王老师为本班幼儿设计了"接力运球"比赛活动,幼儿人手一个运动手环,提前对应设置好幼儿的学号,能够在后台看到监测到的幼儿的心率。

(二) 所需知识与技能

　　(1) 了解智能穿戴设备。智能穿戴设备是一种将多媒体、传感、识别、无线通信、云服务等技术与日常穿戴相结合,实现用户交互、生活娱乐、健康监测等功能的硬件终端。普通人在日常生活使用中接触到的最典型的代表产品是智能手环,用于监测运动量、心率、呼吸等。

　　(2) 了解智能运动手环的后台的统计反馈系统。学会个体数据的查看以及班级整体数据的查看。

三、方法与步骤

(一)活动前期的准备

各种活动材料的收集,包括:运动手环人手一个,提前对应设置好幼儿的姓名、学号。儿童小号足球人手一个。设备联网,保证网络通畅。

图 6-1　带上运动手环准备运动

(二)活动的目标设计

(1)幼儿会用脚运球,提高运球技能。

(2)体验和小朋友共同游戏的快乐。

(3)增强学习足球的兴趣。

(4)教师能够根据幼儿在运动中心率的实时监测数据,分析幼儿的体育活动类型,并个别化指导幼儿的运动,并有效改进教学方法。

(三)活动的组织过程

足球运动中,教师要提醒和观察幼儿规范操作,注意各方面安全。教师对活动的具体组织过程见表 6-3。

表 6-3　活动的组织过程

活动环节	教师活动	幼儿活动	设计意图
开始部分	带领幼儿做热身运动 播放《足球宝贝》音乐,做足球操	做热身运动 跟着音乐每人拿一只足球做足球操	热身运动,进入上课状态
新授用脚运球	请幼儿自己探索运球,探索脚的部位对球的感觉 教师示范正确运球动作:用脚内侧轻轻地运球 请幼儿两人一组合作运球	学习用脚内侧轻轻地运球 观看教师示范 与同伴合作运球	学习新的技能 教师提示心率过快及没有上升到设定值的小朋友
"小刺猬搬果子"游戏	教师交代游戏规则,足球作为小刺猬的果子,要搬到一个固定地方,示范讲解搬运过程 规则是:幼儿必须用内侧脚运球,不能用手,运到目的地后,跑回来拍后面一个幼儿手,继续开始,运完所有的球用时最短的一队获胜	分四个纵队站好,听好游戏规则,开始游戏	奖励胜利的一组小红旗 根据手环心率对幼儿进行分组,强弱联合
放松运动 结束活动	带领幼儿放松身体,结束活动	休整活动	活动结束

（四）活动总结与反思

在练习中,根据幼儿心率运动数据来分析全体幼儿的运动状况,指导学生自主练习,整体来调整课堂运动强度,运动手环等智能穿戴设备对教师有效改进教学方法、教学效果评价等都有很大的实用价值。

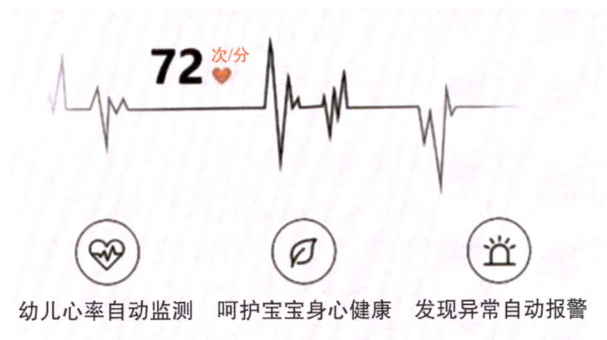

图 6-2　运动手环的数据可视化呈现

可穿戴智能设备运用到体育教学活动中,使体育活动中幼儿心率能够可视化、数据分析更为丰富、精准,对于烘托良好的运动课堂气氛、监测体育锻炼强度、评价课堂教学、培养教师研究与创新能力等具有重要价值和意义。可穿戴感应装置用于学校的足球教学过程中,能更好地监测团队运动不同个体运动负荷特征,对幼儿量化自我运动限度、认识足球体有更形象的帮助,有助于教师合理安排合作伙伴,科学合理地制订教学方案。

模块七 数字技术支持下的
幼儿数据采集、处理与分析

随着教育数字化的逐步推进,电子白板、智能手环、智能监控等各类数字化设备广泛应用于幼儿各类学习与生活场所,为幼儿行为观察提供了丰富的数据来源。因此,作为未来的幼儿园教师,必须不断提升自身数据素养,学会在幼儿行为观察过程中发现数据、采集数据、处理数据、挖掘与分析数据,让数据成为教师认识幼儿的"地图",助力幼儿园用数据说话、用数据决策、用数据管理、用数据创新,最终促进儿童的学习与发展。

知识与技能学习

一、幼儿数据分析概述

在幼儿园教育教学过程中,每天都会产生各种各样、成千上万的数据。幼儿数据分析旨在从庞大、杂乱、隐晦、难以理解的数据中,提取对解决实际问题有价值、有意义的数据信息,为幼儿园教师的教育教学决策和行动提供科学依据和支持,促进幼儿全面发展。

(一)幼儿数据分析的应用价值

2022 年,教育部颁发《幼儿园保育教育质量评估指南》,强调从保育与安全、教育过程、环境创设等方面评价幼儿保育教育质量,促进学前教育高质量发展。在幼儿园管理和教育中,数据分析不局限于幼儿学习成绩和行为表现,而是对生活习惯、健康成长等多个领域都具有重要意义。通过对这些领域的数据分析,幼儿园可以更好地了解幼儿的全面发展情况,有针对性地优化教育和管理措施,为幼儿提供更加贴心和专业的服务。基于幼儿园保育教育质量的评估内容,数据分析对幼儿发展的价值主要体现在促进成长监测、提升学习成效、优化活动材料等方面,如图 7-1 所示。

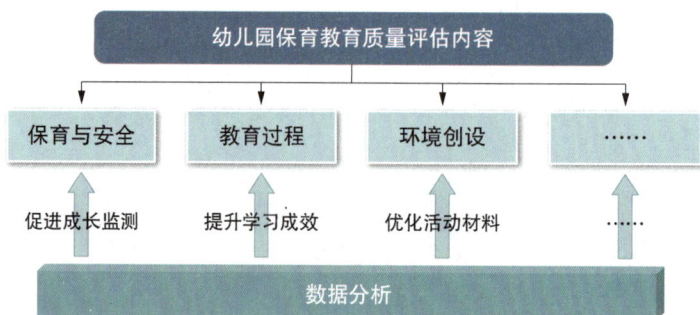

图 7-1 幼儿数据分析的应用价值

1. 促进成长监测

保育与安全包括"卫生保健、生活照料和安全防护"三项关键内容,强调引导形成良好的饮食习惯、卫生习惯、生活习惯和运动习惯,保障幼儿生命安全和身心健康。幼儿数据分析能够有效促进幼儿成长监测。

例如,通过数据分析有助于监测幼儿饮水、午睡、排便等生活习惯,及时提醒并制定科学合理的指导方案。通过监测和分析幼儿的健康指标和成长数据(如身高、体重、视力等),可以及时发现幼儿成长问题并进行干预。通过分析不同周期(如每日、每周、每月)的运动数据,可以全方位全时段了解幼儿的运动状况,确保幼儿获得充足的运动量。同时,数据分析可以帮助教师了解每个幼儿的成长轨迹和发展趋势,为具有不同个体差异和需求的幼儿提供针对性、个性化的支持与指导。

2. 提升学习成效

教育过程包括"活动组织、师幼互动和家园共育"三项关键内容,旨在理解、尊重并支持幼儿有意义地学习。数据分析能够有效提升幼儿学习成效。例如,通过数据分析了解某些主题学习活动的吸引力和实践效果,进而调整活动内容和形式。通过分析教师提问的频率、幼儿的反馈等数据,可以评估师幼互动的效果并基于此调整互动方式。通过分析家长参与活动的次数、家校沟通的频率等数据,可以评估家园共育的情况,及时调整家园合作策略。

3. 优化活动材料

环境创设包括"空间设施和玩具材料"两项关键内容,旨在创设丰富适宜、富有童趣、有利于支持幼儿学习探索的教育环境。数据分析可以帮助教师更好地了解幼儿的需求和喜好,优化教育环境,提升幼儿的学习体验。例如,通过分析幼儿在不同活动区域的停留时间、活动频率等数据,可以了解哪些空间设施比较受幼儿欢迎,哪些场所需要调整或改进。通过分析不同年龄段幼儿在各类运动器材上的活动情况,可以了解不同年龄段幼儿操作能力发展水平,从而有针对性地配置运动器材。

(二) 幼儿数据分析的基本流程

幼儿数据分析的基本流程可以概括为六个关键步骤:明确分析目的、数据采集、数据预处理、数据分析、数据可视化、基于数据的决策,如图7-2所示。这六个步骤构成了数据分析的核心流程,从明确目标到最终决策,为教师的教育决策提供了系统性视角和科学论方法。

图7-2　幼儿数据分析的流程

1. 明确分析目的

明确分析目的是数据分析的起点。在幼儿数据分析的初始阶段,需要梳理和理解"为什么需要进行数据分析""数据分析是为了解决什么问题"以及"通过数据分析将达成什么成效"等关键问题。通过仔细梳理、理解上述问题,能够为后续的数据采集和分析提供清晰的方向指引,确保数据分析的目标明确、数据收集有针对性,并且最终的分析结果能够有效地支持幼儿教育工作的改进和提升。图7-3总结了该阶段的主要内容。

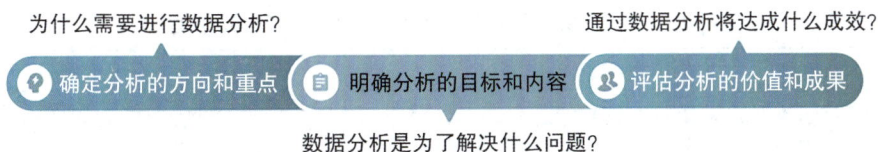

图7-3　明确分析目的阶段的主要内容

2. 数据采集

数据采集是数据分析的基础。数据采集必须有目的地进行，以确保收集到的数据能够为解决幼儿实际的教学和管理问题提供有价值的信息和指导。因此，在进行数据采集时，需要建立一个完善的数据采集框架，明确需要收集哪些数据、数据类型是什么、数据从哪里来，以及如何收集这些数据等。表7-1概括了数据采集框架的主要内容。

表7-1　数据采集框架的主要内容

数据采集目标	数据内容	数据类型	数据来源	数据采集工具	数据采集计划
评估教学效果、了解幼儿的学习状态等	专注力数据、身高数据、体测数据等	文本、视频、音频、数字等	课堂、家长、体测活动等	问卷调查、观察记录表、学生档案表等	数据采集的时间、地点、对象、方式等

3. 数据预处理

数据预处理是保证数据质量和分析有效性的重要步骤。一般而言，采集到的原始数据存在数据不完整、数据重复、数据错误等问题，既无法直接用于统计分析，也难以反映出真实的教育教学现状。数据预处理是指在正式开展数据分析工作前，对原始数据进行加工整理，转换为可用于建立模型的数据集。数据预处理的内容包括数据清洗、数据转换、数据合并、数据筛选、数据排序等。表7-2列举了数据预处理的类型、具体内容以及相关举例。

表7-2　幼儿数据预处理的内容及举例

类型	内容	举例
数据清洗	将数据表中缺失、重复以及错误的内容进行填补、删除和纠正	对体重为"400 kg"的数据进行校正，结果为"40 kg"
数据转换	将数据从一种格式转换为另一种格式	将幼儿年龄转换成出生日期或将数字转换为百分比
数据合并	将不同来源的数据（数据表）合并到一个统一的数据存储表中的过程	将各班级的体测数据合并成一个全校数据表
数据筛选	根据某些条件筛选符合要求的数据	筛选女生数据，分析女生的整体身高变化趋势
数据排序	按照某些条件将数据排序	对身高数据由高到低排序

4. 数据分析

数据分析是六个步骤中的核心环节。在这一阶段，需要根据分析目的和预处理后的数据，选择合适的分析方法和分析工具。通过数据分析，可以全面深入地了解幼儿的学习情况、行为习惯以及健康状况等，为个性化教学和全面成长提供科学依据。同时，通过数据分析也能发现潜在的问题与挑战，为教师和管理者提供改进和优化的方向。

5. 数据可视化

数据可视化是指"对数据进行展示"，即将复杂的分析结果以简单、直观、易读的形式呈现出来（如表格、柱状图、折线图、条形图、散点图、饼图等），使得数据更易于理解和分析。通过数据可视化，可以更快速地发现数据之间的关系、趋势和规律。数据可视化图表的选择取决于数据的类型、分析目的以及观看者的需求，表7-3列举了不同类型的可视化形式及应用情境。

表7-3　幼儿数据可视化的类型、应用情境及应用示例

类型	应用情境	应用示例
表格	□用于展示数据的基本信息和具体数值 □适合呈现结构化的数据	

续　表

类型	应用情境	应用示例
柱状图	□通过长条形的长度来表示数据的大小 □常用于比较不同类别之间的数据	
折线图	□通过连接数据点来展示数据随时间或其他变量的变化趋势 □适合展示连续数据	
雷达图	□常用于对多个实体的特征进行比较 □显示多个变量之间的相对关系	
散点图	□通过坐标位置来表示一个数据点 □用于展示两个变量之间的关系	
饼图	□将数据按比例分成不同的部分,用圆形的扇形区域表示 □适合展示数据的占比关系	

6. 基于数据的决策

幼儿数据分析的最终目的是赋能教师科学决策。基于数据分析的结果,教师能够识别出存在的问题和可改进的空间,制定相应的决策并将其落实到实际的教学实践中(如调整活动内容、优化教学方法和重新分配活动资源等),以更好地满足幼儿的学习和发展需求。同时,持续的监测和评估也是提高决策有效性的重要保障,教师应不断地反思和调整自己的教学实践,持续进行过程性数据的采集与分析,以不断提升教学质量和幼儿的学习体验。

二、幼儿数据采集与处理

幼儿数据采集与处理是进行数据统计分析之前的必备工作。通过获取并整理幼儿在各个维度的各类数据,能够为后续分析提供数据支撑。

(一)幼儿数据采集的途径

幼儿数据采集是指通过数字化设备或工具,收集幼儿在学习活动、饮食、运动、健康等各方面的生理与心理指标数据。根据不同的目的和应用情境,幼儿数据采集的途径也多种多样。为了全面、深入地了解幼儿学习与生活各个方面,需要综合选用合适的数字化数据采集工具,对幼儿数据进行全方位、多维度的采集。

1. 基于图片与音视频的幼儿数据采集

图片、音频、视频是记录、观察和了解幼儿日常行为的主要载体,也是进行幼儿数据采集的重要途径。通过摄像、摄影及录音设备,能够全方位捕捉幼儿的言行举止,为深入了解其行为模式、情绪状态以及认知发展提供宝贵而丰富的素材。具体来说,基于图片与音视频的幼儿数据采集主要包括三个方面,如图7-4所示。

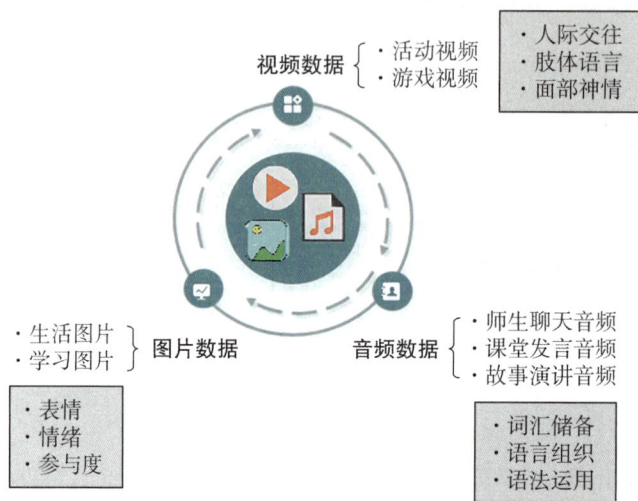

图7-4　基于图片与音视频的幼儿数据采集类型

(1) 图片数据采集。摄像机可以捕捉到幼儿在不同活动中的瞬间画面,这些图片记录为观察幼儿的表情、情绪和参与度提供了有力的支持。一方面,通过定期的图片采集和对比,可以观察到幼儿在一段时间内的成长和进步,从而调整教学策略以满足幼儿的个性化需求;另一方面,通过建立并与家长共享图片库,可以促进家园共育。

(2) 音频数据采集。录音设备能够记录幼儿在各种活动与情境中的语言表现,如师生交谈、课堂发言、故事讲述等。这些音频数据能够反映幼儿在语言表达、互动沟通等方面的信息。通过对音频数据进行分析,可以了解幼儿在词汇储备、语言组织、语法运用等方面的特征,从而为评估其语言发展水平提供参考。

(3) 视频数据采集。视频可以连续而全面地呈现幼儿在集体活动、自由游戏、互动交流等场景中的行为表现,包括活动参与情况、人际交往、肢体语言、面部神情等类型。通过对视频数据进行分析,可以更细致地了解每个幼儿的个性和需求,发现幼儿潜在的兴趣和特长。

2. 基于问卷星的幼儿数据采集

利用在线调查工具进行数据采集是一种方便、高效且灵活的方式。其中,问卷星作为一个专业的在线问卷调查平台,能为教师提供在线问卷设计、数据采集、调查结果分析等系列服务。基于问卷星的幼儿数据采集主要分为两大层面,即面向学生和面向家长,如图7-5所示。通过自主设计个性化的问卷,可以深入地了解幼儿的个性和需求,进一步促进家园紧密合作与协同共育。

图7-5　基于问卷星的幼儿数据采集类型

（1）面向幼儿的数据采集。通过卫生习惯调查问卷，了解每个幼儿每日洗手频数、每日刷牙次数等数据，从而根据幼儿的卫生状况进行指导，提高卫生意识；通过兴趣爱好调查问卷，了解每个幼儿的每日看书时长、每日运动时长等数据，有助于设计个性化学习主题，进而提高幼儿的学习积极性；通过饮食健康调查问卷，了解幼儿的每日摄入食物种类、数量等数据，为营养合理的膳食计划提供依据。

（2）面向家长的数据采集。定期通过需求调查、满意度调查、反馈问卷等，采集家长对学生发展的期望和需求数据；同时，采集家长对幼儿园硬件设施、课程内容、教学理念的满意度数据，以及对幼儿园建设方面的建议与意见，从而为改进教学方向、提高幼儿园服务质量提供科学参考。

3. 基于智能手环的幼儿数据采集

在物联网与人工智能时代，各种传感设备在幼儿数据采集方面扮演着越来越重要的角色。其中，智能手环作为一种便捷、智能的传感设备，逐渐成为幼儿数据采集的另一种重要途径。具体来说，基于智能手环的幼儿数据采集类型主要包括四大方面，如图7-6所示。

体能数据
· 心率
· 血氧
· 血压
· 体温

睡眠数据
· 入睡时间
· 醒来次数
· 睡眠深度
· 睡眠时长

运动数据
· 在园计步
· 行走里程
· 运动时长
· 消耗热量

管理数据
· 每日考勤
· 实时定位
· 运动轨迹

图7-6　基于智能手环的幼儿数据采集类型

（1）体能数据采集。智能手环内置心率传感器、光学传感器、生物电阻抗传感器等多种传感器装置，能够实时监测幼儿的体能活动。通过佩戴智能手环，可以实时采集幼儿的心率、血氧、血压、体温等生理数据。

（2）睡眠数据采集。幼儿的睡眠状况对其成长发育至关重要。智能手环能够全程自动采集幼儿的睡眠数据，包括入睡时间、醒来次数、睡眠深度、睡眠时长等信息。通过分析这些睡眠数据，可以了解幼儿的睡眠质量和睡眠状态，及时发现潜在的睡眠问题，从而制定合理的作息安排。

（3）运动数据采集。智能手环能够自动采集幼儿在园的运动数据，如每日运动步数、每日行走里程、每日运动时长、每日消耗总热量等。通过对这些数据的采集和分析，可以了解幼儿的日常活动水平，发现学生的偏好和习惯，从而制定更科学、个性化的体育活动，促进幼儿全面发展。

（4）其他管理数据采集。除了生理数据外，智能手环还能采集幼儿其他方面的信息，包括入园自动考勤签到、实时定位同步以及在园运动轨迹等。通过分析这些数据，能够提高考勤的准确性和效率、帮助监控幼儿活动范围、了解幼儿在不同区域的活动偏好，为幼儿安全管理机制制定、园内空间规划等提供科学依据。

（二）幼儿数据处理的方式

1. 文本数据处理

在大数据时代，文本数据已经成为不可避免的数据类型之一。对文本数据进行处理和分析可以帮助教师更好地理解幼儿的言语表达、思维方式以及情感状态。在幼儿教育教学领域，常用的文本数据处理方式包括内容编码和分词处理等。

（1）内容编码。内容编码指将口语化的文本转化成结构化的数据的过程。一般而言，内容编码都会遵循特定的标准化的编码体系。例如，使用已有的语言发展阶段标准（如布鲁姆斯分类法），将幼儿的语言表达按照不同阶段进行编码，以评估其语言发展水平，如表7-4所示。

表7-4　幼儿内容编码示例

文本内容	编码	含义
"妈妈""玩具""好吃"	简单词汇表达	该幼儿的语言表达处于初级阶段,主要是简单的单词和短语
"我要喝水""小狗在跑"	简单句子组词	该幼儿的语言表达处于中级阶段,能够组成简单的句子
"今天我去了动物园,看到了大象和长颈鹿"	复杂语言结构运用	该幼儿的语言表达处于高级阶段,能够运用复杂的语言结构,表达更丰富的意思

（2）分词处理。分词处理是指将文本以词语为单位进行切割,旨在将连续的文本流转化为离散的词语序列,以便进行后续的统计分析。分词处理需要按照一定的规则进行,以确保切割后的词语具有意义。常见的分词规则包括基于空格、标点符号、语言语法等进行切割。表7-5提供了幼儿分词处理的示例。

表7-5　幼儿分词处理示例

原始文本	"啊啊啊,我觉得今天天气好糟糕呀,我感觉难受极了,我好悲伤啊!"	经过分词后,去掉了"啊""呀""我""了""好""感觉"等感叹词或者副词,文本内容更加明晰,后续统计分析也将更准确
分词处理后的文本	"今天　天气　糟糕　难受　悲伤"	

2. 图片数据处理

幼儿活动图片蕴含着丰富的信息,是观察和分析幼儿在学习和游戏中的行为表现的重要载体。图片数据处理指利用人工智能技术对幼儿活动图片进行分析和解读。常见的图片处理方式包括关键点检测、图像分类和人脸识别等。通过综合运用这些图片数据处理技术和方法,教师可以从多个角度全面地观察和分析幼儿的活动情况,为个性化教学和关怀提供更加精准的支持。

关键点检测是指标记幼儿在图片中的运动姿势和身体关键点。通过分析关键点,可以了解幼儿的动作特征和活动习惯。例如,可以检测出幼儿在特定活动中的姿势是否正确,是否存在不规范动作等,如图7-7所示。图像分类是指将图片划分为不同类别或标签,从而对幼儿的不同活动场景进行分类,如识别幼儿是在玩耍、学习还是休息。人脸识别是指对图片中幼儿的表情、眼神等面部信息进行识别,从而了解在特定情境下幼儿的情绪状态。

图7-7　幼儿运动关键点检测示例

3. 音视频数据处理

将音视频数据转录成文本数据是一种常见的处理方式。通过这种方式可以将语音信息或视频信息转换成易于分析和处理的文字形式。对于音频数据,可以通过音频转录工具(如语音识别软件或在线语音转文字服务),将语音转录成文字信息。音频数据转录的具体操作过程如图7-8所示。对于视频数据,既可以通过视频提取工具获得音轨数据,然后将音频数据转录成文本数据;也可以通过人工智能技术对视频进行运动跟踪和行为识别。

图7-8　录音转文字界面示例

三、幼儿数据分析的类型与工具

幼儿数据分析涉及对幼儿相关数据的收集、处理、分析和可视化，以帮助教师更好地理解幼儿的行为表现和智能发展水平。以下介绍不同类型的幼儿数据分析方法以及幼儿数据分析的数字化工具。

（一）幼儿数据分析的类型

从类型来看，幼儿教育数据可以分为量化数据和质性数据两种。量化数据通常以数字形式表示，用于表示数量、大小或程度，如年龄、身高、体重、成绩等都是量化数据。质性数据通常是非数字的，而是由文字或符号组成，代表着某种特定的类别或类型，如性别、爱好、感受等都是质性数据。在进行幼儿数据分析时，需要针对不同的数据类型，选择合适的分析方法。

1. 质性数据分析

质性分析通常指对文本、图片、视频等非数字类数据进行统计和分析。其中，文本数据分析的需求尤为显著。文本挖掘是一种利用自然语言处理和机器学习技术从大量文本数据中自动发现模式、趋势和关联的重要方法，包括词频统计、主题聚类和情感分析三种类型。

（1）词频统计。词频统计是文本挖掘中最常用的方法之一，用于分类汇总文本中各个词汇出现的次数或频率。通过词频统计，可以揭示文本的关键词汇，帮助理解文本的主题或关键信息。例如，对幼儿绘本内容进行词频统计，发现"动物""家庭""友谊"等词汇出现频率较高，说明幼儿对这些主题的关注和兴趣更高。

（2）主题聚类。主题聚类是一种高级的文本挖掘技术，旨在从文本数据中自动发现并归纳出隐藏的主题或话题。通过主题聚类，可以将大量文本数据划分为具有相似主题的文本群组，从而更深入地理解文本数据的结构和内容。例如，对家长访谈文本进行聚类分析，形成了"运动技能""语言表达""生活习惯"三大族簇，说明家长对幼儿这些主题上的发展有更高的期待和关注。

（3）情感分析。情感分析是一种用于识别文本中情感倾向的文本挖掘技术。通过情感分析，可以了解幼儿在表达中所蕴含的情感状态，帮助教师更全面地了解幼儿的情感需求和内心体验，为其提供更贴心的情感支持和关怀。情感分析主要包括情感识别、情感分类和情感强度分析，如表7-6所示。

表7-6　幼儿情感分析的类型及含义

类型	含义
情感识别	通过分析情绪词汇、句子结构、语义情境等确定幼儿的情感状态，如快乐、悲伤、愤怒、惊讶等
情感分类	识别文本中的语言特征，并将其归类为不同的情感类型，如积极情感（如喜悦、兴奋），消极情感（如焦虑、沮丧），中立情感
情感强度	通过分析情绪类形容词、程度副词、语气标点符号等要素的使用频率来衡量幼儿所表达的情感的强度

2. 量化数据分析

量化数据的分析通常基于特定的统计方法和数学模型,可以通过计算相应的统计指标来进行分析和推断。根据不同目的,这些统计模型又可细分为描述性分析、诊断性分析、预测性分析、指导性分析等多种类型。其中,描述性分析和诊断性分析在幼儿数据统计分析过程中应用最为广泛。

(1)描述性分析。描述性分析旨在对幼儿数据的基本特征进行总结和概述,以快速地理解幼儿数据的分布趋势和规律。描述性分析通常会使用均值、中位数、标准差等具有代表性的数据来对整体情况进行描述,并以条形图、饼图、直方图、雷达图等形式直观地呈现。表 7-7 从身高、作息时间、语言发展水平三个方面例举了幼儿数据描述性分析的使用场景。

表 7-7　幼儿数据描述性分析示例

幼儿数据种类	描述性分析使用示例
身高数据	通过计算班级幼儿的平均身高,了解班级整体身高水平;通过确定身高数据的中位数,了解班级幼儿身高的典型值;通过计算身高数据的标准差,评估班级中各幼儿之间的身高差距
作息时间数据	分类汇总每位幼儿一天中的各类活动时间,如睡眠时间、饮食时间、游戏时间等,通过饼图展示不同活动所占比例,以便家长和老师了解幼儿的作息规律
语言发展水平数据	整理统计每位幼儿在语言表达能力、词汇量、语法运用等不同维度的数据,通过雷达图展示不同维度的表现情况,从而能清楚地比较各维度的差异,有利于教师精准决策

(2)诊断性分析。诊断性分析旨在深入理解幼儿数据背后的原因、关系和影响因素,以诊断问题、发现规律、提出解决方案。在进行诊断性分析时,常常会运用假设检验、相关性分析和回归分析等方法。表 7-8 介绍了这三种方法在幼儿园的适用情境及具体举例。

表 7-8　幼儿数据诊断性分析的适用情境及举例

类型	适用情境	具体举例
假设检验	用于验证某种假设是否成立	【分析目标】验证某种教学方法是否有利于幼儿的情绪发展。 【具体做法】选择两个班级,一个班级采用新的教学方法,另一个班级继续使用传统的教学方法。实验结束后,收集两个班级幼儿的情绪发展数据,并通过数据分析软件进行假设检验,以验证新教学方法是否对幼儿的情绪发展产生显著影响。
相关性分析	用于确定两个变量之间是否存在相关关系以及这种关系的强度	【分析目标】确定幼儿的体能活动时间与课堂专注度是否存在关联。 【具体做法】记录每位幼儿每天参与体能活动的时间以及他们在课堂上的专注程度,并通过数据分析软件进行相关性分析,以明确体能活动时间与课堂专注度的相关联程度。
回归分析	用于预测一个变量如何受到其他变量的影响	【分析目标】预测家庭阅读时间是否会影响幼儿入学后的阅读能力。 【具体做法】收集每位幼儿的家庭阅读时间和入学后的阅读能力数据,并通过数据分析软件进行回归分析,以明确家庭阅读时间在多大程度上会影响幼儿的阅读能力,从而向家长传达家庭阅读的重要性。

(二)幼儿数据分析的工具

当前,Python、R 语言、Tebleau 等各类数字化数据分析工具层出不穷。在幼儿数据分析领域,根据具体的数据处理需求和分析目的,选择合适的数字化工具进行数据处理与分析也变得至关重要。其中,WPS 表格(WPS AI)易于交互、操作简单,已成为幼儿数据分析中较为典型的软件工具;而 SPSSAU 界面友好,操作便捷,逐渐成为教师进行诊断性分析的有力助手。

1. WPS 表格

WPS 表格是一款功能强大的数据处理工具,支持录入数据、整理数据、函数使用、公式计算、排序和筛选、图表可视化等功能,是幼儿园教育教学领域使用最为广泛的数据分析工具之一。WPS 表格的界面如图 7-9 所示。

图 7-9　WPS 表格的界面

（1）函数使用。WPS 表格内置了丰富的函数库，涵盖了统计、数学、逻辑、文本等多个方面的函数，可以满足各种数据处理需求。比如，如果需要对一列数字进行求和，可以使用 SUM 函数；如果需要找出一组数据中的最大值或最小值，可以使用 MAX 和 MIN 函数；如果需要对数据进行逻辑判断，可以使用 IF 函数等。通过灵活运用这些函数，能够快速、准确地完成数据处理任务。

（2）公式计算。除了内置的函数库之外，WPS 表格也支持使用基本的算术运算符（如加减乘除）对数据进行计算。教师可以根据自身需求，自定义编写公式，实现数据的逻辑处理和计算。通过灵活运用公式，可以满足不同数据的处理需求。例如，喜洋洋幼儿园在考察幼儿能力发展水平时，对"动作能力"和"语言和认知能力"较为重视，如果想将"动作能力""语言和认知能力""社会交往能力""艺术表现能力"的占比分别设置为 $0.4、0.3、0.2、0.1$，教师可以自主输入公式"$=C3*0.4+D3*0.3+E3*0.2+F3*0.1$"，即可按照比例计算出每位幼儿的能力发展水平总分。

（3）数据透视表。数据透视表是 WPS 表格中一项非常实用的功能，能够帮助教师快速、灵活地对数据进行汇总和分析，极大地提高数据分析效率。在使用数据透视表功能时，教师只需拖拽字段到相应的区域，并选择合适的分类汇总方法（如求和、计数、平均值、最大值、最小值等），即可实现数据自动汇总处理。

（4）图表分析。WPS 表格还提供了丰富的图表类型，包括柱状图、折线图、饼图、散点图、雷达图等。教师可以根据幼儿数据的特点，选择合适的图表进行展示和分析，并通过调整图表的样式、格式和布局，使数据更具有可读性和美观性。

2. WPS AI

随着生成式人工智能技术的迅速发展，人工智能在数据分析中的应用备受瞩目。当前，WPS 表格中已经嵌入 WPS AI 辅助进行数据处理。作为典型的基于生成式人工智能的数据分析工具，WPS AI 具有以下显著优势：

（1）智能化。WPS AI 具备自然语言理解能力，能够理解用户的自然语言指令，并将其转化为可执行的数据分析任务。用户无需手动输入复杂的函数和参数，只需简单地描述自己的需求，WPS AI 即可自动生成相应的结果。

（2）自动化。WPS AI 能够自动执行一些繁琐的数据处理任务，如数据清洗、格式转换等，从而节省时间和精力，提高工作效率。

图 7-10　WPS AI 的主要功能列表

（3）多样化。WPS AI 提供了多样化的功能，包括 AI 写公式、AI 条件格式、智能分类、智能抽取、情感分析以及 AI 问答等，如图 7-10 所示。

① AI 写公式。"AI 写公式"即让 AI 根据提示词，结合当前工作表的数据，自动生成推荐的公式。例

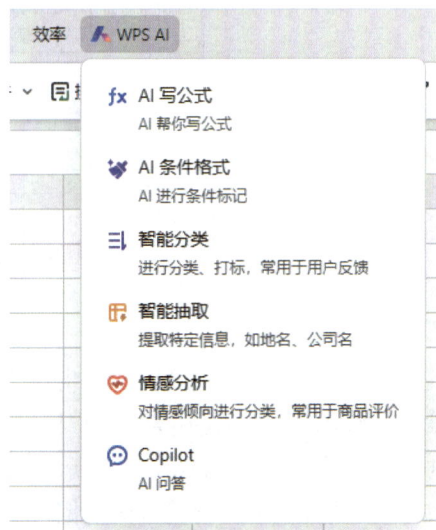

如,在一份幼儿园能力发展水平评价表格中,描述"帮我计算一下女生在动作能力方面的评分得分",WPS AI 将自动生成与之匹配的公式和结果,并提供对公示的解释,如图 7 - 11 所示。

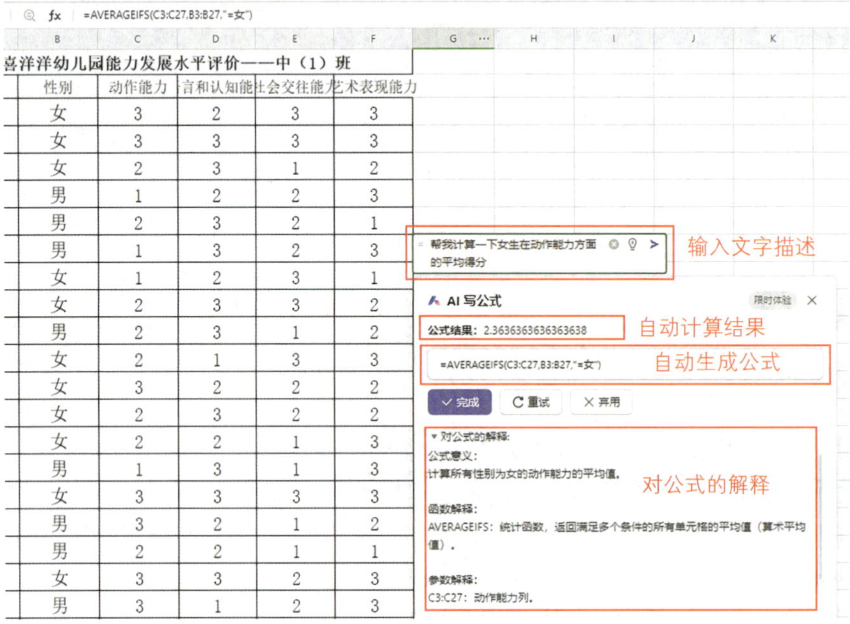

图 7 - 11 "AI 写公式"使用示例

② AI 条件格式。"AI 条件格式"指通过与 AI 对话实现自动快速标记,即告诉 WPS AI 想要查找的数据,WPS 将自动标记相应的数据块。例如,描述"将 C 列、D 列、E 列、F 列的得分都为 3 的学生整行标记为红色",WPS AI 将自动生成与之匹配的规则,并在表格中执行相应的操作,如图 7 - 12 所示。

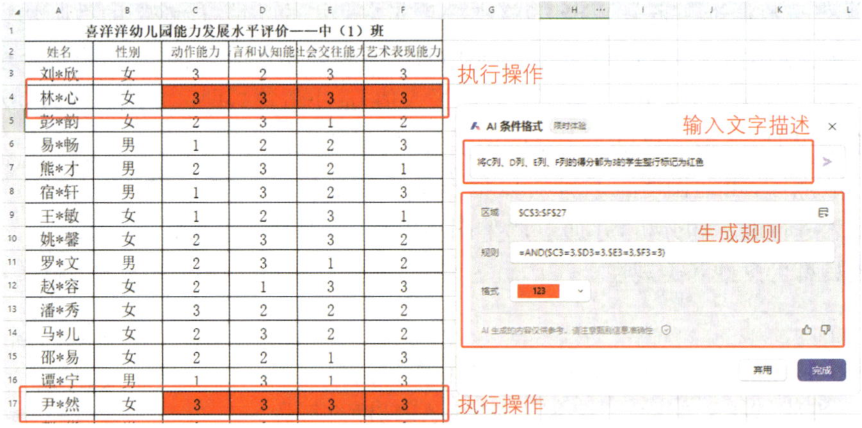

图 7 - 12 "AI 条件格式"使用示例

③ 智能分类。"智能分类"指让 AI 根据设置的"分类项",快速将某列数据进行分组。例如,"选择'出生日期'列,将分类项描述为'2019 年出生''2020 年出生''2021 年出生'",WPS AI 将基于"出生日期"列数据,自动进行分类,如图 7 - 13 所示。此外,WPS AI 还能智能分类地理位置,如图 7 - 14 所示。

④ 智能抽取。"智能抽取"指让 AI 根据提示词,快速提取某列内容中的部分内容。例如,从邮箱中智能抽取邮箱所属公司名称、从午休情况中抽取睡觉时间(如图 7 - 15 所示)、从家长自述中抽取幼儿兴趣爱好等等。

⑤ 情感分析。"情感分析"指利用自然语言处理和机器学习技术,对文本中的情感倾向进行识别和分类,从而更好地进行决策。在 WPS AI 中,情感分析结果通常可以分为好评、中评和差评三类,如图 7 - 16 所示。值得注意的是,当前 WPS AI 情感分析的准确率还有待提升,在使用情感分析结果时,需要结合实际情况进行综合研判。

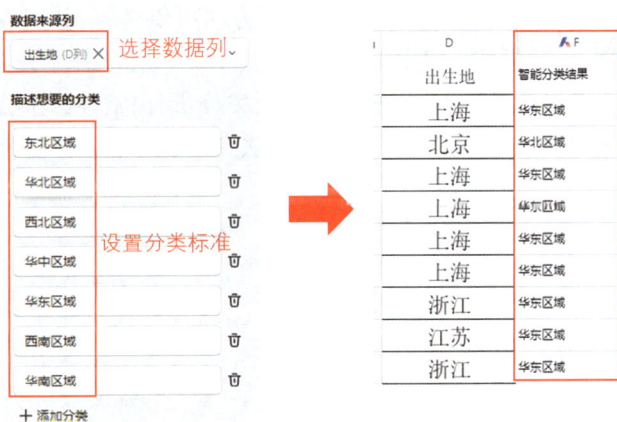

图 7-13 "智能分类"之出生日期分类示例

图 7-14 "智能分类"之地理位置分类示例

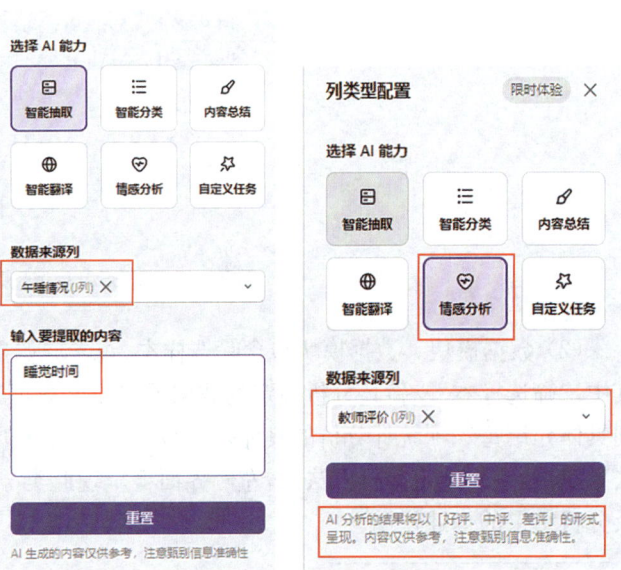

图 7-15 "智能抽取"使用示例

图 7-16 "情感分析"使用示例

3. SPSSAU 平台

随着数据挖掘需求的增加,越来越多的在线统计分析平台不断兴起。SPSSAU 是国内一款典型的在线统计分析工具[①],其通过直观友好的用户界面、简化便捷的操作流程,使得初学者和非编程人员也能够快速上手操作。如图 7-17 所示,SPSSAU 主要包括方法模块、数据模块以及分析模块。

图 7-17 SPSSAU 平台首页

(1) 方法模块。方法模块提供了各式各样的统计分析方法可供选择,如问卷研究、元分析、机器学习等共计 11 个板块。其中,“通用方法”板块包括相关分析、线性回归、(独立样本)t 检验、配对 t 检验等统计方法,在实际操作中应用也较为常见;“进阶方法”板块包括聚类分析、探索性因子分析、主成分分析、方差分析等,可满足更为复杂的教育统计需求。SPSSAU 的通用方法和进阶方法具体内容如图 7-18 所示。

图 7-18 SPSSAU 的通用方法和进阶方法模块

(2) 数据模块。数据模块包含筛选样本、查看原始数据、数据列重命名与删除等功能,如图 7-19 所示。其中,“筛选样本”支持只分析指定的数据项;“原始数据”支持查看所有的原始数据样本;而“详细帮助说明”则具体介绍每一项统计分析的具体操作步骤及数据分析结果解读。如图 7-20 所示,右侧是具体的分析方法导航栏,点击选定分析方法后,左侧界面将呈现此类分析方法的具体操作步骤(包括视频、文字等形式)以及分析结果的描述说明。

---

① SPSSAU 平台网址:https://spssau.com/indexs.html.

图 7‐19　数据模块的操作项

图 7‐20　详细帮助说明界面截图

（3）分析模块及分析结果呈现。分析模块会根据不同的数据分析方法而呈现不同的变量框。按照要求将变量拖拽至指定变量框后，即可进行数据分析。每次开展数据分析后，SPSSAU一方面会计算出相应的统计值，另一方面会针对每类统计方法提供对应的"分析建议"和"智能分析"内容。如图 7‐21 所示，"分析建议"重点引导教师如何针对此类统计方法进行分析，"智能分析"则是对本次数据分析结果的自动化解释。此外，SPSSAU 还支持以 Excel、Word 或图片形式导出结果（如图 7‐22 所示）。

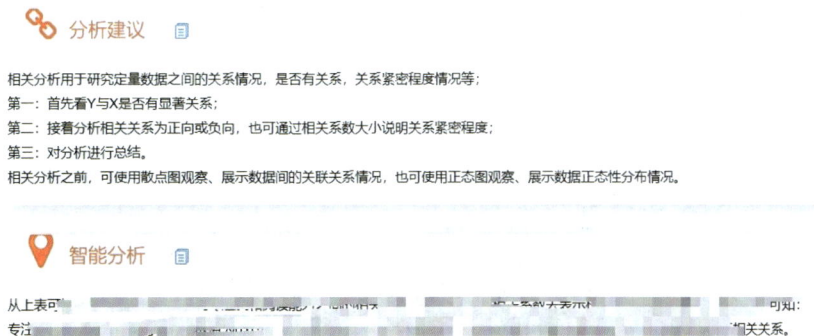

图 7‐21　SPSSAU 数据分析的结果界面

图 7‐22　SPSSAU 结果导出类型

4. 微词云平台

微词云是国内一款实用性强的在线文本数据分析工具[①]，能够友好支持多种语言，访问讯速且操作流程简单。微词云包含多种文本数据分析方法，且具有丰富的可视化图表，近几年来在教育、市场营销、舆情监测等领域得到了广泛应用。

（1）丰富的文本分析方法。如图 7‑23 所示，微词云平台提供词云设计、中文分词、文本挖掘、情感分析、主题分析、聚类分析等功能支持。中文分词是微词云中最基础的功能模块，可以设置单词长度、设置自定义词典和设置同义词，并根据词性进行过滤。中文分词也是进行词频统计的主要方式。在情感分析方面，微词云能够根据文本中的语句条数和分词数来进行情感分类和情感强度分析，并且支持自定义设置情感分类词。在主题分析方面，微词云支持自动分类和半自动分类两种方式。自动分类为系统根据输入的文本内容，自动生成相应的主题。半自动分类则能自主配置文本分割的主题数量，并能根据需求调整修改主题名称。半自动分类和自动分类具体操作如图 7‑24、7‑25 所示。聚类分析通过上传共现矩阵表和聚类表两个数据表，深度挖掘文本信息。

图 7‑23　微词云主要功能

图 7‑24　半自动分类界面

图 7 - 25　自动分类界面

（2）多维的统计分析报告。微词云最受欢迎之处在于其能根据文本信息自动生成一份多维度的分析报告。如图 7 - 26 所示，该报告中包括文本数据的基本信息，如字数、单词数、特征次数等，并用饼图、趋势图、柱状图、表格、词云图、社会网络图等进行可视化呈现。虽然根据平台自动提供的数据和图表无法满足教师所有的需求，但在大多数情况下，分析报告能够支撑一些基础的分析工作，极大程度地减轻了幼儿教师的工作负担和技术壁垒。

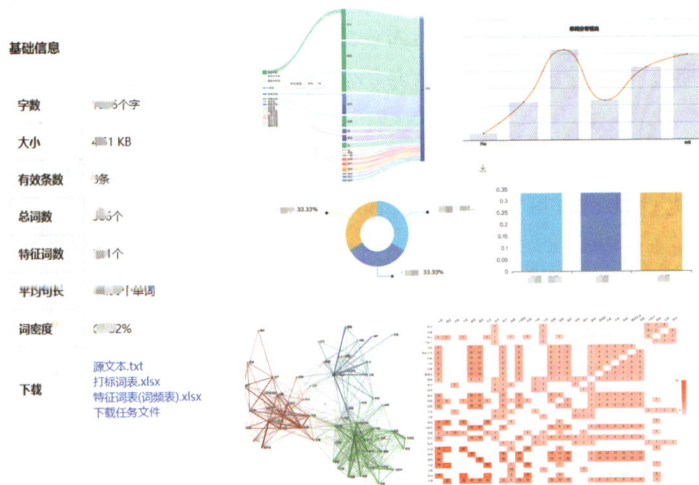

图 7 - 26　微词云可视化报告示例

同时，该平台也单独设置词云设计模块。词云也称文字云或标签云，指通过文字占的面积大小或者颜色的深浅变化来体现关键词出现的次数。文字占的面积越大，代表该词出现的次数最多；文字占的面积越小，代表该词出现的次数越小。如图 7 - 27 所示，在该平台的词云设计模块中，左侧包含"词语导入"和"配置设置"两大功能，支持教师自主上传待分析的文本内容和调整词云模式（如形状、颜色、位置和角度），右侧为词云呈现界面。

图 7 - 27　词云设计界面

主题实践活动

项目一　利用 WPS AI 制作幼儿体检报告

一、情境与任务

主题活动

利用 WPS AI 制作中（1）班幼儿体检报告

幼儿健康数据的采集与分析有助于教师全面、客观地了解幼儿所存在的健康问题和生长发育状况，从而能够针对性开展幼儿健康教育活动，提高幼儿健康意识，为幼儿的健康成长、科学保教提供重要依据。2016 年《幼儿园工作规程》指出，幼儿园应建立幼儿健康检查制度和幼儿健康卡或档案，并对幼儿健康发展状况定期进行分析、评价。2022 年《幼儿园保育教育质量评估指南》提到要促进幼儿园健康检查等工作。

为了进一步加强对幼儿生长发育、视力、口腔健康的预防工作和健康知识宣传，好未来幼儿园将组织幼儿体检活动，李老师计划利用 WPS AI 制作一份中（1）班幼儿体检报告。

二、活动分析

（一）活动目标

本项目旨在全面分析幼儿生长发育指标趋势，识别幼儿可能存在的健康问题（如营养不良、近视、肥胖等），并提出相应的预防和改善建议。同时，向家长传达有关健康生活的知识，提高家长对幼儿健康问题的认识和关注，进而为幼儿的健康成长提供更加科学的保障和指导。

（二）活动计划

本项目主要包括四大子任务，如图 7-28 所示。第一，能够根据要求选择合适的工具，精准采集幼儿体检数据；第二，能够根据幼儿体检数据的特点和分析目的，选择合适的数据分析方法；第三，能够灵活运用 WPS AI 对幼儿体检数据进行统计分析；第四，针对幼儿体检数据统计结果，能够做出合理解读与分析，并据此制定相应的健康教育措施与方案。

采集幼儿体检数据 → 确定幼儿体检数据分析维度及方法 → 利用WPS（WPS AI）开展数据分析 → 基于体检数据分析结果提供决策与建议

图 7-28　项目一的四大子任务

（三）所需的知识与技能

（1）熟悉幼儿体检的常见项目内容和标准。

（2）知道最大值、均值、标准差等描述性分析方法以及可视化呈现方式。

（3）掌握 WPS AI 辅助数据处理的操作步骤及技能。

三、方法与步骤

（一）采集幼儿体检数据

幼儿体检项目通常是一般体格检查（如身高、体重），视力，龋齿，血红蛋白检查以及健康咨询等。幼儿体检数据采集方式多样，如通过智能设备自动获取幼儿身高、体重等身体参数。其中，最常见且易于操作的方式是，线下记录每位幼儿的体检数据，再通过数字化方式转录到 WPS 表格中，从而利用 WPS AI 的统计分析功能来进行数据处理。转录后的数据表如图 7-29 所示。

姓名	性别	出生日期	体重（kg）	身高（cm）	视力（0.5以上）	贫血	龋齿（颗）
彭*秋	男	2021-03-30	28.6	114	0.5	正常	1
林*俊	男	2020-07-04	24.2	112	0.4	轻度	0
夏*寒	女	2020-04-03	23.7	108	0.6	轻度	3
顾*泽	男	2020-06-20	14.2	104	0.5	中度	4
林*芳	女	2019-10-11	16.2	110	0.6	正常	0
邱*玉	女	2019-10-31	24	100	0.5	重度	0
郝*兆	男	2020-02-07	24.8	102	0.6	中度	1
刘*邦	男	2019-11-01	25.2	102	0.4	重度	5
邱*木	男	2021-03-21	19.4	113	0.6	正常	4
扑*为	男	2019-12-11	23.1	103	0.6	中度	0
王*媛	女	2021-01-14	18.6	106	0.7	正常	0
郑*逸	女	2021-02-09	24.2	113	0.7	正常	0
徐*欣	女	2020-09-20	21.5	107	0.6	重度	2
彭*姝	女	2021-02-15	24.9	106	0.4	正常	0
丁*茂	男	2020-10-10	17.3	110	0.4	中度	4
熊*珍	女	2020-08-15	19.2	109	0.5	正常	6
沈*心	女	2020-07-12	21.4	101	0.5	中度	5
叶*洁	女	2020-06-22	19.3	114	0.5	正常	1
范*翔	男	2021-05-10	24.3	100	0.5	轻度	0
何*迪	女	2020-08-18	24.2	100	0.4	中度	6
胡*英	女	2021-02-01	25.9	112	0.4	轻度	0
陈*兰	女	2020-11-12	23.6	106	0.5	中度	0
贺*华	男	2020-04-06	15.6	114	0.6	中度	3
董*灵	女	2020-02-10	24.5	104	0.7	正常	1
程*纬	男	2020-04-11	21.5	100	0.6	轻度	1
江*芳	女	2019-12-12	23	103	0.7	轻度	0
段*泉	男	2019-12-04	22.9	114	0.4	正常	2
刘*静	女	2021-02-22	28	101	0.5	轻度	4
丁*芸	女	2020-06-05	18.7	104	0.6	正常	0
郭*梅	女	2019-11-07	16.6	111	0.6	轻度	0
黎*琳	女	2019-10-06	14.4	102	0.6	重度	3
钟*慈	女	2020-12-17	17.8	108	0.6	正常	1

图 7-29　在 WPS 中录入体检数据表

（二）确定幼儿体检数据分析维度及方法

幼儿体检数据分析重点是对班级每位幼儿的身高、体重以及各项身体素质内容进行现状描述。主要采用描述性分析方法，如身高均值、标准差、最大值、最小值等，需要分析的具体内容及分析方法如表 7-9 所示。

表7-9 幼儿体检数据分析维度及方法

需分析的内容	分析方法	AI功能
班级平均身高及差异性 班级最高身高、最低身高 正常身高、偏高、偏低的学生数量	最大值、最小值、均值、标准差、AI智能公式、数据透视表、图表	AI写公式
班级平均体重及差异性 标准体重、偏胖、偏瘦的学生数量	最大值、最小值、均值、标准差、AI智能公式、数据透视表、图表	
视力正常、异常的学生数量	数据透视表、计数	
血红蛋白检查正常、轻度、中度、重度学生数量分布	数据透视表、计数	
平均龋齿数量 有龋齿和无龋齿的学生数量分布	均值、数据透视表、计数	
其他的方面:体检全部达标的学生、女生和男生在身高/体重上的分布差异、肥胖的学生具体包括哪些等等	计数、数据透视表、标记	AI条件格式

(三) 利用 WPS AI 开展数据分析

1. 身高、体重数据分析

(1) 班级平均身高、最高身高、最低身高以及身高标准差计算。

① 平均身高计算。选择一列空白列K,在该列第3个、4个、5个、6个单元格处分别输入"平均身高""最高身高""最低身高""身高标准差"。首先,点击"平均身高"右侧单元格,选中空白单元格,点击导航栏的"WPS AI"—点击"AI写公式"。输入"计算身高的平均值",WPS AI会自动生成公式(见图7-30),并在表格中做出相应操作,点击确定自动计算出结果为"106.65625"。

图7-30 身高平均值计算

② 最高身高计算。点击"最高身高"右侧单元格，点击导航栏的"WPS AI"—点击"AI写公式"。输入"请计算身高的最高值"，WPS AI会自动生成公式（见图7-31），并在表格中做出相应操作，点击确定自动计算出结果为"114"。

图7-31　最高身高计算

③ 最低身高计算。点击"最低身高"右侧单元格，点击导航栏的"WPS AI"—点击"AI写公式"。输入"请计算身高的最小值"，WPS AI会自动生成公式（见图7-32），并在表格中做出相应操作，点击确定自动计算出结果为"100"。

图7-32　最低身高计算

④ 身高标准差计算。点击"身高标准差"右侧单元格，点击导航栏的"WPS AI"—点击"AI写公式"。输入"请计算身高的标准差"，WPS AI会自动生成公式（见图7-33），并在表格中做出相应操作，点击确定自动计算出结果为"4.948830914403405"。

通过分析可以知道：班级学生最高为114 cm，最低100 cm，说明最高身高和最低身高之间有一定的差距；同时，平均身高大于102 cm，已超过该年龄段基本标准，且标准差为4.95，说明班级学生身高差异较小。

（2）正常身高、偏高、偏矮的学生数量分布计算。

① 该年龄段幼儿标准身高为102 cm至111 cm。点击导航栏的"WPS AI"—点击"AI写公式"。输入"为身高小于102 cm的设置为'偏矮'，身高在102 cm到111 cm之间的设置为'正常'，身高大于111 cm的设置为'偏高'"，WPS AI会自动生成公式，见图7-34。

平均身高	106.65625
最高身高	114
最低身高	100
身高标准差	= 请计算身高的标准差

AI 写公式

公式结果：4.948830914403405

=STDEV(E3:E34)

✓ 完成   C 重试   ✕ 弃用

图 7‑33 身高标准差计算

② 复制并依次往下填充公式，得到所有学生的身高分组列，如图 7‑35 所示。

③ 选中"身高分组"列，点击导航栏的"数据"—"数据透视表"。拖拽身高字段到指定行，数据透视表自动汇总不同身高的学生数量及占比，见图 7‑36。

图 7‑34 WPS AI 自动生成身高分组的公式

图 7‑35 身高分组列

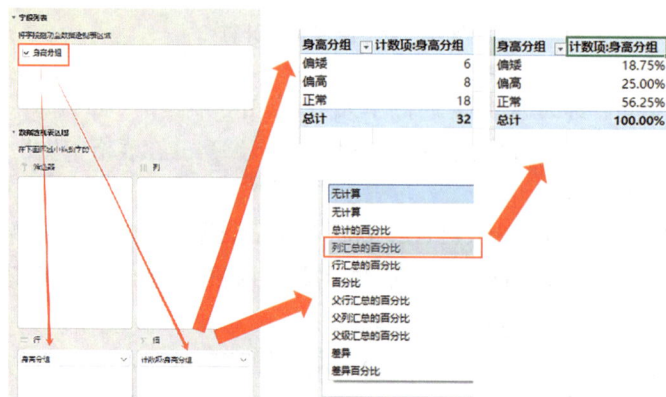

图 7‑36 数据透视表汇总不同身高分组幼儿数量及占比

④ 选中不同身高的学生数量,点击导航栏的"插入"—点击"柱状图",即可生成如图 7-37 所示的可视化图表。

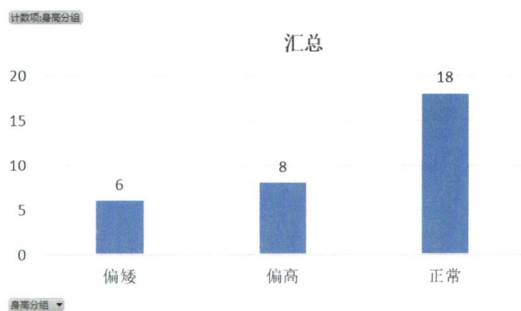

图 7-37　不同身高的学生数量柱状图

该年龄段幼儿标准体重为 14.5~21 kg。按照同样的操作方法对体重数据进行分析的结果如表 7-10、图 7-38 所示。

表 7-10　幼儿体重数据分析

平均体重(kg)	标准差	最重体重(kg)	最轻体重(kg)
21.59	3.86	28.6	14.2

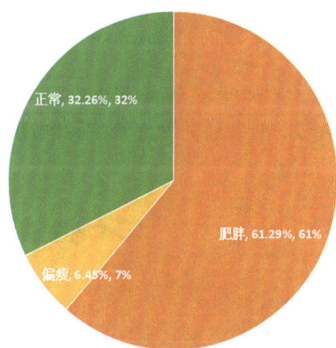

图 7-38　幼儿体重情况饼状图

2. 视力、贫血、龋齿数据分析

① 该年龄段幼儿视力应达到 0.5。点击导航栏的"WPS AI"—点击"AI 公式"。输入"为视力小于 0.5 的设置为'近视',视力大于等于 0.5 的设置为'正常'",WPS AI 会自动生成公式并执行相应操作,如图 7-39 所示。复制并依次往下填充公式,得到所有学生的视力分组列。同样的方式对有无龋齿情况进行分类,如图 7-40 所示。

图 7-39　WPS AI 自动生成视力分组的公式

图 7‑40 WPS AI 自动生成有无龋齿分组的公式

② 对于贫血、分类后的视力、分类后的龋齿等数据列,按照上述数据透视表操作方法进行统计和可视化,结果如图 7‑41、7‑42、7‑43 所示。

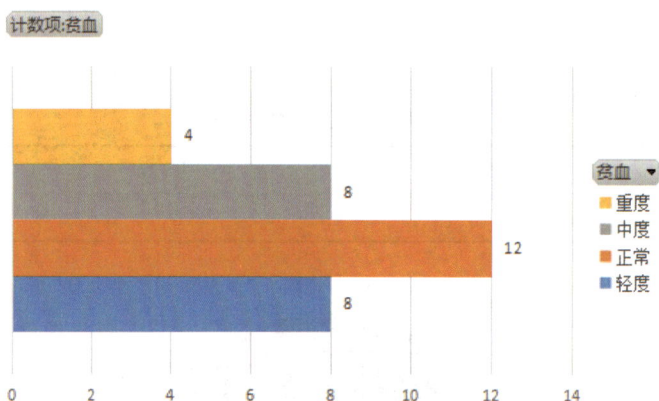

图 7‑41 幼儿贫血情况柱状图

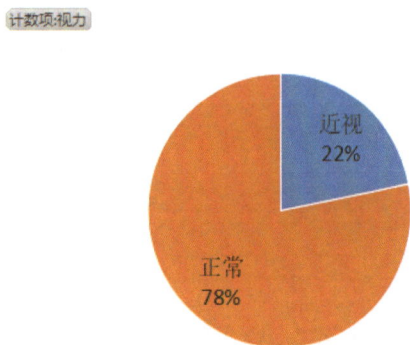

图 7‑42 幼儿视力情况饼状图

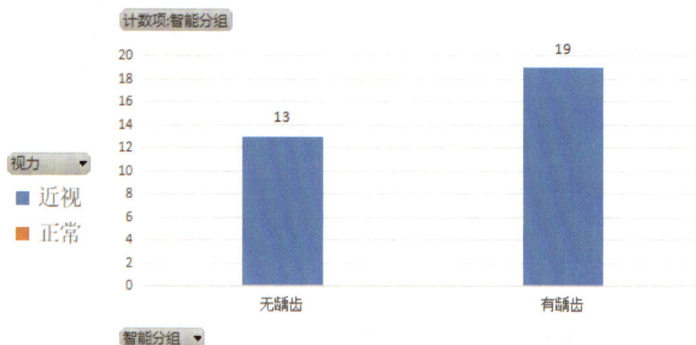

图 7‑43 幼儿牙齿健康情况柱状图

3. 其他补充分析

除此之外,根据具体的需求和目的,本项目中 WPS 以及 WPS AI 还能进行其他分析。一方面,可以通过 AI 条件格式精准定位幼儿。例如,如果想要找出所有项目均合格的幼儿,可以通过以下操作方法:点击导航栏的"WPS AI"—点击"AI 条件格式"。输入"将 C 列正常、D 列正常、E 列正常、F 列正常、G 列无龋齿的整行标记为红色"后,将自动生成标记规则,如图 7‑44 所示。通过应用该规则可以快速发现仅有 3 位幼儿所有体检项目均正常,结果如图 7‑45 所示。

另一方面,数据透视表还能支持多维变量数据分析。例如,点击导航栏的"数据"—"数据透视表"之后,将"性别"拉入行框、视力拉入列框,并设置值为视力列"计数",即可得到不同性别的近视学生数量和视力正常学生数量,如图 7‑46 所示。相同地,还可以统计不同性别身高偏矮、偏高,以及正常的学生数量,如图 7‑47 所示。总之,通过交叉分析表,可以清楚地了解幼儿不同维度的具体分布情况。

图 7-44 利用 AI 条件格式定位所有项目均合格的幼儿

图 7-45 利用 AI 条件格式处理结果

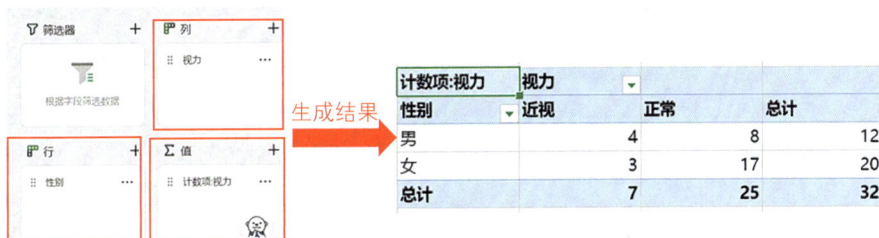

图 7-46 幼儿视力情况交叉分析

计数项:身高	身高			
性别	偏矮	偏高	正常	总计
男	2	5	5	12
女	4	3	13	20
总计	6	8	18	32

图 7-47　幼儿身高交叉分析

(四)基于体检数据分析的决策与建议

根据数据分析,中(1)班幼儿的健康状况存在一些问题:

(1)中(1)班学生长发育存在异常,偏矮 6 人,占比 18.75%;同时肥胖问题较为突出,肥胖 19 人(占比 61.29%),且有 2 人体重偏瘦。

(2)近视率严重,高达 22%。

(3)贫血率高,62.5%的学生存在不同程度的贫血,且其中重度贫血有 4 人。

(4)超过一半幼儿有龋齿,共 19 人(占比 59.38%),口腔健康需重视。

针对本次体检现状,可以提出以下预防措施和建议:

第一,加强体格锻炼。增加户外活动时间和活动项目,提高身体素质。

第二,合理膳食。提供营养均衡的膳食,同时开展营养教育,引导幼儿了解健康饮食的重要性,养成良好的饮食习惯。

第三,开展口腔健康教育。通过"刷牙打卡""口腔健康主题班会"等活动,提高幼儿及其家长对口腔健康的重视程度;同时,定期邀请牙医进行口腔健康检查和指导,及时发现和解决口腔健康问题。

第四,合理用眼。引导幼儿和家长共同关注用眼健康问题。校园内严格控制幼儿电子产品使用时间;课后引导家长监督幼儿电子产品的使用时间和频率,同时进行安全护眼、用眼宣传。

项目二　利用 SPSS 开展幼儿阅读能力影响因素分析

一、情境与任务

主题活动

利用 SPSS 开展幼儿阅读能力影响因素分析

阅读对幼儿的全面发展至关重要,能够促进幼儿的语言发展,激发幼儿想象力和创造力,培养幼儿的情感认知、情感表达和社会交往能力。《中国儿童发展纲要(2021—2030)》提出要进一步加强儿童阅读的指导,培养儿童良好的阅读习惯。2021 年,教育部发布了 3~6 岁幼儿阅读推荐书单,以丰富幼儿的阅读体验,培养阅读兴趣和爱好。

为了更全面地了解幼儿的阅读能力和相关因素之间的关系,为幼儿的阅读教育提供科学依据和指导,好未来幼儿园李老师计划开展一项幼儿阅读能力调查研究,重点分析幼儿的专注度、家长阅读指导以及阅读方式是否会影响其阅读能力。

二、活动分析

(一)活动目标

本项目旨在通过问卷调查,全面了解幼儿的阅读能力水平。基于 SPSSAU 平台开展诊断性分析,深入研究幼儿的阅读水平与其家庭环境、阅读习惯等因素之间的关系,为设计针对性的阅读方案提供科学依据。

（二）活动计划

本项目主要包括四大子任务,如图 7‐48 所示。第一,能够根据要求设计在线调查问卷、采集幼儿阅读数据;第二,能够根据阅读数据特点及分析目的,选择合适的数据分析方法;第三,掌握利用 SPSSAU 对幼儿阅读数据进行统计分析的步骤与方法,能够灵活运用 SPSSAU 分析幼儿阅读数据;第四,针对幼儿阅读数据统计结果,能够做出合理解读与分析,并据此制定相应的阅读方案。

图 7‐48　项目的四大子任务

（三）所需的知识与技能

(1) 理解幼儿阅读能力的评估方法及可能的影响因素。

(2) 掌握假设检验、回归分析和相关性分析的基本知识及对应的统计指标。

(3) 通过 SPSSAU 平台导入数据、开展数据分析、查看与解读分析结果。

三、方法与步骤

（一）采集幼儿阅读能力及其影响因素数据

1. 设计调查问卷

在查阅文献与其他相关研究的基础上,本项目共设计确定了 18 个调查问题,其中阅读能力维度有 8 个问题,专注力和家长指导两个维度分别为 6 个和 4 个。具体的问题如图 7‐49 所示。

图 7‐49　阅读情况调查问卷题目

2. 利用问卷星采集数据

① 注册问卷星账号。进入问卷星官网 www.wjx.cn，点击首页右上角"免费注册"，按照提示输入手机号码、设置密码，完成基本设置之后，即可开通。

② 创建幼儿阅读能力调查问卷。登录后点击左侧的"＋创建问卷"按钮，即可选择问卷类型。选择"调查"模块右侧的"创建"，即进入问卷标题的设置。可输入标题"好未来幼儿园中(1)班阅读情况调查"，然后，点击"立即创建"按钮，即可进入问卷编辑界面。进入问卷编辑界面后，点击"添加问卷说明"，输入说明内容后点击"确定"按钮。如图 7－50 所示。

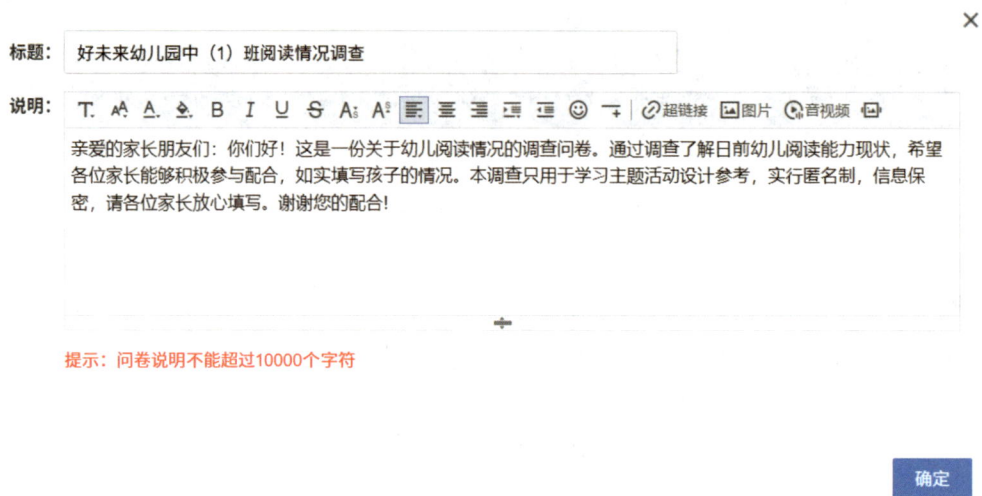

标题：	好未来幼儿园中（1）班阅读情况调查

说明：　T。 ᴬͮ A̱ ᴀ̤ B I U S A̲ Aᴬ Aᴬ 🖹 🖹 🖹 🖹 🖹 😊 ᜑ ｜ 🔗超链接 🖼图片 ♫音视频 🔲

亲爱的家长朋友们：你们好！这是一份关于幼儿阅读情况的调查问卷。通过调查了解目前幼儿阅读能力现状，希望各位家长能够积极参与配合，如实填写孩子的情况。本调查只用于学习主题活动设计参考，实行匿名制，信息保密，请各位家长放心填写。谢谢您的配合！

提示：问卷说明不能超过10000个字符

确定

图 7－50　添加问卷标题和问卷说明

③ 题目编辑。点击左侧"单选"，右边将出现相关的设置。输入题目"您的孩子在学校做作业或其他活动时，能够专注细节的部分。"输入选项内容"从来没有""偶尔会""一般""经常是""每次都是"，并设置为"必答"，点击"完成编辑"，即成功添加。若选项超过两个，可点击"添加选项"添加。根据所设计的问卷，依次添加所有的题目。

④ 预览与发布问卷。所有题目添加完毕后，点击右上角"预览"按钮，可查阅与检查问卷内容。检查无误后，点击右上角"完成编辑"按钮。问卷创建完成后，点击"发布此问卷"，即完成了基本设置。在调查过程中，可以多次重新编辑问卷或"发放问卷"。编辑问卷状态下，家长无法填写。同时，点击"问卷外观"可选择与幼儿教育相匹配的背景，同时可设置文字格式、页眉页脚等内容。点击右下角"保存设置"按钮，完成外观设置。

⑤ 问卷推送。点击左侧的"发送问卷"，进入问卷链接与二维码界面。点击"复制"，可直接复制问卷链接。或是鼠标移至二维码，将呈现二维码下载路径。将问卷链接或二维码发送给家长，即可收集幼儿阅读能力调查数据。

⑥ 问卷数据下载。问卷填写完成后，点击"下载答卷数据"—"按选项序号下载"，可获取幼儿阅读情况调查数据，如图 7－51 所示。

需要说明的是，问卷星平台提供基本的在线数据分析和可视化功能，能够满足简单的描述性统计需求。鉴于本项目想重点分析阅读幼儿能力及其影响因素，涉及相关性分析、回归分析等诊断性统计方法，故需要更专业的统计分析软件。

（二）确定幼儿阅读能力分析维度及方法

幼儿阅读数据分析重点是对阅读能力和专注度、家长阅读指导的相关性进行分析，探究幼儿阅读能力在多大程度上受到这两个因素的影响，以及使用有声读物是否会显著提高幼儿的阅读能力，因此主要采用诊断性分析方法，见表 7－11。

图 7‑51　问卷星采集得到的幼儿阅读情况调查数据示例

表 7‑11　幼儿阅读数据分析维度及方法

需分析的内容	分析方法
幼儿阅读能力和幼儿专注度是否具有相关性？ 幼儿的阅读能力和家长阅读指导是否具有相关性？	相关性分析
幼儿的阅读能力分别在多大程度上受到幼儿专注度、家长阅读指导的影响？	回归分析
有声读物是否可以显著提高幼儿阅读能力？	假设检验

（三）利用 SPSSAU 开展数据分析

1. 数据预处理

问卷星直接下载的数据呈现的是每个题项的得分结果。为了减少误差，使得数据分析更准确有效，在进行诊断性分析之前，一般需要对数据进行预处理。在本项目中，数据预处理主要包括两大方面：一是数据转换，即将性别、阅读方式的数据转换为字符串类型；二是数据聚集，即将每个维度的所有题项的得分均值作为该维度的得分结果。例如，阅读能力维度共 8 道题，则计算这 8 道题的得分均值作为最终的阅读能力水平。

① 性别、阅读方式数据转换。选中性别数据列，点击"开始"—"替换"。在弹出的处理框中的"查找内容"处输入"1"，"替换为"处输入"男孩"，点击"全部替换"。完成后在"查找内容"处输入"2"，"替换为"处输入"女孩"，点击"全部替换"，即将数字 1 和数字 2 分别替换成了"男孩""女孩"，如图 7‑52 所示。同样的方法，将阅读方式列的数字 1 和数字 2 分别替换成"有声读物""传统纸质阅读"。

图 7‑52　性别、阅读方式数据转换

② 不同维度的得分均值统计。首先,选择一列空白列 AC,点击该列第二个单元格。点击"WPS AI"—点击"AI 写公式"。输入"请计算 I 列、J 列、K 列、L 列、M 列、N 列的均值,保留 2 位小数",WPS AI 会自动生成公式并计算出结果,如图 7-53 所示。紧接着,往下依次复制填充剩余单元格,即自动计算出每个孩子在专注力维度的得分均值。最后,复制 AC 列数据,右键选择"粘贴为数值",即将带公式的均值数据转化为可操作的数值,如图 7-54 所示。

图 7-53 专注力维度均值统计

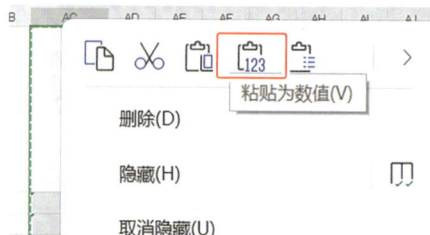

图 7-54 将带公式的均值列转换为数值

同样的方法,分别计算每个孩子在阅读能力维度的 8 道题目的得分均值、家长阅读指导维度的 4 道题目的得分均值。最后,将处理好的数据列依次进行重命名,并将"提交答卷时间""所用时间"等与数据统计无关的列删去,最终得到的数据表如图 7-55 所示。

序号	性别	阅读方式	专注度	阅读能力	家长阅读指导
1	男孩	有声读物	2.00	2.13	2.50
2	女孩	有声读物	2.00	2.00	2.00
3	女孩	传统纸质阅读	1.00	1.00	1.00
4	女孩	有声读物	3.50	3.75	3.50
5	女孩	传统纸质阅读	3.00	2.38	2.25
6	女孩	有声读物	2.00	2.75	3.25
7	女孩	有声读物	2.17	2.50	3.00
8	男孩	传统纸质阅读	2.33	2.25	3.00
9	女孩	有声读物	1.00	1.00	2.75
10	女孩	传统纸质阅读	3.00	2.25	2.50
11	女孩	传统纸质阅读	2.33	1.88	2.75
12	男孩	有声读物	1.83	3.13	3.25
13	女孩	有声读物	2.67	2.00	2.25
14	男孩	传统纸质阅读	1.50	2.00	2.00
15	男孩	传统纸质阅读	1.00	1.00	1.00
16	女孩	有声读物	2.00	2.00	2.00
17	女孩	有声读物	3.00	2.63	3.75
18	女孩	有声读物	2.67	2.38	2.50
19	女孩	传统纸质阅读	2.00	1.63	2.25
20	男孩	传统纸质阅读	1.33	1.25	2.75
21	男孩	传统纸质阅读	2.00	2.00	2.25
22	女孩	传统纸质阅读	2.00	2.25	2.75
23	女孩	传统纸质阅读	1.00	1.00	1.00
24	男孩	传统纸质阅读	4.17	3.63	4.25
25	男孩	有声读物	2.33	2.75	3.00
26	女孩	有声读物	1.67	1.50	1.25
27	女孩	传统纸质阅读	2.17	2.50	2.75
28	女孩	传统纸质阅读	2.50	2.25	3.00
29	男孩	有声读物	2.00	2.00	1.75
30	女孩	传统纸质阅读	2.50	3.13	2.75
31	男孩	有声读物	1.00	1.00	1.00
32	男孩	有声读物	2.17	2.00	2.00

图 7-55 预处理后的幼儿阅读数据表

2. 平台登录与数据录入

在浏览器输入网址:https://spssau.com/indexs.html,进入 SPSSAU 官网(如图 7-56),点击"微信登录",扫描二维码进入平台。进入平台后,点击右上角"上传数据",选择"点击上传文件",找到并选中"阅读能力调查问卷-预处理后.xlsx",点击"打开",平台将自动呈现录入的数据内容。数据确认无误后点击"进入分析",即成功录入数据。具体如图 7-57、7-58 所示。

图 7‑56　进入 SPSSAU 官网

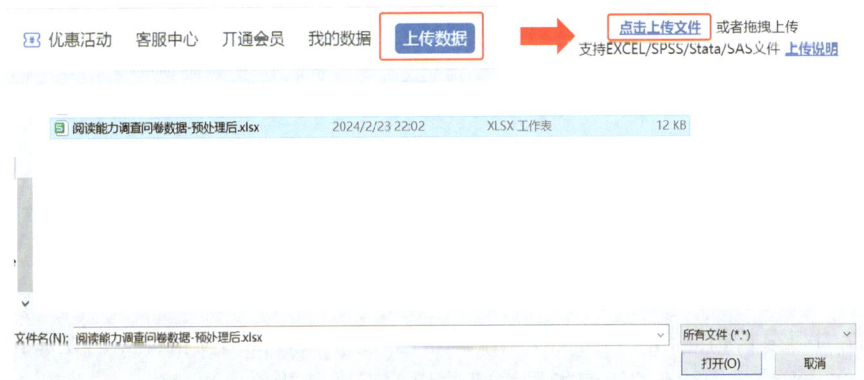

图 7‑57　上传阅读能力调查数据

图 7‑58　查阅上传后的阅读能力调查数据

3. 相关性分析

SPSSAU 支持计算 Pearson 相关系数、Spearman 相关系数以及 Kendall 相关系数,并通过自动计算 p 值来判断是否显著相关。其中,相关系数的大小说明两者关系的紧密程度。若相关系数为正数,说明两者正相关;若相关系数为负数,说明两者负相关。

① 幼儿阅读能力与专注度相关性分析。如图 7‑59,点击"通用方法"右侧的下拉键,找到"相关",右侧界面将呈现进行相关分析的变量框。如图 7‑60 所示,将"专注力""阅读能力"两个变量拖拽至右侧上方的

分析项,并选择"Pearson 相关系数",点击"开始分析"即呈现相应的分析结果。如图7-61所示,专注度和阅读能力之间的相关系数值为0.827,且 p 值小于0.01,说明专注度和阅读能力之间有着显著的正相关关系。

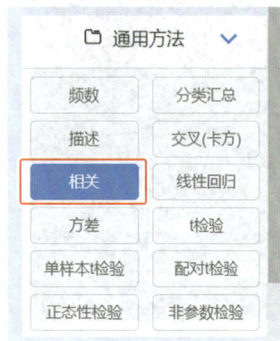

图7-59 选择"相关分析"功能

图7-60 设置相关性分析的变量

图7-61 专注度和阅读能力的相关性分析结果

② 幼儿阅读能力与家长指导相关性分析。用同样的方法计算家长阅读指导和幼儿阅读能力的相关性。结果显示如图7-62,阅读能力和家长阅读指导之间的相关系数值为0.797,且 p 值小于0.01,因而说明阅读能力和家长阅读指导之间有着显著的正相关关系。

图7-62 家长阅读指导和阅读能力的相关性分析结果

4. 回归分析

SPSSAU 支持开展线性回归、多元线性回归分析,能通过计算自动输出回归系数、回归模型、拟合系数等数值。在进行回归分析前,首先需要判断 R 方(需大于0.5)、VIF 值(需小于5)等数值,然后判断每项变量的回归系数和 p 值。

本项目开展回归分析主要是判断专注度和家长阅读指导在多大程度上会影响幼儿阅读能力。点击"通用方法"右侧的下拉键,找到"线性回归",右侧界面将呈现进行回归分析的变量框。如图7-63所示,将"阅读能力"拖拽至右侧上方的分析项(Y),将"专注度""家长阅读指导"两个变量拖拽至右侧下方的分析项(X),点击"开始分析"即呈现相应的分析结果。

由图7-64可知,线性回归模型的拟合情况 R 方值为0.771,意味着专注度、家长阅读指导可以解释阅读能力的77.1%变化原因;模型中 VIF 值全部均小于5,意味着不存在共线性问题;且 F 检验中 $p = 0.000 < 0.05$,意味着模型有意义;这三者说明得到的回归模型较好,可以进行下一步分析。

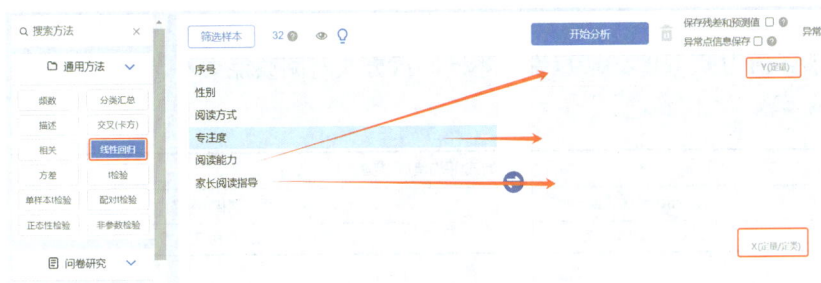

图 7‑63　设置回归分析的变量

图 7‑64　线性回归结果分析

同时,专注度和家长阅读指导的回归系数值分别为 0.512、0.379,且 p 值均小于 0.01,说明专注度和家长阅读指导对阅读能力有显著影响,且三者的线性回归模型为:阅读能力＝0.113＋0.512＊专注度＋0.379＊家长阅读指导。也就是说,可以通过该模型用于预测后续幼儿阅读能力的变化。例如,当专注度提升为 3,家长阅读指导提升为 4.5 时,可以预测幼儿的阅读能力将变成:0.113＋0.512＊3＋0.379＊4.5＝3.35。

5. 假设检验

SPSSAU 支持计算多种常见的假设检验方法,包括(独立样本)t 检验[①]、配对样本 t 检验等。用 SPSSAU 进行假设检验主要关注一个 p 值。若 p 值小于 0.01,则说明通过假设检验;若 p 值大于 0.01,则说明假设不成立。

本项目进行假设检验的目的是判断不同的阅读方式对幼儿阅读能力是否有显著性差别。点击"通用方法"右侧的下拉键,找到"t 检验",右侧界面将呈现进行假设检验的变量框。如图 7‑65 所示,将"阅读方式"拖拽至右侧上方的分析项(X),将"阅读能力"变量拖拽至右侧下方的分析项(Y),点击"开始分析"即呈现相应的分析结果。

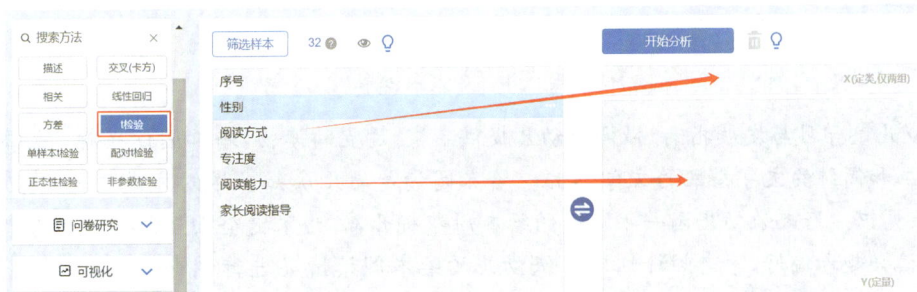

图 7‑65　设置假设检验的变量

---

① 独立样本 t 检验在 SPSSAU 平台没有特意标出,实际即为 t 检验。

由图 7‑66 可知,通过传统纸质书阅读的孩子的平均阅读能力为 2.01,通过有声读物阅读的孩子的平均阅读能力为 2.22,p 值为 0.419>0.01,说明不同阅读方式对阅读能力不会表现出显著性差异。

	t 检验分析结果			
	阅读方式(平均值±标准差)		t	p
	传统纸质阅读(n=15)	有声读物(n=17)		
阅读能力	2.01±0.77	2.22±0.70	-0.819	0.419

* $p<0.05$ ** $p<0.01$

图 7‑66　假设检验结果分析

(四) 基于阅读数据分析的决策与建议

根据前文数据分析,可以发现:

(1) 越专注的幼儿往往具有更好的阅读能力,培养幼儿的专注度对提升幼儿的阅读能力有积极的影响。

(2) 家长有效的阅读指导能够提升幼儿的阅读能力。

(3) 幼儿阅读能力受到家长阅读指导、幼儿自身专注度两个因素的双重影响,且幼儿专注度对其阅读能力影响更大。基于这两个因素,能够预测幼儿后续阅读能力的发展趋势。

基于以上调查问卷结果分析,可以提出以下阅读建议:

第一,加强幼儿专注度训练。从前文数据分析可知,专注度与幼儿阅读能力呈显著正相关,因此可以通过强化幼儿的专注力来促进其阅读能力的提升。例如,可以通过一些专注力训练的游戏或活动(拼图、拼字游戏、迷宫游戏等),锻炼幼儿的注意力、观察力和思维能力,进而提高阅读专注度,促进阅读水平提升。

第二,加强家长阅读指导。从前文数据分析可知,家长的阅读指导与幼儿阅读能力呈显著正相关。家长应该积极参与到幼儿的阅读活动中,例如,陪伴幼儿一起阅读、共同讨论书中的故事情节和人物、鼓励幼儿表达自己的阅读感受等。

第三,综合利用不同的阅读方式。尽管根据假设检验结果,传统纸质书阅读与有声读物阅读对幼儿阅读能力没有显著性差异,但综合利用不同的阅读方式可以丰富幼儿的阅读体验。因此,可以通过"视、听、读"(阅读书籍、收听有声节目、观看纪录片)等多种途径,全方位拓宽幼儿想象力的边界。

项目三　利用微词云开展幼儿绘本内容分析

一、情境与任务

主题活动

利用微词云开展幼儿绘本内容分析

《3～6 岁儿童学习与发展指南》强调为幼儿提供丰富、适宜的读物,培养阅读兴趣。绘本是一种通过生动的图画和简练的文字搭配的文学作品。绘本阅读是幼儿认知世界的方式之一,有助于幼儿拓宽视野、增长见识。好未来幼儿园一年一度的绘本周即将开幕,为了更全面了解和深入分析班级幼儿对绘本的阅读兴趣和偏好,李老师计划对班级幼儿的绘本阅读情况进行调查统计,通过词频、情感分析等方法对幼儿绘本阅读现状进行梳理分析。

二、活动分析

（一）活动目标

本项目旨在通过有目的、合理地收集幼儿绘本数据，深入了解幼儿的阅读体验、习惯、偏好。基于微词云平台对幼儿绘本阅读的内容、主题、情感等进行分析，多角度挖掘与揭示绘本所隐含的深层次信息，从而指导教师更好地开展绘本教学，促进幼儿的阅读兴趣和能力的提升。

（二）活动计划

本项目主要包括四大子任务，如图 7－67 所示。第一，能够根据要求选择合适的工具，采集幼儿绘本数据；第二，能够根据阅读数据特点及分析目的，选择合适的数据分析方法；第三，掌握词频分析、情感分析的步骤与方法，能够灵活地基于微词云平台分析幼儿绘本数据；第四，针对幼儿绘本数据分析结果，能够做出合理解读与分析，并据此制定相应的绘本选择与阅读方案。

采集幼儿绘本数据　→　确定幼儿绘本数据分析维度及方法　→　利用微词云平台开展文本数据分析　→　基于绘本数据分析结果提供决策与建议

图 7－67　项目的子任务

（三）所需的知识与技能

（1）文本分析的内容与方法：包括词频统计、情感分析的基本原理和适用场景，以及对文本分析结果的解读技能。

（2）微词云平台的操作：包括如何注册账号、上传文本数据、选择分析功能、调整参数设置、查看分析结果等。

三、方法与步骤

（一）采集幼儿绘本数据

幼儿绘本数据采集的渠道和内容多样。例如，通过详细描述每本绘本的故事情节、主要人物、背景设定等，了解绘本的核心故事和主题；通过调查问卷或访谈等方式收集家长对幼儿所阅读绘本的评价，包括对绘本内容的满意度、对绘本涉及的主题的认可程度等；也可以通过观察表记录幼儿在阅读时的反应（包括口述、表情、动作等），以分析其对绘本内容的理解程度。本项目重点是想了解当前幼儿所阅读的绘本涉及哪些关键主题，当前家长对幼儿所阅读的绘本内容或主题等是否满意，还有哪些其他需求等等。因此，采集的数据包括绘本名称、内容概述、绘本评价三大维度。通过对家长访谈内容录音，并通过在线音频转录工具进行转录，最后整理成表 7－12。

（二）确定幼儿绘本数据分析维度与方法

从采集方式来看，本项目所收集的幼儿绘本数据主要为文本类型。词频统计可用于了解绘本中出现频率较高的关键词汇，情感分析可用于探究幼儿对绘本的情感体验。因此，本项目主要采用词频统计和情感分析两种方法，如表 7－13 所示。

表 7-12 幼儿绘本阅读书目梳理

绘本名称	内容概述	绘本评价
《是谁毁了我的家》	一场洪水,冲垮了大熊的家园。大熊非常生气,他手持宝剑,要将凶手砍成两半!可最后发现错在自己,因为他砍掉了树林中的树,导致了一系列的后果。那该怎么办呢?大熊决定负起责任,于是他买了水果等物品送给小动物们,同时把自己的家分享给了小鸟,还在树林中种下了许多树的种子。	很有趣,这是一本建立孩子环保意识的绘本,也是培养孩子做错事情勇于承担责任的绘本。
《蜡笔小黑》	一盒五颜六色的蜡笔各自在一张纸上画出了漂亮的图画,黄色画出了小花、蓝色画出了天空、绿色画出了叶子……黑色却孤零零的待着,因为大家怕黑色把画弄脏,不让它参与进来。突然蜡笔们吵了起来,因为大家只顾自己画,结果把画弄得乱七八糟,这时铅笔哥哥告诉了小黑一个办法,小黑跳上去在大家的画上涂上了一层黑色,铅笔哥哥再在黑色上画出了漂亮的烟花,大家终于看到了黑色蜡笔的价值。	10支不同颜色的蜡笔集体画画就像性格各异的小朋友在一起集体生活。孩子们会为自己所具备的能力或所擅长的事情而感到开心,但是也有一些孩子因为各种原因不敢或者不知道如何融入集体。这时候就需要一位像铅笔一样的指路人,来鼓励和帮助小朋友找到自己的价值。当孩子找到自己的优点,认可了自己之后,就能够树立起自信心,大胆地与人交往,自然而然地融入集体之中。黑色蜡笔从"不需要"到"无可取代",就是鼓励小朋友要发现自身优势,大胆地展示自己,自信地融入集体生活。同时还要学会接纳不同性格的小朋友。
《找呀找,小兔子找春天》	春天来了吗?春天什么时候才来呢?小兔子在睡梦中醒来,一遍又一遍地蹦出洞穴,查看春天到来没有。这一天,当他听见小鸟歌唱,闻到鲜花的芳香,看见草地上的绵羊,啃着鲜嫩的青草,踩着温暖的大地,他终于和朋友们欢呼:"春天真的来了!"	学完绘本懂得探索世界需要用到五种重要的感官,而通过五感来寻找春天是让季节抽象的概念变得具象化。
《把壳丢掉的乌龟》	乌龟特别讨厌他背上的壳,这个重重的家伙,让他不能跑、不能跳、不能爬树,还被兔子嘲笑!他把壳脱下来,一脚踹开。被乌龟丢掉的壳滚呀滚,砸到了采蜜的小熊,挂上了小鸟栖息的枝头,还把在河边玩耍的老鼠吓了一跳……经历了许许多多有趣的故事!可是,乌龟很快就发现,自己不能没有背上的壳。于是,他决定出发去寻找那个一直默默保护他的壳……乌龟的壳究竟在哪里呢?最后它在兔子的背上找到了自己的壳,最终他也终于明白了,真实的自己就是最好的自己。	(1)接受自己的不完美。乌龟最初讨厌自己的壳,但最终意识到这正是他的一部分。这个故事讲述了自我接受和自爱的重要性。每个人都有独特之处,应该为此感到骄傲。(2)激发幼儿对于新事物的好奇心。乌龟虽然遇到了挑战,但它的勇敢和探索精神令我们印象深刻。生活就是一场冒险,我们应该勇敢地去尝试,去学习。
《蚕豆大哥和长豆角》	蚕豆大哥他们发现了一个奇怪的东西,长长的,拉啊拉,怎么也拉不到头,里面还骨碌碌跑出了好多小豆子。原来,他们是豇豆。蚕豆大哥觉得自己的床很大、很气派,豇豆兄弟却不以为然,因为他们的床可比蚕豆大哥的长多了。蚕豆大哥和豇豆兄弟都不服气,要比试比试,看看到底谁的床更好!谁能首先滑下山坡?谁能先渡过水洼?紧张的比赛开始了。眼看蚕豆大哥就要输掉比赛,忽然,对面一个小豌豆落水了。蚕豆大哥赶紧划船过去,把小豌豆救了起来,还让他睡到自己又软又暖的床里,然后大家一直守护在豌豆弟弟身边。最终,蚕豆大哥的行为感动了大家,大家都成了很好的朋友。	友谊第一比赛第二,故事的最后他们相互和解变成了好朋友,并且交换了床进入了美美的梦乡。没有什么是最好的,每张床都有它的用途,但是大家都很爱护自己的东西,愿意为自己的东西据理力争,敢于面对挑战并且能承认别人东西的好。

表 7-13 幼儿阅读数据分析维度及方法

需分析的内容	分析方法
对绘本内容进行分析,了解绘本出现的关键词汇	词频统计
对绘本评价文本进行分析,了解绘本所表达的情感状态	情感分析

（三）利用微词云平台开展数据分析

1. 平台登录

在浏览器输入网址：https://www.weiciyun.com/，进入微词云官网（图 7 - 68）。在未登录前，微词云允许查看相关功能，但当点击进行体验或试用时，则需要进行登录。教师可以先进行体验，然后再按照弹出的引导框，选择通过微信扫码或者手机号验证码进行登录。

图 7 - 68　微词云首页

2. 词频统计

① **导入数据**。如图 7 - 69 所示，进入微词云平台后，找到右上角"其他产品"，选择"中文通用分析"。进入中文通用分析界面后，左上角会呈现"输入内容"和"得到报告"的流程引导。如图 7 - 70 所示，点击"导入中文内容"，在弹出的处理框中选择"绘本数据结果"，绘本数据将自动导入并呈现在界面中（如图 7 - 71 所示）。点击"下一步"，自动进行统计处理。需要注意的是，如果在导入数据时，弹出"是否去除单元格中的换行符"，可以根据需要选择"根据程序自动切分"或"去除单元格中的换行符"，本项目中选择后者。

图 7 - 69　选择中文通用分析模块

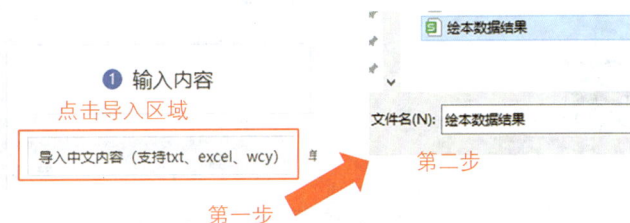

图 7 - 70　词频统计分析步骤

图7-71 导入数据界面

② 结果查看与解读。微词云平台提供基础信息、词云图、特征词表等分析结果。如图7-72所示，在左侧的基础信息模块，可以看到幼儿绘本数据的字数、总词数、特征词数等数值。中间模块以饼图形式对文本数据中的名词、动词、副词、形容词等进行了分类汇总。右侧模块对每条文本数据所包含的单词数的分布情况进行了统计。

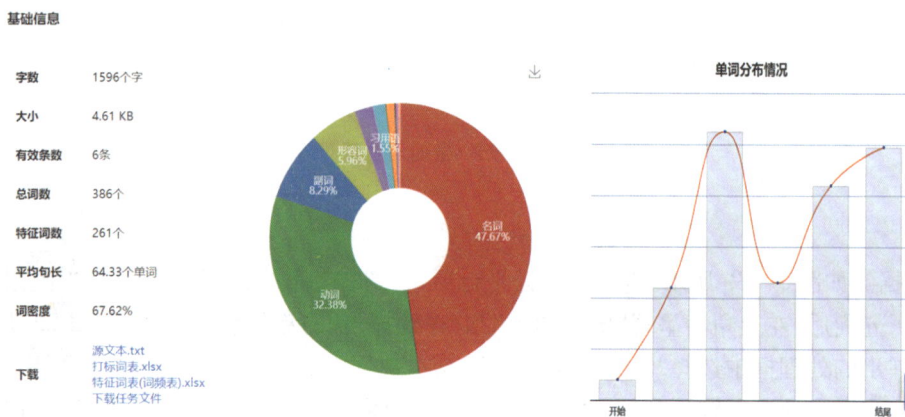

图7-72 中文分词后的基础信息界面

微词云平台一方面对所有分词后的单词频率进行了统计（如图7-73中间），并按照不同词性进行了排列（如图7-73右侧）；另一方面也以词云图形式进行了可视化呈现（如图7-73左侧）。可以看出，蚕豆、乌龟、蜡笔、豇豆、孩子等词汇字体最大，说明其出现频率较高。这些词汇代表着自然、朋友、亲情、实物等概念，这表明幼儿正处于探索和发现世界的阶段，自然中的各种奇妙的景象和生物，能够吸引幼儿的注意力并激发他们探索的欲望，幼儿也渴望与家人、朋友进行交往和联系，并希望通过观察和体验来了解周围的世界。

图7-73 中文分词后的词频统计与词云可视化

3. 情感分析

① 导入数据。找到右上角"其他产品",选择"中文情感分析"。进入中文情感分析界面后,左上角会呈现"输入内容"和"情感分析结果"的流程引导。将采集到的绘本数据中"绘本评价"文本粘贴至空白处(如图7-74 所示)。然后点击"下一步",平台将自动进行处理分析。

图 7-74　输入绘本评价文本数据

② 设置情感词。点击"设置情感词",在弹出的处理框中输入"不感兴趣=-1,感兴趣=1",点击"识别"按钮后下面将自动识别出设置的内容,点击"确定使用"按钮即可进入自动情感分析阶段。具体操作如图7-75、图7-76 所示。

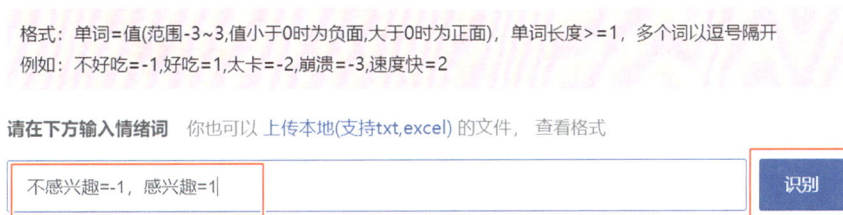

图 7-75　设置情感词

图 7-76　使用情感词

③ 结果查看与解读。本项目中总共涉及 6 条绘本评价数据,以绘本为单位进行分析可以发现:从图7-77 情感类型占比图来看,正面情感占比达 50%,而负面情感占比仅为 16.67%,说明幼儿对绘本的评价较为积极、感兴趣。从图7-78 情绪值来看,情绪得分最高位 15 分,最低为 3 分,说明幼儿对绘本的评价情感倾向程度相差较大。

微词云平台对幼儿绘本评价数据中的所有词语进行了情感分析。其中,从情绪词表统计中可以知道正面词共 43 个、负面词共 11 个(图7-79 右侧)。图7-79 左侧为幼儿绘本情感分析词云图。其中,绿色代表正面情感、红色代表负面情感。可以进一步清晰看出,幼儿的正面情感(如开心、有趣、重要等)数量更多,种类也较为丰富。这说明此类绘本能够提供幼儿更积极的阅读体验,增强幼儿的阅读愉悦感,促进幼儿阅读兴趣和情感发展。

字数	584个字
大小	1.68 KB
条数(未过滤)	13条
有效条数	6条
总词数	342个
特征词数	163个
下载	源文本.txt 打标词表.xlsx 特征词表.xlsx 情感分析表.xlsx

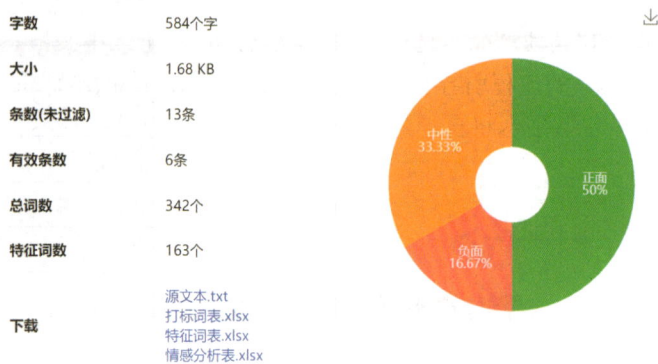

图 7-77　情感类型占比

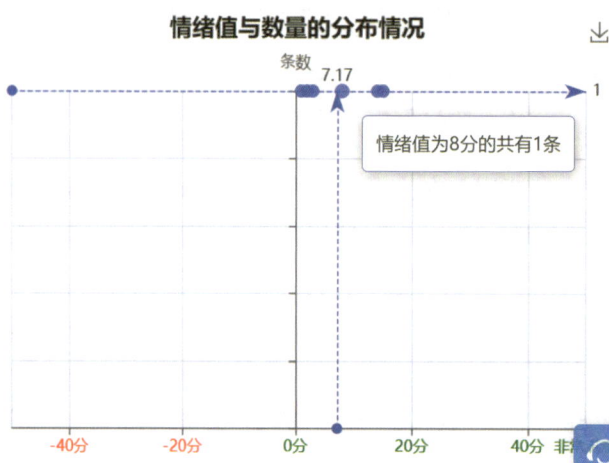

情绪值与数量的分布情况

情绪值为8分的共有1条

图 7-78　情绪值与数量的分布情况

正面词	负面词			
单词	次数	条数	tf-idf▼	操作
需要	3	1	0.0041852742	查看
不同	2	1	0.0027901828	查看
鼓励	2	1	0.0027901828	查看
大胆	2	1	0.0027901828	查看
探索	2	1	0.0027901828	查看
接受	2	1	0.0027901828	查看
勇敢	2	1	0.0027901828	查看
有趣	1	1	0.0013950914	查看
建立	1	1	0.0013950914	查看
培养	1	1	0.0013950914	查看
勇于	1	1	0.0013950914	查看
能力	1	1	0.0013950914	查看
擅长	1	1	0.0013950914	查看
开心	1	1	0.0013950914	查看
帮助	1	1	0.0013950914	查看
价值	1	1	0.0013950914	查看
优点	1	1	0.0013950914	查看
认可	1	1	0.0013950914	查看
树立	1	1	0.0013950914	查看

情绪词表统计

共43条　下载　　　　　　　1

图 7-79　情绪词表分析

　　此外,情感分析结果界面还提供了特征词情感分析(如图 7-80 所示)和具体的情感分析结果列表(如图 7-81 所示),教师一方面可以针对该结果开展更深入的文本分析。同时,由于中文词语在结构和词义上的多样性,以及当前智能技术的局限性,平台提供的情感分析结果并非完全合理、客观。因此,教师也可以结合经验对该结果做进一步的补充分析和内容校正,以确保分析结果准确、可靠。

特征词信息

单词		数量	情绪	正面条数	负面条数	中性条数	总条数	tf-idf	总得分	平均得分	
孩子	名词	5		1	0	1	2	0.0044010233	17	8.5	
小朋友	名词	4		1	0	1	2	0.0055803656	15	15	
绘本	名词	3		1	0	1	2	0.002640614	5	2.5	
集体	名词	3		1	0	1	2	0.0041852742	15	15	
融入	动词	3		1	0		2	0.0041852742	15	15	
需要	动词	3		1	0	2		0.002640614	18	9	
东西	名词	3		1	0	1	2	0.0041852742	14	14	
意识	名词	3		0	1	1	2	0.0017604093	3	1.5	
有趣	名词	1		1	0	1	2	0.0017604093	17	8.5	
不同	形容词			1	0		2	0.0027901828	15	15	
蜡笔	名词			1	0		2	0.0027901828	15	15	
性格	名词			1	0		2	0.0027901828	15	15	
集体生活	名词			1	0		2	0.0027901828	15	15	
感到	动词			1	1		2	0.0017604093	16	8	
但是	连词			2	0		2	0.0017604093	29	14.5	
鼓励	动词			1	0		2	0.0027901828	15	15	

共126条 下载　　　　　　　　　　1　2

图 7-80　特征词情感分析

序号	情感倾向	得分	情绪词数	文本长度	文本
0	中性	2	6	40	[正面词:有趣,建立,培养,勇于] [负面词:做错,事情] [程度词:很] 很有趣，这是一本建立孩子环保意识的绘本，也是培养孩子做错事情勇于承担责任的绘本。
1	正面	15	22	239	[正面词:不同,能力,擅长,开心,需要,鼓励,帮助,价值,优点,认可,树立,大胆,需要,鼓励,发现,优势,大胆,自信地,学会,不同] [负面词:事情,不知道] [否定词:不] 10支不同颜色的蜡笔集体画画就像性格各异的小朋友在一起集体生活。孩子们会为自己所具备的能力或所擅长的事情而感到开心，但是也有一些孩子因为各异和帮助小朋友找到自己的价值。当孩子找到自己的优点，认可了自己之后，就能够树立起自信心，大胆地与人交往，自然而然地融入集体之中了。黑色蜡笔从信地融入集体生活。同时还要学会接纳不同性格的小朋友。
2	正面	3	5	46	[正面词:探索,需要,重要的,通过] [负面词:抽象] 学完绘本懂得探索世界需要用到五种重要的感官，而通过五感来寻找春天是让季节抽象的概念变得具象化
3	负面	1	9	74	[正面词:接受,接受,自爱,重要性,独特] [负面词:不完美,讨厌,自我,骄傲] [程度词:都] "接受自己的不完美。乌龟最初讨厌自己的壳，但最终意识到这正是他的一部分。这个故事讲述了自我接受和自爱的重要性。每个人都有独特之处，应该为此…
4	中性	8	9	67	[正面词:激发,勇敢,探索,精神,深刻,勇敢,学习] [负面词:挑战,冒险] 激励幼儿对于新事物的好奇心，乌龟虽然遇到了挑战，但它的勇敢和探索精神令我们印象深刻。生活就是一场冒险，我们应该勇敢地去尝试，去学习。"
5	正面	14	13	106	[正面词:友道和解,美,梦想,最好,爱护,愿意,据理力争,敢于,承认,好] [负面词:没有,挑战] [程度词:都,很] 友道第一比赛第二，故事的最后他们相互和解变成了好朋友，并且交换了床进入了美美的梦想。没有什么是最好的，每张床都有它的用途，但是大家都很爱护…

图 7-81　情感分析具体结果列表

（四）基于绘本数据分析的决策与建议

数据分析为幼儿绘本阅读提供了有力支持。在日常绘本阅读教学中，可以充分利用数据分析赋能幼儿阅读。例如，根据绘本数据分析结果制定针对性的绘本阅读计划与阅读指导，为幼儿提供更优质的阅读环境和服务。基于本项目数据分析结果，提出以下建议：

第一，关注自然、友情、亲情等热门主题。从词频统计结果来看，自然、朋友、家人等主题词汇出现的频率较高，可以推测幼儿对此类主题或情境的偏好。因此，教师、家长应该更多地关注这些热门话题，提供更多与自然、友情、亲情等主题相关的绘本，以激发幼儿的阅读兴趣。同时，结合这些热门主题，组织丰富多彩的阅读活动，如朗读比赛、绘本分享会、角色扮演等形式，从而拓展幼儿的阅读视野，增强他们的阅读体验和参与感。

第二，营造丰富多元的阅读体验。根据情感分析结果可知，蕴含更多正面情感（如开心、有趣等）的绘本能够为幼儿带来更丰富、愉悦的阅读体验，提高幼儿对阅读的兴趣和参与度。因此，在幼儿阶段，教师应注重挑选内容积极、情感正面的绘本（如充满幽默、温暖、鼓励元素的作品），为幼儿营造愉快轻松的绘本阅读氛围，激发其阅读热情。

第三，根据学生偏好提供个性化阅读指导。根据不同幼儿的兴趣特点和阅读偏好，家长和教师可以提供个性化的绘本阅读指导和推荐，从而更好地满足幼儿的阅读需求，促进其阅读兴趣的培养和阅读能力的提升。例如，针对喜欢自然主题的幼儿，可以推荐相关的生态绘本，满足其好奇心和探索欲望。同时。通过持续观察与监测幼儿绘本阅读反馈，适时调整绘本教学策略，确保绘本阅读指导的有效性和适切性。

模块八 数字技术支持下的家园共育

一、数字化时代家园共育的机遇与挑战

随着互联网的飞速发展,人工智能算法学习能力的提升,AIGC(人工智能生成内容)技术快速发展,赋能各类场景。教师的教学内容、教学手段、管理方式等都发生了巨大的变化,家园共育模式也随之改变,在数字技术支持下,幼儿园家园共育的价值和意义进一步凸显。

(一)数字化时代家园共育的机遇

1. 数字技术为家园共育提供高效沟通平台

在传统的家园共育模式中,家长与教师之间的沟通主要依赖于面对面的家长会、电话沟通或家访,这些方式不仅受到时间和地点的限制,而且难以实现实时、高效的交流。然而,随着数字技术的快速发展,一些更为便捷、实时的家园沟通平台应运而生。

图 8-1 数字化时代家园共育的机遇

数字技术为家长和教师提供了多种沟通渠道,如即时通讯工具、在线教育平台等。这些平台不仅突破了时间和地点的限制,使得双方能够随时随地进行交流,还通过文字、语音、视频等多种形式,丰富沟通的内容和方式。

AIGC 技术的引入,为家园沟通注入了新的活力。AIGC 技术通过自然语言处理和语义理解,能够智能化地解析家长和教师的交流内容,提取关键信息,并提供个性化的回应和建议。这种智能化的沟通方式不仅可以提高沟通效率,还使得沟通内容更加精准、有效。此外,数字技术还能够帮助家长和教师更好地理解和把握孩子的成长状态。通过大数据分析、学习路径跟踪等技术手段,教师可以更加全面地了解孩子的学习情况和发展需求,为家长提供更加有针对性的育儿建议。而家长也可以通过数字化平台,实时查看孩子在园的学习和生活情况,与教师共同关注孩子的成长。

2. 数字化记录与分享,增进互信与理解

在数字技术的驱动下,家园共育模式得以深化与拓展,通过数字化记录与分享的方式,家庭与学校之间的互信与理解得以显著增进。具体而言,教师在教育实践中,可以运用先进的数字设备和技术手段,全面记录幼儿在园的学习和生活情况。这些记录可以包括幼儿的课堂表现、游戏互动、艺术创作等多元内容,并通过专业的软件工具制作成成长相册或电子纪念册。随后,借助数字化平台,这些记录得以高效、便捷地分享给家长。家长通过访问数字化平台,能够随时查看孩子在园的学习生活情况,从而更加直观地了解孩子的成

长轨迹和进步。这一过程不仅可以增强家长对幼儿园的信任感,也为家长提供参与孩子教育的更多可能。同时,家长也积极参与数字化记录与分享的过程。他们通过数字化平台,上传孩子在家中的生活片段、学习成果以及家庭互动的瞬间。这些素材不仅丰富了家园共育的信息资源,也为教师提供了解孩子家庭环境和个性特点的宝贵机会。教师通过这些记录,可以更加深入地了解孩子的成长背景、兴趣爱好和个性特征,从而在教学过程中更加精准地把握每个孩子的需求,实现因材施教。

AIGC 技术在数字化记录与分享方面发挥了关键作用。通过自然语言处理、图像识别等技术手段,AIGC 能够自动整理和分析大量的幼儿学习、生活数据。它不仅能够生成详尽的报告和分析,帮助家长和教师全面了解幼儿的发展状况,还能够通过情感分析等技术手段,识别家长和教师的情感倾向和需求。这使得双方能够更加精准地理解彼此,为家园共育提供更加贴心的支持和建议。

3. 增强家园共育的互动性与参与度

数字技术的广泛应用,通过其独特的互动性和参与度提升机制,为家园共育注入了新的活力。首先,数字化平台为家长提供了多元化的教育资源和学习途径。通过在线教育平台、教育类 APP 等数字化渠道,家长可以便捷地获取育儿知识、教育方法和教育资讯,从而不断提升自身的育儿能力。这些平台不仅提供了丰富的文字、图片和视频资料,还通过互动课程、在线讲座等形式,为家长提供了更加生动、直观的学习体验。其次,数字技术通过创新互动形式,增强家长在幼儿教育中的参与度。例如,通过在线教育平台,家长可以远程参与幼儿的教学活动,实时观看幼儿的学习过程,与教师进行在线交流和讨论。这种参与方式不仅让家长更加了解孩子在园的学习情况,还能够帮助家长更好地配合和支持幼儿园的教育工作。

此外,AIGC 技术的运用进一步提升家园共育的互动性和参与度。AIGC 技术能够基于大数据和算法,为家长和幼儿提供个性化的教育资源和活动推荐。通过智能语音交互、情感识别等功能,AIGC 技术还能够与幼儿进行有意义的互动,激发幼儿的学习兴趣和积极性。这种智能化的互动方式不仅增强了幼儿的学习体验,还使得家长能够更加深入地参与到幼儿的教育过程中。

4. 优化管理方式与提升教育质量

AIGC 技术以其智能化、自动化的特点,为幼儿园管理带来了革命性的变革。首先,数字技术助力实现家园共育的无纸化管理,有效提升工作效率。传统的管理方式中,大量的行政事务和数据记录需要人工处理,不仅耗时耗力,而且容易出错。而数字技术使得这些繁琐的工作得以自动化处理,大大减轻了教师的工作负担。通过电子化的记录、存储和传输,信息流通更加迅速和准确,工作效率得到显著提升。其次,AIGC 技术在幼儿园管理方面的应用,为教育质量的提升提供了有力支持。AIGC 技术能够基于大量的数据分析和挖掘,发现教育过程中的问题和改进点。通过智能算法,它能够为教师提供有针对性的教学建议和改进方案,帮助教师更好地理解和满足幼儿的学习需求。同时,AIGC 技术还能对幼儿的学习成果进行智能化的评估和反馈,使教师和家长能够及时了解幼儿的学习状况,为制定和调整教育计划提供依据。最后,数字技术通过优化管理方式,使得家园共育更加科学、精准和高效。通过数字化平台,家长和教师能够更加方便地沟通和协作,共同关注幼儿的发展。同时,数字技术还能为家长提供更加个性化、专业化的教育服务,满足家长对高质量教育的需求。

(二)数字化时代家园共育的挑战

在数字化时代,家园共育面临着多重挑战。这些挑战不仅涉及技术的快速发展与应用,还关联到信息筛选、沟通方式转变、隐私保护以及技术应用成熟度等多个层面。

技术的迅速迭代对家长和教师的数字素养提出了更高要求。数字技术作为当今社会发展的重要驱动力,其更新换代的速度日益加快。然而,由于个体间的差异,部分家长和教师难以跟上技术发展的步伐,难以充分掌握和运用新技术进行家园共育。这在一定程度上限制了数字技术在家园共育中的有效应用,使得一些先进的数字化工具和平台无法充分发挥其潜力。

数字化信息的爆炸性增长使得信息筛选变得相对困难。在数字化时代,信息以指数级的速度增长,家长和教师在获取教育资源时面临着海量的选择。然而,并非所有的信息都是有价值的,很多信息可能存在误导性或不适用性。因此,如何在海量信息中筛选出适合幼儿的教育资源,成为家园共育中的一项重要任务。这不仅需要家长和教师具备较高的信息素养,能够准确判断信息的真伪和价值,还需要他们具备筛选和整合信息的能力,以便为幼儿提供有针对性的教育支持。

过度依赖数字化平台可能导致家园之间传统面对面沟通的减少,从而影响双方信任关系的建立。数字技术为家园共育提供了便捷的沟通渠道,使得家长和教师能够随时随地进行信息交流。然而,过度依赖数字化平台可能导致双方之间的沟通变得表面化和碎片化,缺乏深入的情感交流和思想碰撞。面对面交流能够更直接地传递情感和态度,有助于建立更加紧密的家园合作关系。因此,在利用数字技术进行家园共育时,我们需要注意平衡线上和线下的沟通方式,确保家园之间的关系能够得到充分的维护和加强。

数字化平台在隐私保护和安全性方面存在的问题也不容忽视。在利用数字化平台进行信息交流和共享时,如何保护幼儿的隐私和个人信息安全成为一项重要议题。家长和教师需要谨慎处理幼儿的个人信息,避免泄露给不必要的第三方。幼儿园也需加强网络安全管理,采取有效的技术手段和管理措施,确保数字化平台的安全稳定运行,防止信息被非法获取或篡改。

数字技术在家园共育中的应用仍处于探索和完善阶段。尽管数字技术为家园共育带来了很多便利,但目前仍存在一些技术上的限制和不足。例如,某些数字化平台可能存在功能不完善、操作不便捷等问题,影响了家长和教师的使用体验。此外,如何根据幼儿的年龄和认知特点设计合适的数字化教育资源,也是当前面临的一大挑战。因此,我们需要进一步研究和改进数字技术,使其更加符合家园共育的实际需求,提高家园共育的质量和效果。

数字化时代为家园共育带来了新的机遇和挑战。面对这些挑战,教师和家长应不断提升数字素养和信息素养,加强对数字技术的掌握和应用能力;同时,优化数字化平台的功能和用户体验,确保其在家园共育中发挥更大的作用;并重视隐私保护和安全性问题,确保幼儿个人信息的安全,推动家园共育在数字化时代取得更好的发展。

二、数字技术在幼儿家园共育中的运用

(一)信息交流与共享

数字技术的应用,为幼儿园与家长之间搭建了一个高效、便捷的信息交流平台,推动了家园共育的现代化进程。

通过构建官方网站、微信公众号等线上平台,实现信息的实时发布与传递。这些平台不仅具有信息发布的功能,还能通过多媒体形式展示幼儿园的教育成果、活动风采等内容,使家长能够直观地了解幼儿在园的生活和学习情况。同时,家长也可以通过这些平台与园方进行互动,提出自己的意见和建议,参与到幼儿园的教育管理中来。

数字技术使家园之间的信息交流更加及时、准确。在传统的信息交流方式中,家长往往需要通过电话、短信或面对面沟通等方式与园方进行联系,这种方式不仅效率低,还容易受到时间和空间的限制。而数字技术的应用,使得家长可以随时随地通过线上平台获取幼儿园的最新动态,与园方进行实时沟通。这不仅提高了信息交流的效率,还使得家长能够更加全面地了解幼儿在园的情况,为家园共育提供有力支持。

(二)数据收集与分析

在幼儿家园共育中,数据收集与分析扮演着至关重要的角色。数字技术的引入为这一过程提供了强大的支持,使得数据的收集更为便捷、分析更为精准。

数字技术为幼儿园提供了高效的数据收集工具。在过去,幼儿园要收集家长反馈数据,可能需要通过纸质问卷、电话访谈等方式,这不仅耗时耗力,而且数据处理的效率也较低。然而,在数字技术的帮助下,幼儿园可以利用在线问卷系统、平台数据记录等方式,迅速收集到家长的行为数据、反馈意见等。例如,幼儿园可以在线发布问卷,邀请家长对教育活动、环境设施、师资力量等方面进行评价,或者通过平台记录家长

在平台上的浏览量、点击量等数据,从而全面了解家长的需求和关注点。

(三) 个性化教育资源推荐

在幼儿家园共育的实践中,个性化教育资源推荐成了一项至关重要的功能。借助大数据和人工智能技术的支持,数字技术能够为家长提供精准、个性化的教育资源推荐,进而优化家庭教育环境,促进幼儿的全面发展。

个性化教育资源推荐的功能体现在其精准性上。传统的教育资源推荐方式往往基于广泛的群体需求,难以满足每个家庭的个性化需求。然而,通过大数据的分析和挖掘,系统能够深入了解每个家庭的教育背景、兴趣偏好和学习需求。

个性化教育资源推荐的功能还体现在其智能性上。人工智能技术的应用使得系统能够不断学习和优化推荐算法。通过分析家长和幼儿的行为数据,系统能够逐渐识别出他们的学习习惯和兴趣点,并据此调整推荐策略。这种智能性不仅提高了推荐的准确性,还能够根据家长和幼儿的反馈进行实时调整,确保推荐内容始终符合他们的需求。以某幼儿园为例,该园引入了基于大数据和人工智能技术的个性化教育资源推荐系统。家长在登录系统后,需要填写一些基本信息,如孩子的年龄、性别、兴趣爱好等。随后,系统会根据这些信息为家长推荐一系列适合的教育资源。同时,系统还会记录家长和幼儿的浏览记录、点击行为等数据,并据此不断优化推荐算法。经过一段时间的使用,家长们普遍反映该系统的推荐内容既符合孩子的兴趣,又有助于提升他们的认知能力。

个性化教育资源推荐还能够帮助家长更加科学地进行家庭教育。传统的家庭教育往往依赖于家长的经验和直觉,缺乏科学性和系统性。而通过个性化教育资源推荐,家长可以获取到更为专业、科学的育儿知识和方法,从而更加有效地指导孩子的学习和成长。

主题实践活动

项目一 数字技术支持下的家园共育情况调查

一、情境与任务

主题活动

数字技术支持下的家园共育情况数据的采集、处理与分析

为了更高效、更具针对性地推进幼儿园各项活动的开展,全面提升幼儿园的教学质量和办学水平,更好地促进幼儿的全面发展,好孩子幼儿园大二班的张老师计划对家长进行一次深入的调查,以了解在数字技术背景下,本班级家园共育存在的问题以及家长的看法和建议。这一调查将有助于加强家园之间的沟通和合作,为幼儿的健康成长创造更加良好的环境。

问卷星是一个专业的在线问卷调查平台,能为教师提供在线问卷设计、数据采集等系列服务。

AIGC即人工智能生成内容,它能够与人对话互动,回答问题,协助创作,高效便捷地帮助人们获取信息、知识和灵感。

利用问卷星可以很轻松地完成家园共育问卷的制定、发布与下载。利用AIGC工具可以协助张老师更好地设计与分析问卷。

二、活动分析

（一）活动目标

本项目的目标是利用数字技术（问卷星、AIGC 等工具），对家园共育情况进行数据采集、处理和分析，以了解现状、发现问题，为改进家园共育工作提供科学依据。主要任务包括设计并发布调查问卷、收集与分析数据、呈现并反馈结果，以及制定改进措施。

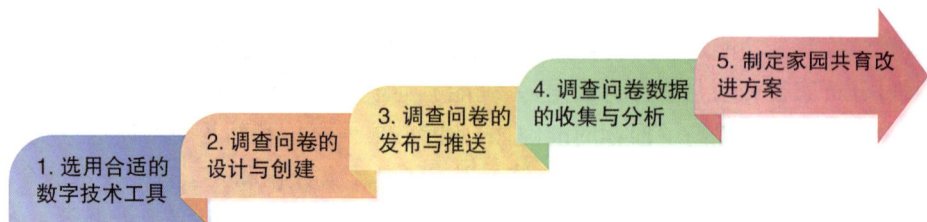

图 8-2　活动设计示意图

（二）活动设计

1. 选用合适的数字技术工具

根据项目需求选择适用于家园共育问卷调查的数字技术工具，以提高效率和准确性。本项目主要选用的工具有问卷星、讯飞星火认知大模型等。

2. 调查问卷的设计与创建

制定一个全面、清晰的调查问卷，涵盖家园共育的各个方面。应定义调查目标和关键问题；借助 AIGC 工具设计问卷结构；确保问题有逻辑性；选择合适的问题类型，包括选择题、评分题、开放性问题等；预先测试问卷，获取反馈并进行修改。

3. 调查问卷的发布与推送

发布家校共育情况调查问卷，并将链接或二维码发送给家长，引导家长完成问卷的填写。

4. 调查问卷数据的收集与分析

高效、准确地收集和分析家长的反馈数据。监控问卷收集进度，确保数据的实时性；利用数字工具提供的分析功能，初步了解整体数据；借助高级分析工具，深入挖掘数据，识别关键问题。

5. 制定家园共育改进方案

基于调查数据，制定科学合理的家园共育改进方案。综合分析调查数据，识别家长的关切点和建议。召开讨论会议，与教师和学校管理层共同讨论改进方案。制定具体的改进计划，包括培训、沟通方式优化、家长参与活动等。

6. 家园沟通交流

通过数字技术促进家园之间的更好沟通。发布调查结果和改进方案，向家长做透明沟通。定期组织线上家长会议，分享学校动态和家庭教育资源。

（三）所需的知识与技能

（1）问卷设计知识：了解如何设计一份有效的调查问卷，确保问题具有可测量性、清晰性和有效性。

（2）问卷星平台使用技能：熟悉问卷星平台的操作，包括创建问卷、设置问题逻辑、发布问卷和分析数据。

（3）AIGC 使用技能：了解 AIGC 的基本功能，包括文本分析、情感分析和主题提取等。

三、方法与步骤

（一）选用合适的数字技术工具

1. 问卷调查工具——问卷星

注册问卷星账号：进入问卷星官网 www. wjx. cn，点击首页右上角"免费注册"，按照提示输入手机号码，设置密码，如图 8-3 所示，完成基本设置之后，即可开通。

图 8-3 注册问卷星账号

2. AIGC 工具——以讯飞星火认知大模型为例

注册讯飞星火认知大模型账号：进入讯飞星火认知大模型网站：xinghuo. xfyun. cn，点击首页显示的"立即使用"按钮，按照提示输入手机号码，设置密码，如图 8-4 所示，完成基本设置之后，即可开通。

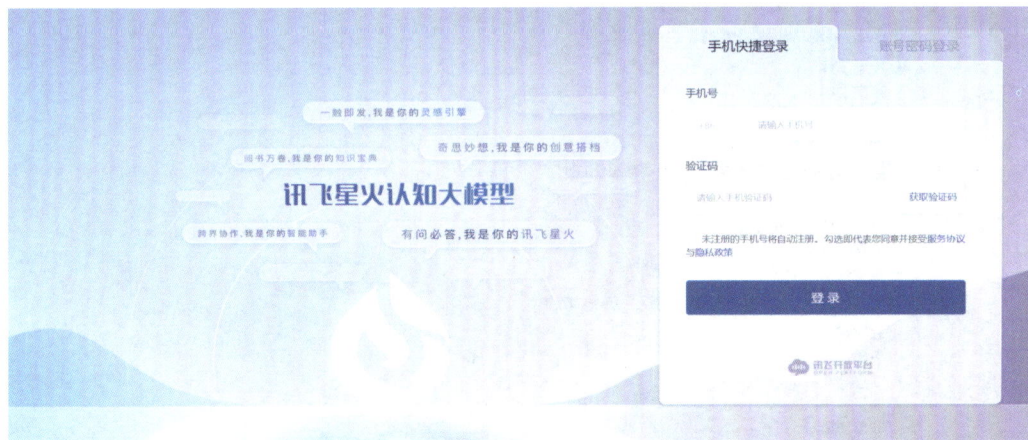

图 8-4 注册讯飞星火认知大模型账号

（二）调查问卷的设计与创建

结合幼儿园家园共育实际开展情况，本次调查的主要目的是了解家长对于幼儿园家园共育的看法、需求和期望，以及家长对数字技术在家园共育中的认知和态度。通过这次调查，希望更全面地了解家长的观点，从而为优化家园共育计划提供有针对性的改进建议。

1. 借助讯飞星火认知大模型设计调查问卷

登录讯飞星火认知大模型,针对要调查的目的和内容,先让AIGC给个初步的问卷大纲和内容。问题可以这样提:"我是一名幼儿园大班班主任,想设计一个调查问卷来了解家长对于幼儿园家园共育的看法、需求和期望,以及家长们对数字技术在家园共育中的认知和态度。你是我的助手,帮我设计一份调查问卷,不超过10道题,包含客观题和一道开放式问题(关于数字技术在家园共育中的应用,家长的想法或建议),问卷应有针对性,便于后续问卷结果的可视化分析。"

把问题输入到讯飞星火认知大模型的对话框中,点击发送,会得到讯飞星火给出的建议性的问卷,如图8-5所示。

图8-5 讯飞星火认知大模型问答结果界面

教师根据实际需求,对 AIGC 给出的答案进一步修改完善,确定本次家园共育的调查问卷大纲和内容。

2. 利用问卷星创建问卷

(1)新建问卷。教师登录问卷星后,可以创建问卷。如图 8-6 所示,点击左侧的"＋创建问卷"按钮,即可选择问卷类型。如图 8-7 所示,选择"调查"模块右侧的"创建",即进入问卷标题的设置。如图 8-8 所示,可输入标题"好孩子幼儿园大二班家园共育情况调查",然后,点击"立即创建"按钮,进入问卷编辑界面。

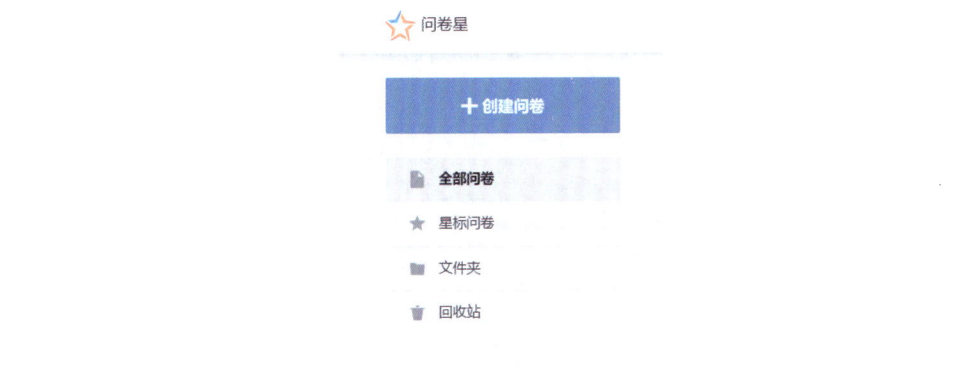

图 8-6 创建问卷

图 8-7 问卷类型选择

图 8-8 设置问卷标题

(2)添加问卷说明和题目。进入问卷编辑界面后,点击"添加问卷说明"按钮,输入说明内容后,即可添加题目。添加题目的方式常用的有以下三种。

一是批量添加题目。点击如图 8-9 所示"批量添加题目"按钮,出现图 8-10 界面,把预先设计好的家园共育的题目按照左边的格式复制到左边框中,题目会自动出现在右边框中,点击确认导入即可导入到问卷星中,如图 8-11 所示。

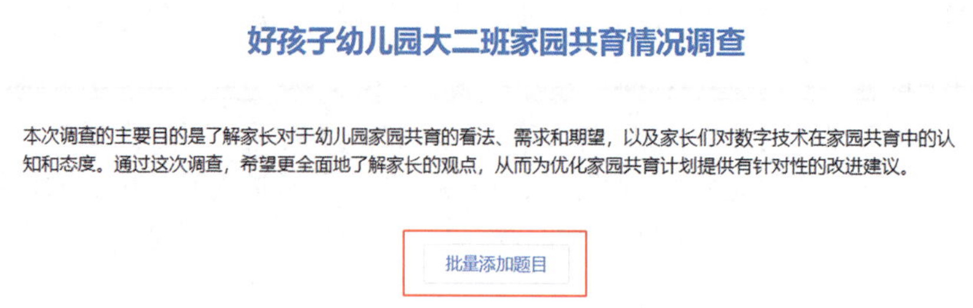

好孩子幼儿园大二班家园共育情况调查

本次调查的主要目的是了解家长对于幼儿园家园共育的看法、需求和期望，以及家长们对数字技术在家园共育中的认知和态度。通过这次调查，希望更全面地了解家长的观点，从而为优化家园共育计划提供有针对性的改进建议。

批量添加题目

图 8-9　批量添加题目初始界面

图 8-10　批量添加题目界面

图 8-11　批量添加题目成功

二是 AI 自动生成内容。如果事先没有设计问卷题目,可以点击"AI 自动生成内容"按钮进行问卷内容生成,如图 8-12 所示。

图 8-12　利用 AI 自动生成内容

输入本次要调研的主题,设置题目数量,填写调研目的,点击"开始创作"按钮,如图 8-13 所示。AI 会基于调研主题、数量和调研目的生成问卷,如图 8-14 所示。教师可以根据 AI 自动生成的问卷进一步修改、完善。

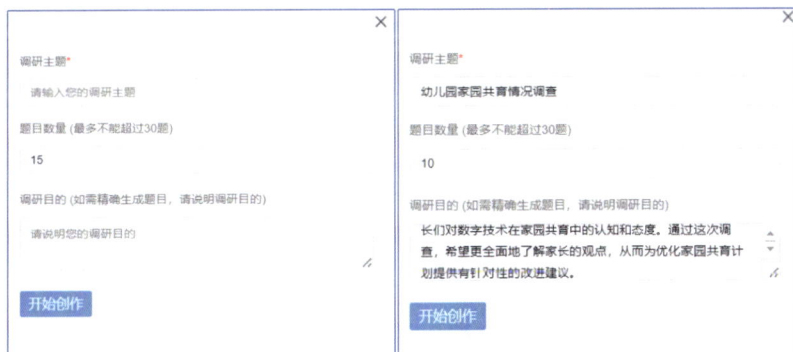

图 8-13　利用 AI 自动生成内容主题与目的填写

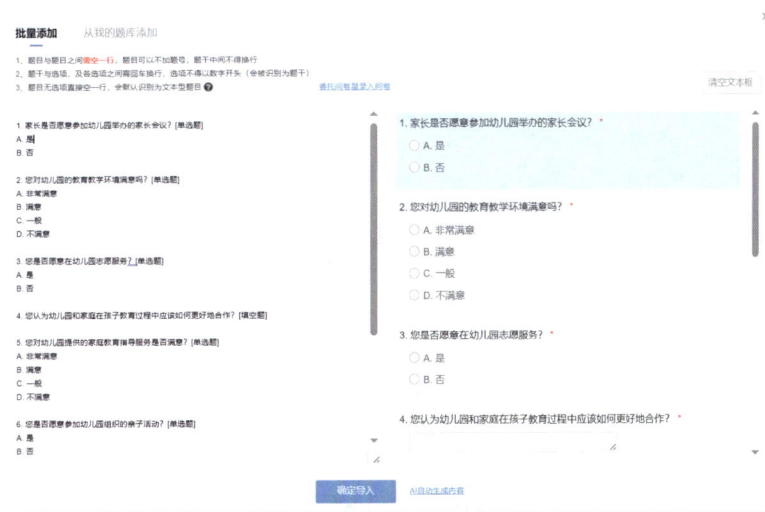

图 8-14　利用 AI 自动生成问卷内容

　　三是逐个添加问卷题目。如图8-15所示,点击左侧题型中的"单选",右边将出现相关的设置。输入题目"您孩子的性别是?"输入选项内容"是""否",并设置为"必答",点击"完成编辑",即成功添加,如图8-16所示。若选项超过两个,可点击"添加选项"添加。根据所设计的问卷,依次添加所有的题目。

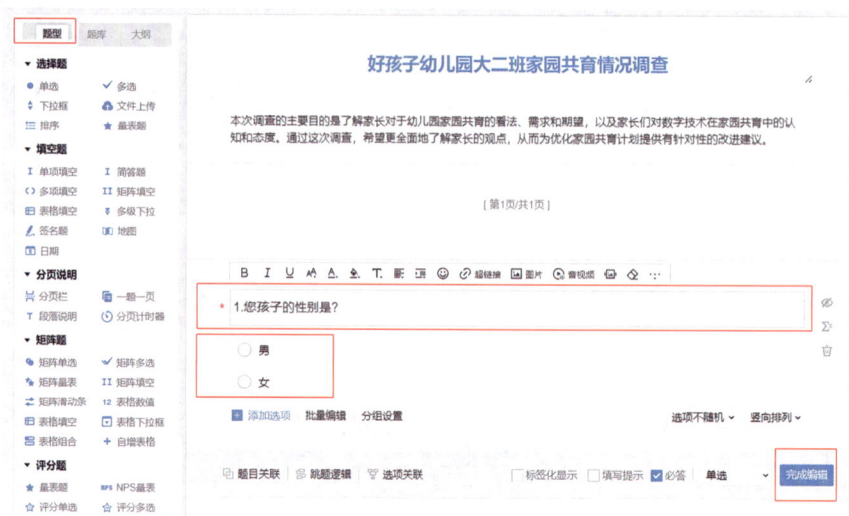

图8-15　逐个添加问卷题目

*** 1.您孩子的性别是?**

　　○ 男

　　○ 女

图8-16　添加问卷题目成功

　　(3)问卷预览。所有题目添加完毕后,点击右上角"预览"按钮,可查阅与检查问卷内容,如图8-17所示。检查无误,点击右上角"完成编辑"按钮。

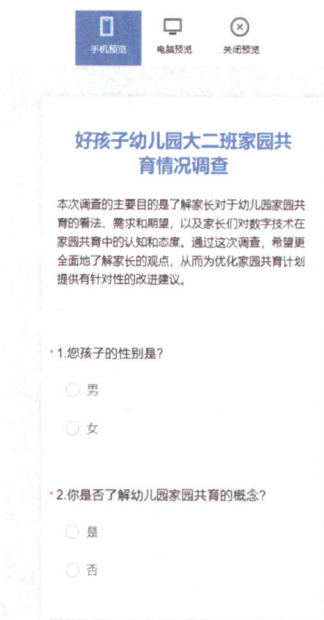

图8-17　问卷预览

（三）调查问卷的发布与推送

1. 问卷发布

问卷创建完成后，点击"发布此问卷"，就完成了基本设置，如图 8－18 所示。在调查过程中，可以多次重新编辑问卷或发布问卷。问卷在编辑状态下，家长无法填写。

图 8－18　问卷发布

2. 问卷外观设置

点击"问卷外观"可选择与幼儿教育相匹配的背景，同时可设置文字格式、页眉页脚等内容，如图 8－19 所示。点击右下角"保存设置"按钮，完成外观设置。

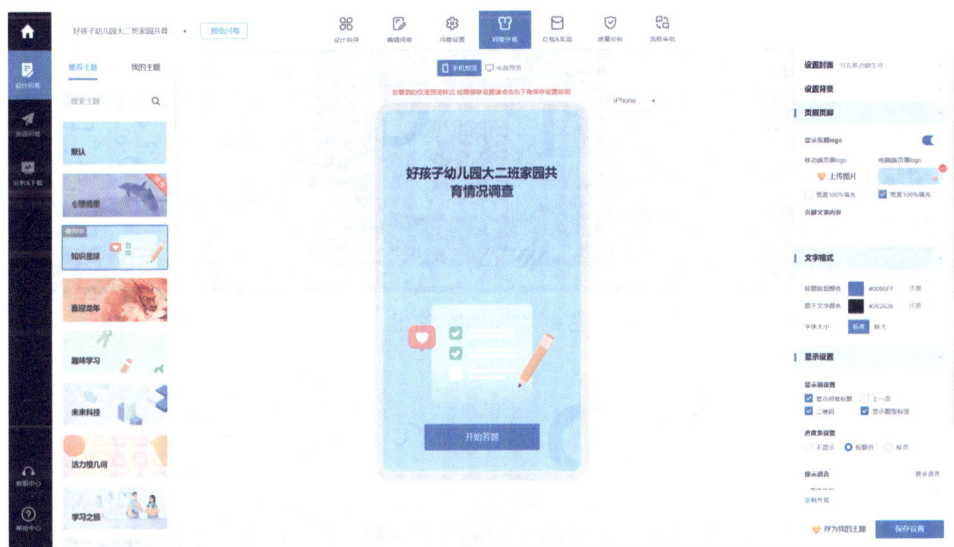

图 8－19　问卷外观设置

3. 问卷推送

点击右侧的"发送问卷"，如图 8－20 所示，进入问卷链接与二维码界面，如图 8－21 所示。点击"复制"，可直接复制问卷链接。或是点击制作海报，设置问卷海报，如图 8－22 所示，将问卷链接或海报发送给家长，即可收集家园共育调查情况数据。

图 8－20　发送问卷

图 8-21　链接与二维码

图 8-22　制作海报

（四）调查问卷数据的收集与分析

1. 问卷数据在线分析

问卷填写完成后，可进入问卷星平台，查看调查问卷的填报数据。如图 8-23 所示，可以进行"统计 & 分析"、查看下载答卷、来源分析、在线 SPSS 分析等。点击"统计 & 分析"，即可查看具体的填写内容及在线统计结果。基于统计结果，教师能够了解填写问卷的家园共育现状，具体数据如图 8-24 所示。

图 8-23　问卷分析

图 8-24　问卷在线统计分析

2. 问卷数据可视化分析

问卷星提供在线的饼图、直方图等可视化图表，帮助教师直观地了解家园共育情况，点击"数据大屏"，即可查看所有的可视化图表，如图 8-25 所示。

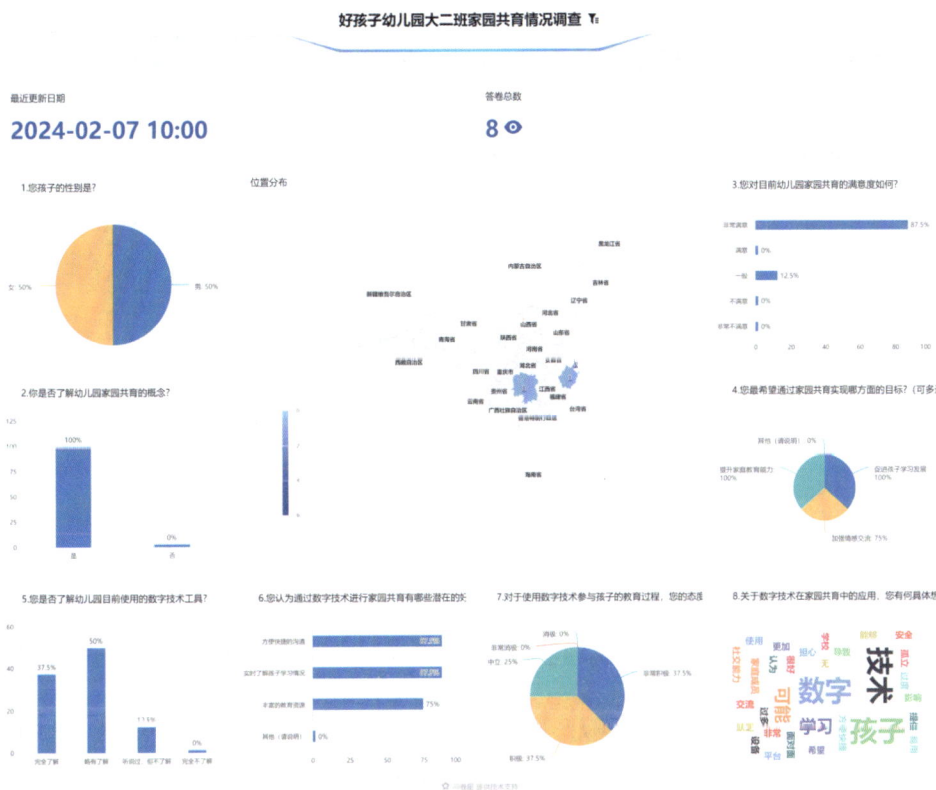

图 8-25　数据大屏

3. 答卷下载及分析

点击"查看下载报告"按钮，选择按选项文本下载，如图 8-26 所示，可以下载答卷数据。

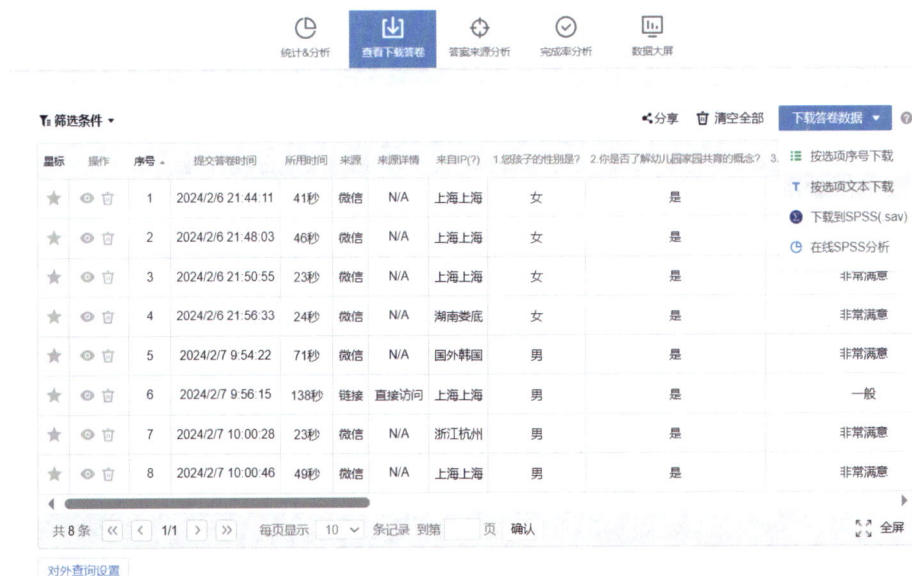

图 8-26　下载答卷

4. 利用生成式人工智能进行文本分析

可以利用生成式人工智能对开放式问题“关于数字技术在家园共育中的应用，您有何具体想法、建议或担忧”的问题答案进一步作情感分析并给出建议，见图 8－27、图 8－28。

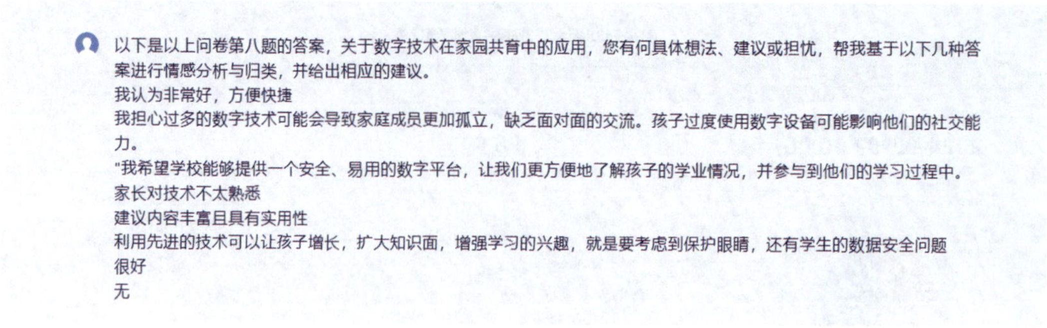

以下是以上问卷第八题的答案，关于数字技术在家园共育中的应用，您有何具体想法、建议或担忧，帮我基于以下几种答案进行情感分析与归类，并给出相应的建议。
我认为非常好，方便快捷
我担心过多的数字技术可能会导致家庭成员更加孤立，缺乏面对面的交流。孩子过度使用数字设备可能影响他们的社交能力。
"我希望学校能够提供一个安全、易用的数字平台，让我们更方便地了解孩子的学业情况，并参与到他们的学习过程中。
家长对技术不太熟悉
建议内容丰富且具有实用性
利用先进的技术可以让孩子增长，扩大知识面，增强学习的兴趣，就是要考虑到保护眼睛，还有学生的数据安全问题
很好
无

图 8－27　对文本情感分析的要求

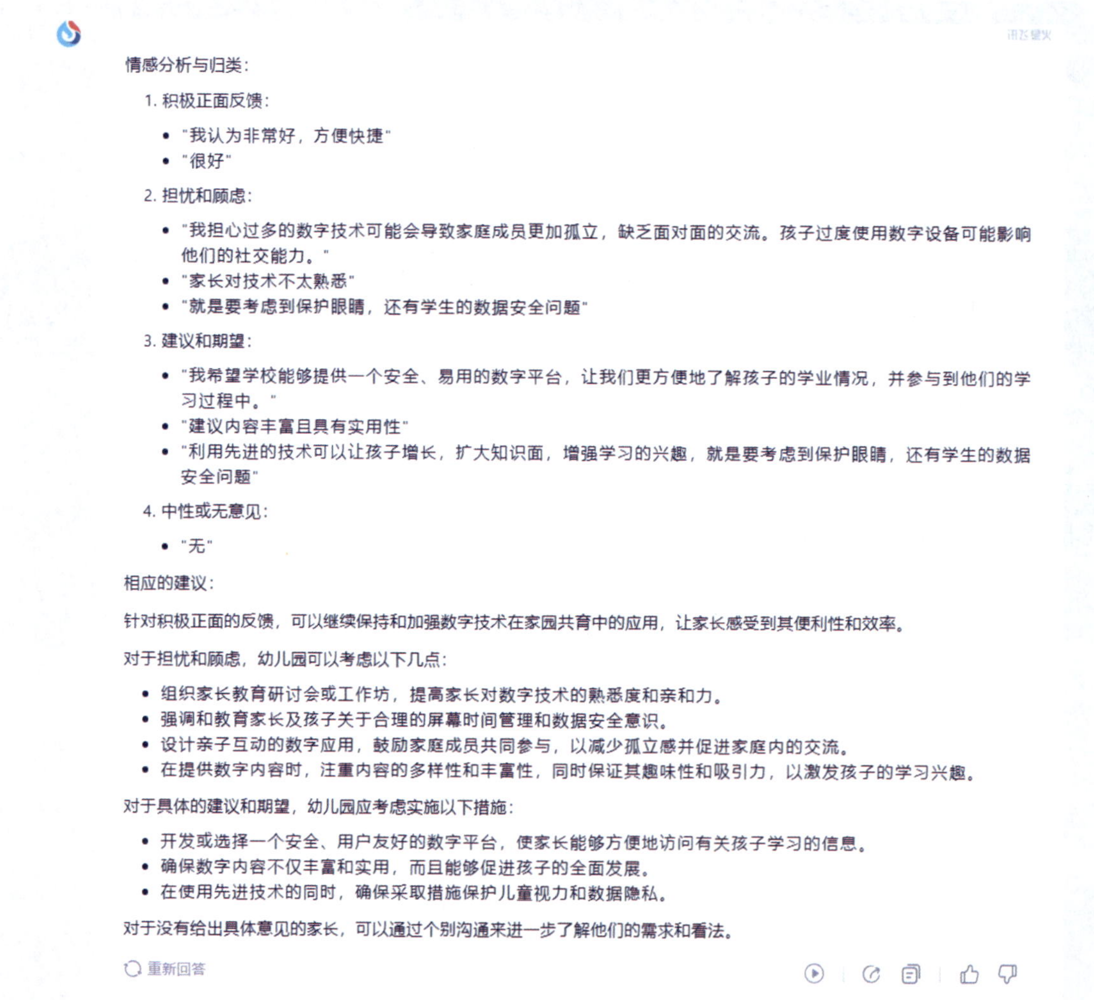

情感分析与归类：

1. 积极正面反馈：
   - "我认为非常好，方便快捷"
   - "很好"
2. 担忧和顾虑：
   - "我担心过多的数字技术可能会导致家庭成员更加孤立，缺乏面对面的交流。孩子过度使用数字设备可能影响他们的社交能力。"
   - "家长对技术不太熟悉"
   - "就是要考虑到保护眼睛，还有学生的数据安全问题"
3. 建议和期望：
   - "我希望学校能够提供一个安全、易用的数字平台，让我们更方便地了解孩子的学业情况，并参与到他们的学习过程中。"
   - "建议内容丰富且具有实用性"
   - "利用先进的技术可以让孩子增长，扩大知识面，增强学习的兴趣，就是要考虑到保护眼睛，还有学生的数据安全问题"
4. 中性或无意见：
   - "无"

相应的建议：

针对积极正面的反馈，可以继续保持和加强数字技术在家园共育中的应用，让家长感受到其便利性和效率。

对于担忧和顾虑，幼儿园可以考虑以下几点：

- 组织家长教育研讨会或工作坊，提高家长对数字技术的熟悉度和亲和力。
- 强调和教育家长及孩子关于合理的屏幕时间管理和数据安全意识。
- 设计亲子互动的数字应用，鼓励家庭成员共同参与，以减少孤立感并促进家庭内的交流。
- 在提供数字内容时，注重内容的多样性和丰富性，同时保证其趣味性和吸引力，以激发孩子的学习兴趣。

对于具体的建议和期望，幼儿园应考虑实施以下措施：

- 开发或选择一个安全、用户友好的数字平台，使家长能够方便地访问有关孩子学习的信息。
- 确保数字内容不仅丰富和实用，而且能够促进孩子的全面发展。
- 在使用先进技术的同时，确保采取措施保护儿童视力和数据隐私。

对于没有给出具体意见的家长，可以通过个别沟通来进一步了解他们的需求和看法。

重新回答

图 8－28　生成式人工智能对文本答案的情感分析

（五）制定家园共育改进方案

基于以上调查问卷的分析结果，借助大模型给出的建议，结合实际情况制定家园共育改进方案，见图 8－29。

基于调查结果和情感分析，帮我制定一个家园共育的改进方案

基于调查结果和情感分析，我们可以制定以下家园共育的改进方案：

目标概述

- 促进孩子的学习和个人发展。
- 提升家长在家庭教育中的参与度和能力。
- 有效利用数字技术，同时确保其不会对孩子和家庭交流产生负面影响。

方案内容

1. 增强家校沟通
   - **措施：**
     ○ 建立一个用户友好的数字平台，供家长监控孩子的学习进展和学校通知。
     ○ 定期组织家长会议和教师一对一咨询时段，以增进家长对学校政策和孩子学习情况的了解。

2. 提供家庭教育支持
   - **措施：**
     ○ 开设家长工作坊和培训课程，教授有效的家庭教育方法。
     ○ 在数字平台上分享家庭教育资源，包括亲子活动建议、学习指导和心理健康信息。

3. 促进健康的数字设备使用习惯
   - **措施：**
     ○ 教育家长和学生关于屏幕时间管理和保护视力的重要性。
     ○ 提供指导策略，帮助家长监督孩子健康地使用数字设备。

4. 加强社交技能的培养
   - **措施：**
     ○ 在学校课程中纳入社交技能的发展，确保孩子有机会在现实世界中练习和提高这些技能。
     ○ 鼓励家长参与线下亲子社交活动，如家庭日、运动会等。

5. 保障数据安全和隐私
   - **措施：**
     ○ 确保数字平台的安全性，保护学生个人信息不被未授权访问。
     ○ 定期对家长进行数据保护和网络安全的教育。

实施步骤

1. **评估现状：** 通过问卷、访谈等方式收集家长和教师对当前家园共育状况的反馈。
2. **规划方案：** 根据收集到的信息，制定具体的改进措施和实施时间表。
3. **沟通与培训：** 向家长和教师详细介绍改进方案，并提供必要的培训。
4. **执行与监督：** 按照计划执行改进措施，并设立监督机制以确保方案的有效实施。
5. **评估与调整：** 在实施一段时间后，重新评估家园共育的效果，并根据反馈进行调整。

通过这些措施，我们希望能够满足家长的期望，减少他们对数字技术的担忧，并最终提升家园共育的质量。

图 8-29 大模型生成家园共育改进方案

项目二 利用 H5 页面制作家园共育主题班会海报

一、情境与任务

主题活动

利用 H5 页面制作家园共育主题班会海报

基于调查问卷的结果，张老师决定召开一次主题班会，准备制作一个家园共育主题班会邀请海报，想通过数字化工具，生动地呈现家园共育主题班会的内容、计划和数字技术的实际应用，使家长更全面地了解主题班会的内容和安排。旨在通过利用数字技术，打造一个互动性强、内容丰富、形式新颖的家园共育主题班会平台。希望通过这一平台，加强家长与学校之间的沟通与合作，促进家庭教育与学校教育的有效衔接，共同为孩子们的成长创造一个更加和谐、有利于发展的环境。

易企秀是一款基于 H5 页面的、功能强大的在线设计平台，它提供丰富的模板和工具，帮助用户轻松创建各种精美的营销场景和展示内容。

二、活动分析

(一)活动目标

本项目的目标是利用易企秀平台的数字技术,制作一张兼具创意与互动功能的家园共育主题班会邀请海报。主要任务包括设计精美的海报内容、嵌入在线报名与问答等互动环节,并通过数据分析优化活动效果,旨在为家长与学校提供一个便捷的交流平台,共促孩子健康成长。

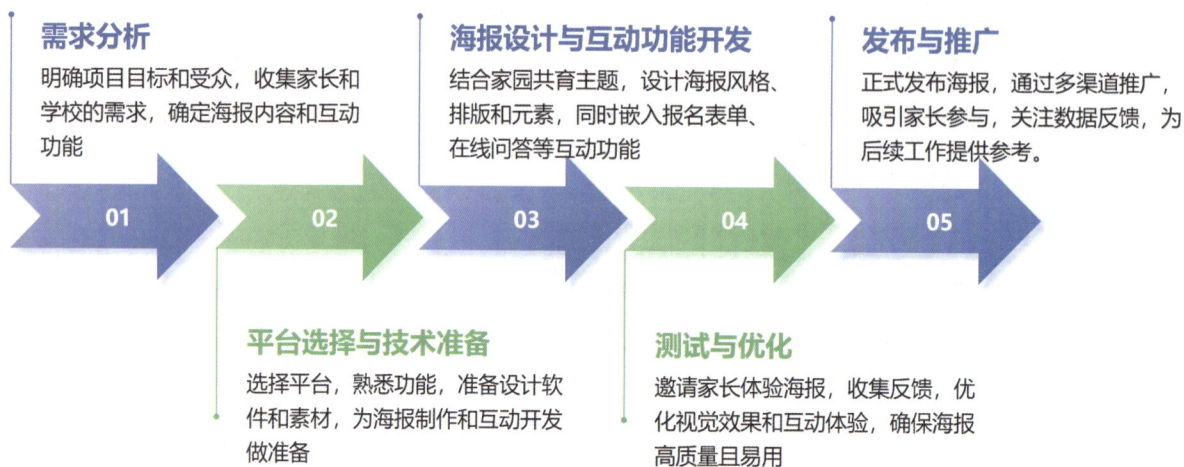

需求分析
明确项目目标和受众,收集家长和学校的需求,确定海报内容和互动功能
01

平台选择与技术准备
选择平台,熟悉功能,准备设计软件和素材,为海报制作和互动开发做准备
02

海报设计与互动功能开发
结合家园共育主题,设计海报风格、排版和元素,同时嵌入报名表单、在线问答等互动功能
03

测试与优化
邀请家长体验海报,收集反馈,优化视觉效果和互动体验,确保海报高质量且易用
04

发布与推广
正式发布海报,通过多渠道推广,吸引家长参与,关注数据反馈,为后续工作提供参考。
05

图 8-30 活动设计示意图

(二)活动设计

1. 需求分析

在项目的起始阶段,要明确项目的核心目标和预期的受众群体。本项目的目标是制作一张家园共育主题班会的邀请海报,旨在通过数字化的方式,提升家长与学校之间的沟通效率,共同为孩子们的成长提供更好的支持。受众则主要是家长。基于收集到的需求信息,进一步确定海报应包含的主要内容,如班会的主题、时间、地点、活动流程等,以及需要开发的互动功能,如在线报名、问答互动等。这些内容的确定,为后续的海报制作和互动功能开发奠定基础。

2. 平台选择与技术准备

在制作海报的过程中,选择适合的工具平台很重要。考虑到海报的美观性和互动性需求,需要选择一款易于操作的工具。在众多利用 H5 页面制作海报的工具中,本项目以"易企秀"平台为例。为了确保能够充分利用该平台的功能,需要对所选工具进行深入的了解和学习。这包括熟悉平台的操作界面、掌握海报设计的基本技巧以及了解互动功能的开发方法。通过充分的技术准备,可以确保在后续的海报制作和互动功能开发中能够高效地完成任务。

3. 海报设计与互动功能开发

在海报设计的过程中,需紧密围绕家园共育的核心主题,运用合适的色彩组合与排版布局,以精准展现班会的氛围与特色。基于需求分析结果,需在海报中巧妙融入多样化的互动组件,如在线报名按钮、问答互动区等,旨在引起受众的关注并提升其参与热情。在设计与开发环节,应始终维持用户体验与视觉效果的和谐统一。力求打造既具审美价值又具备易用性的海报作品,使受众在欣赏海报美感的同时,能够便捷地参与到互动环节中。

4. 测试与优化

在海报设计和互动功能开发完成后,为确保其在实际应用中的效果与用户体验达到最佳状态,需要进行严谨的体验测试。这一环节的核心目的是验证设计的合理性和功能的实用性,为后续的优化工作提供坚实的数据支撑。

测试过程中,需对海报的加载速度和显示效果进行重点关注。海报应具备良好的网络适应性,确保在各种网络环境下都能迅速加载,同时其视觉效果应在不同设备和屏幕上均保持优秀水准。此外,互动功能的可用性测试也至关重要,需确保其在实际操作中能够稳定、高效地运行,并符合用户的操作习惯与预期。

根据测试反馈结果,需对海报进行针对性的优化。这包括优化海报的加载机制以提升加载速度,调整设计元素以增强视觉效果,以及修复互动功能中可能存在的缺陷等。通过这些优化措施,可以有效提升海报的整体质量和用户体验,从而更好地满足用户需求和期望。

5. 发布与推广

在经历了一系列严谨的测试与针对性的优化后,家园共育主题班会的邀请海报得以正式发布。为确保该海报能够广泛传播并吸引更多家长积极参与,需制定一套详尽的推广计划。此计划旨在通过多种渠道,如学校官方网站、社交媒体平台及家长社群等,对海报进行广泛宣传。同时,可借助合作伙伴及相关机构的力量,进行联合推广,以扩大海报的覆盖面和影响力。在推广过程中,需注重海报的互动性与吸引力,通过线上互动、问答环节等形式,引导家长积极参与并分享海报,从而进一步提升海报的传播效果与家长的参与度。通过这一系列的推广措施,旨在使家园共育主题班会的邀请海报得到更广泛的传播与认可,为班会的成功举办奠定坚实基础。

(三)所需的知识与技能

1. 海报设计知识

了解如何设计一份邀请海报,是确保海报能够吸引目标受众、传递清晰信息并达到预期效果的关键。在设计过程中,需要掌握色彩搭配、排版布局、图形元素选择等专业知识,同时结合目标受众的特点和需求,进行有针对性的创意构思。通过精心设计和制作,可以打造出一份既美观又实用的邀请海报,让目标受众一眼就能被吸引并愿意深入了解更多信息。

2. 易企秀使用技能

熟悉易企秀平台的操作,包括模板选择、内容编辑、动画设置、数据分析和分享推广等关键环节。

三、方法与步骤

(一)需求分析

1. 明确项目目标

确立本项目的核心目标,即利用易企秀平台制作一张具有互动功能的家园共育主题班会邀请海报,以促进家长与学校之间的沟通与合作。设定具体指标,如提升家长参与度、增强家校互动效果等。

2. 确定受众群体

分析目标受众,本项目主要是面向幼儿家长。

3. 收集家长的需求

通过多种等方式,收集家长和学校对于家园共育主题班会的期望和建议。汇总并分析收集到的需求,确定海报应呈现的信息点和互动功能的重点。

4. 确定海报内容

根据需求分析结果,确定海报的主题、风格、配色等基本元素。设计海报的版面布局,包括标题、图片、文字说明等内容的安排。

5. 确定互动功能

结合家长的需求,确定海报应包含的互动功能,如在线报名、问答互动、分享传播等。分析各功能的可行性和实现难度,制定详细的制作计划。

(二) 平台选择与技术准备

易企秀是一个综合性的创意设计与营销服务平台。它提供了包括 H5 页面、海报、长页、表单等多种创意设计工具,用户可以借助这些工具进行内容制作和编辑。平台还提供了一些模板和素材,方便用户快速上手并制作出符合需求的设计作品。

注册易企秀账号:进入易企秀官网 www.eqxiu.com,击首页右上角"登录/注册",按照提示输入手机号码,设置密码,如图 8 - 31 所示,完成基本设置之后,即可开通,也可以用其他方式注册,如微信等。

图 8 - 31　注册易企秀账号

(三) 海报设计与互动功能开发

1. 新建海报

登录易企秀后,可以直接搜索海报设计类型,本项目是准备利用 H5 页面制作一个家园共育主题班会邀请海报。如图 8 - 32 所示,在文本框中输入"邀请函",点击右侧的"搜索"按钮,即可选择邀请函的设计模板,界面如图 8 - 33 所示,会出现邀请函的全部模板。

图 8 - 32　搜索海报类型

可以根据界面上的类型、用途、行业、其他等选择适合的模板,本项目海报设计模板选择类型为"H5",用途是"邀请函",行业是"教育培训",选择喜欢的模板进行设计。如图 8 - 34 所示,选择"幼儿园植树节活动邀请函"模板,点击模板,进行编辑。

进入选定邀请函模板界面,选择"非商用"按钮,点击"免费制作",如图 8 - 35 所示。

图 8 - 33　邀请函模板

图 8 - 34　选择邀请函模板

图 8 - 35　选择免费制作

2. 编辑海报

（1）常规页面编辑。点击模板上的文字和图片，可以编辑和替换图片，如图 8-36、8-37 所示。

图 8-36 编辑文字

图 8-37 编辑图片

依次按照模板上的内容进行编辑与修改，也可以对页面进行管理，增加或删除页面。

图 8-38　编辑海报

逐页添加内容,完善海报。还可以根据页面需要,添加文本、图片、音乐、视频等内容来丰富页面。

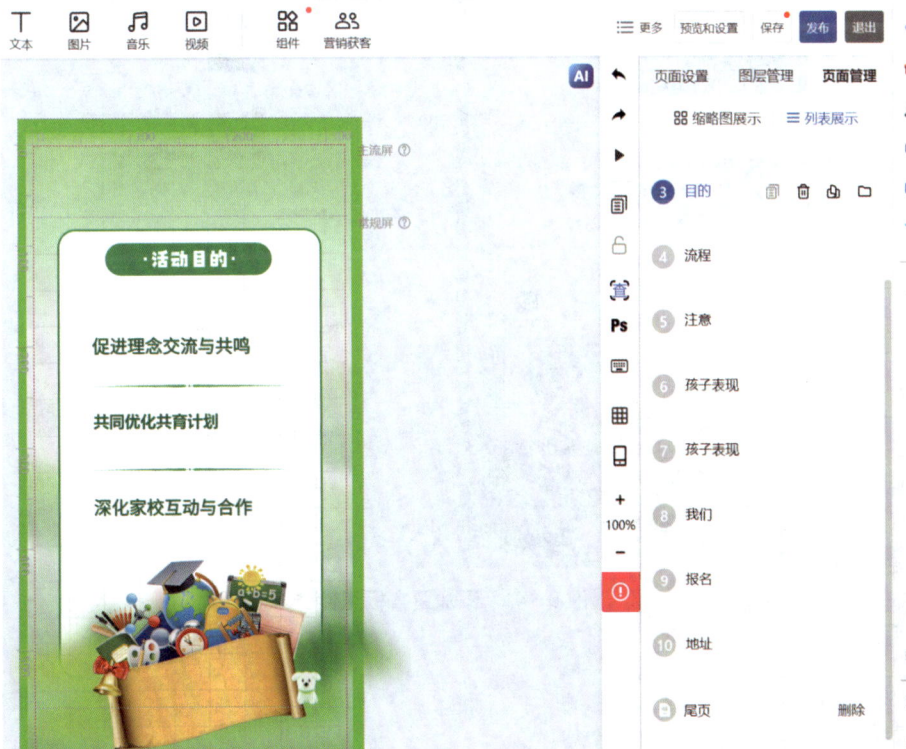

图 8-39　完善海报

(2)增加页面互动功能。在海报编辑页面顶端,选择组件,可以按照邀请类海报需要增加互动功能,如"留言板""弹幕"等功能,如图 8-40 所示。本项目的海报嵌入问答等环节,选择留言板,如图 8-41 所示。

图 8–40 交互组件

图 8–41　添加留言板组件

（四）测试与优化

在测试阶段，应主要关注海报的视觉效果、内容准确性和用户体验。应检查海报在不同设备和屏幕尺寸上的显示效果，确保图片和文字清晰、布局合理。同时，应核实海报上的所有信息，确保其准确无误。建议邀请目标受众进行体验、测试，可以生成临时二维码分享给其他人测试用，收集他们的反馈和建议。

选择任务栏的"预览和设置"按钮,如图 8-42 所示,预览海报内容,整体呈现如图 8-43 所示。

图 8-42 预览和设置按钮

图 8-43 预览效果

根据测试结果,进行针对性的优化。如果海报的视觉元素需要调整,则需修改色彩、字体或图片,以提升吸引力和可读性。如果内容存在问题,则进一步编辑海报修改文字内容,使其更加准确和精炼。在布局方面,应根据用户体验测试结果进行调整,使海报更符合用户的浏览习惯。此外,还应优化交互功能和性能,提升用户体验和加载速度。

通过不断的测试和优化,确保海报的质量和效果达到预期,为项目的成功实施和推广提供有力支持。

(五)发布与推广

经过系统的测试与细致的优化后,可点击右上角"发布"按钮,将家园共育主题班会的邀请海报正式对外发布。发布成功后,系统会自动生成二维码和链接,便于在班级群等社交平台中广泛传播与应用。

此次海报的发布旨在向家长群体传达班会的重要性和意义,以鼓励其积极参与,共同营造家校共育的良好氛围。在推广过程中,应注重数据反馈的收集与分析。具体而言,可通过监测海报的浏览量、分享次数、报名人数等数据,了解家长的参与情况和需求变化。这些数据不仅有助于评估海报的推广效果,还可为后续工作提供有力的数据支持。

此外,通过数据分析,可以发现海报推广过程中的不足之处,进而针对性地优化推广策略,提升海报的传播效果与影响力。同时,根据家长的需求变化,可对海报内容进行适时的调整与更新,以更好地满足家长的期望与需求。

项目三 利用"家园联系栏"互动平台开展家园共育

一、情境与任务

主题活动

利用"家园联系栏"互动平台开展家园共育

基于近期家园共育情况调查问卷的结果,张老师深刻认识到家校合作在孩子们成长过程中的重要性,同时也发现家长们对于数字技术在共育方面的应用有着极高的兴趣和期待。因此,张老师决定采用"家园联系栏"这一小程序,来开展更加高效、便捷的家园互动。

"家园联系栏"小程序是一款功能强大的家园共育工具,专为家长和教师开发,旨在加强家校之间的沟通与联系,促进孩子的全面发展。以下是该小程序的主要功能介绍。

通知发布与接收:教师可以快速、便捷地发布班级通知、活动安排、教学计划等,确保家长能够及时获取并了解学校或班级的最新动态。家长则能够实时接收这些通知,不错过任何重要信息。

资源共享:小程序提供了丰富的教育资源共享功能,教师可以上传课件、学习资料、活动照片等,供家长下载和使用。家长也可以分享自己的育儿经验、教育资源等,与其他家长共同交流和学习。

互动交流:家长和教师可以在小程序内进行实时互动交流,提出问题、分享心得、讨论教育话题等。这种便捷的沟通方式有助于增进家校之间的了解和信任,促进双方更紧密的合作。

个性化服务:小程序能够根据每个孩子的实际情况和需求,提供个性化的教育建议和资源推荐。家长可以根据孩子的兴趣和能力,选择适合的学习内容和活动,促进孩子的个性化发展。

数据记录与分析:小程序能够记录孩子的成长轨迹和学习情况,为家长和教师提供数据支持。通过对这些数据的分析,家长和教师可以更好地了解孩子的成长状态和需求,制定更科学的教育计划。

二、活动分析

(一) 活动目标

本项目旨在利用"家园联系栏"小程序,强化幼儿园与家长间的实时沟通,共享教育资源,开展线上互动活动,提升家长满意度与参与度,促进家园共育的有效实施,从而营造良好成长环境,形成教育合力,最终推动幼儿的全面发展。

图8-44 活动设计示意图

(二) 活动设计

1. 账号注册与平台熟悉

首先,幼儿园和家长需要注册并登录"家园联系栏"小程序的账号,确保用户能够顺利完成。注册后,家长和教师需要花一些时间熟悉平台的功能和操作，了解如何浏览和发布信息，如何使用互动功能等。

2. 内容发布与信息共享

熟悉平台后，幼儿园教师就可以开始发布教育动态、活动安排、教学计划等内容。家长也可分享孩子的成长故事、家庭教育的经验等，促进信息共享和家园之间的了解。

3. 互动活动开展与参与

利用"家园联系栏"小程序的互动功能，幼儿园可以组织线上家长会、亲子活动、教育讲座等。这些活动应充分考虑家长的需求和兴趣，确保活动的吸引力和参与度。同时，鼓励家长积极参与讨论、提问和分享，形成积极的互动氛围。

4. 效果评估与反馈收集

项目实施一段时间后，需要对使用"家园联系栏"小程序的效果进行评估。可以通过问卷调查、面对面访谈等方式收集家长和教师的反馈意见，了解他们对平台的满意度、使用频率以及改进建议等。根据评估结果，对项目的实施进行调整和优化，以确保家园共育工作的顺利进行。

（三）所需的知识与技能

1. 家园共育知识

幼儿园教师在开展家园共育活动时，需要具备一系列的专业知识和能力，以确保与家长之间的有效沟通和合作，共同促进幼儿的健康成长。

2. "家园联系栏"使用技能

幼儿园教师应具备熟练使用"家园联系栏"小程序的多项技能，以高效开展家园共育工作。

三、方法与步骤

（一）账号注册与平台熟悉

1. 账号注册

打开微信—发现—小程序—搜索"家园联系栏"。如图8-45所示，打开小程序，选择"立即授权"，选择身份，选择"我是老师"，创建班级，输入班级名称，点击下一步，发布通知转发到班级群邀请家长加入班级圈，如图8-46所示。

图 8-45　搜索"家园联系栏"　　　　图 8-46　加入班级通知

2. 平台熟悉

"家园联系栏"下程序共有四大板块,"班级圈""素材库""工具包""我的",如图 8-47 所示。

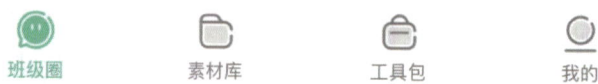

图 8-47　功能板块

(1)班级圈。班级圈界面如图 8-48 所示,有工作台、班级主页、通知、相册、好习惯、亲子活动等一级栏目,在工作台中,有班级管理、成长档案、成长册、班级海报、奖状制作、通知模板、相册模板、打卡模板等二级栏目功能。

图 8-48　班级圈界面

(2)素材库。小程序中提供不同主题的素材库,可以按照年级情况来选择素材使用,如图 8-49 所示。

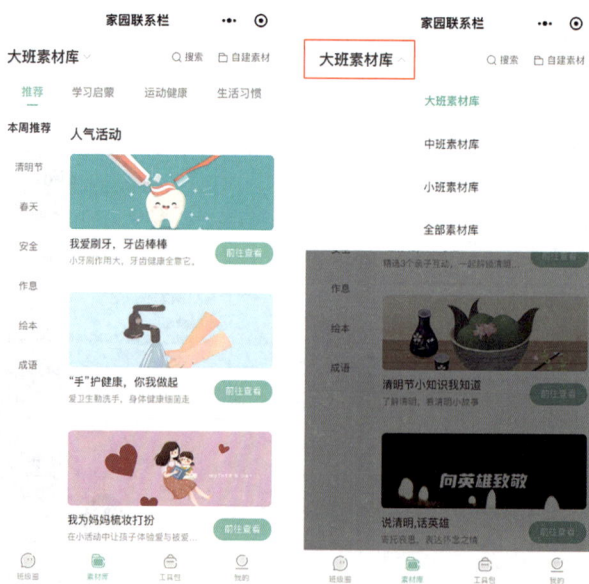

图 8-49　素材库

（3）工具包。工具包中提供了的常用小工具，供教师选择，如图8－50所示。

图8－50　工具包

（二）内容发布与信息共享

1. 组建班级圈

邀请家长加入班级。选择左下角"班级圈"，点击"工作台"—"班级管理"，选择底部右下角的"邀请家长/学生"，在弹出来的对话框选择"从微信群邀请"，将邀请链接发送至班级微信群，如图8－51所示。

图8－51　邀请家长

2. 发布通知及公告

张老师组建了班级群，为了保障班级群的良好运行，促进家校之间的有效沟通，张老师特此制定班级群公约，进行发布。选择左下角"班级圈"，选择"通知"，点击右下角的"发布"，在弹出来的对话框中选择"发通知"。"家园联系栏"小程序支持两种方式发布通知：

（1）使用默认模板发布通知。在"选择模板"界面选择第一个"默认模板"，依次输入"标题""活动内容""发布对象"以及"是否需要回复"等内容，点击"确认无误，发布"即可完成通知发布，如图8-52所示。

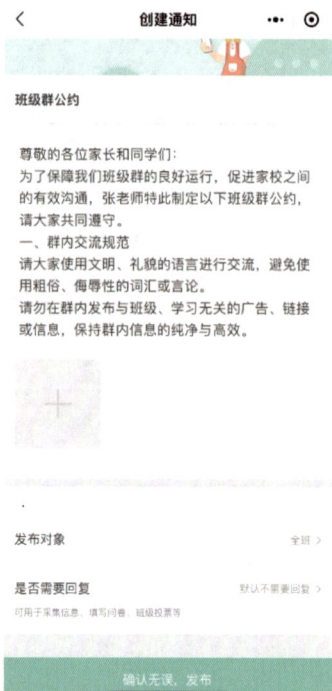

图8-52　使用默认模板发布通知

（2）使用通知模板发布通知。"家园联系栏"小程序提供了丰富的通知模板，包括"幼小衔接""温馨提醒""活动通知""预防通知""节假日通知"等类别的通知模板，如图8-53所示，选择"班级公约"这一模板，点击使用该模板，修改后，点击"确认无误，发布"即可完成通知发布。

图8-53　使用通知模板发布通知

（3）查看通知情况。发布后可以直接转发到班级群，家长查看后，小程序会自动统计已读、未读的家长名单，方便老师了解情况，可以一键提醒未查看的家长。对于需要回复的通知，小程序支持将家长的回复内容导出成表格，方便老师汇报使用。

（三）互动活动开展与参与

1. 发布好习惯打卡

阅读是孩子们获取知识、开阔视野的重要途径，而亲子阅读更是能够增进家长与孩子之间情感交流的有效方式。为了培养孩子的阅读习惯，提升家庭阅读氛围，张老师决定利用"家园联系栏"开展21天亲子阅读打卡活动。

打开小程序，选择左下角"班级圈"，选择"好习惯"，点击右下角的"发布"，在弹出来的对话框中选择"发好习惯打卡"，如图8-54。

"家园联系栏"小程序提供了丰富的好习惯打卡模板，包括"生活好习惯""亲子互动""学习启蒙""运动健康""节日专题""暑假打卡""寒假打卡"等共几十余类打卡模板。根据本次21天亲子阅读打卡活动特点，选择"亲子共读，养成好习惯"打卡模板，点击"使用该模板"，修改打卡通知内容，发布后，结果如图8-55所示。

图8-54　发好习惯打卡　　　　图8-55　内容发布成功　　　　图8-56　打卡详情

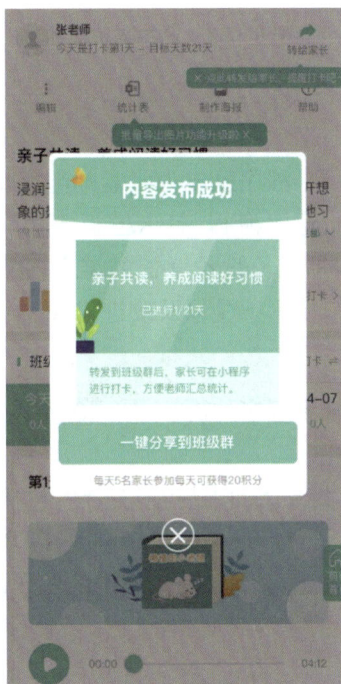

发布后可以直接转发到班级群，教师可以看到班级的统计排行，打卡详情等，如图8-56所示。

2. 发布亲子活动

为了丰富孩子们的课余生活，增进亲子关系，培养孩子们对自然现象的兴趣和探索精神，张老师决定组织一场名为"自然现象探索之旅"的亲子活动。现用张老师决定利用"家园联系栏"开展本次活动。

打开小程序，点击发布活动，与发布"好习惯"打卡相似，可以看到很多类别的活动模板，可以根据分类查找需要的模板，找到后点击模板可以预览模板内容，点击可以编辑模板内容，查看活动详情，确定后，点击"确认无误发布"，如图8-57所示，发布后可以直接转发到班级群。家长完成打卡后，老师可以同步看到打卡内容，针对完成情况较好的内容还可以进行评优，老师也可以进行点赞、评论和家长互动。

图 8-57　发布亲子活动

（四）效果评估与反馈收集

经过一段时间的使用，"家园联系栏"小程序已成为张老师与家长之间沟通的重要工具。小程序提供了通知公告、班级管理、成长档案、成长册、班级海报、打卡模板等功能，极大地方便了家校之间的信息交流。然而，为了进一步提升家园共育质量，满足家长日益增长的需求，张老师决定开展家长反馈收集活动，深入了解家长对这款家园共育小程序的看法、使用感受以及改进建议。

1. 确定评估目标与内容

目标：深入了解家长对这款家园共育小程序的看法、使用感受以及改进建议。

内容：

（1）家长参与度。评估家长在家园共育活动中的参与程度，包括参与活动的频率、投入程度等。

（2）家长满意度。了解家长对家园共育活动的整体满意度，以及对活动组织、内容、效果等方面的评价。

（3）孩子发展情况。观察和分析孩子在家园共育活动中的发展情况，评估活动对孩子成长的促进作用。

2. 评估方法

（1）问卷调查法：设计一份专门的家长反馈问卷。这份问卷将包含选择题和开放性问题，以收集家长的详细反馈。选择题部分将涉及家长对活动整体满意度、活动内容的实用性、活动组织形式的合理性等方面的评价，便于进行量化分析和统计。开放性问题则更注重家长的意见和建议，给予他们充分的空间来表达自己的看法和感受，为我们提供更为丰富和深入的反馈。

问卷的设计将充分考虑家长的阅读习惯和理解能力，力求简洁明了、易于理解。同时，也应确保问卷的覆盖面和回收率。在收集到问卷数据后，将进行仔细的分析和整理，总结家长的反馈和建议，为家园共育活动的优化提供有力支持。

（2）观察记录法：在活动过程中，张老师或其他教师将担任观察员的角色，对家长和孩子的互动情况进行细致的观察和记录。观察的内容包括家长参与活动的积极性、与孩子的互动方式、对活动内容的理解和应用等方面。同时，还应关注家长对活动的反应和态度，如他们的表情、语言和行为等，以更全面地了解家长在家园共育活动中的真实体验。观察记录的过程将保持客观和公正，避免主观臆断和偏见。在观察结束后，我们将对记录的数据进行整理和分析，总结家长和孩子在活动中的表现和反应，为今后的活动优化提供参考依据。

（3）个案研究法：选取部分具有代表性的家庭，进行深入访谈和观察，了解他们在家园共育活动中的具体体验和感受。精心选取若干具有代表性的家庭作为研究样本。这些家庭将包括那些积极参与活动的家庭、对活动持保留态度的家庭，以及具有特殊需求的家庭等，以确保研究结果的多样性和全面性。

在个案研究过程中，将运用深入访谈和细致观察的研究手段。通过与家长和孩子进行面对面的交流，将全面了解他们对家园共育活动的看法、参与动机、活动目的、收获以及遇到的困难等方面。访谈内容将围绕活动的组织形式、内容设置、家长参与度、孩子的发展变化等核心议题展开，以揭示家庭在家园共育活动中的真实体验。

此外，还将关注家庭在日常生活中的亲子互动情况，观察家长与孩子在共育活动中的互动模式、沟通方式以及情感交流等细节。通过对这些方面的观察，将能够更全面地了解家园共育活动对家庭亲子关系的影响，以及家庭在活动中的实际需求和挑战。

3. 评估流程

准备阶段：设计问卷、确定观察指标、制定访谈提纲等。

实施阶段：在活动结束后的一周内，向家长发放问卷，同时开展观察和个案研究。

数据整理与分析阶段：对收集到的问卷数据、观察记录和访谈资料进行整理和分析，形成评估报告。

4. 反馈收集与改进计划

根据评估报告，总结家园共育活动的优点和不足，以及家长的需求和建议。召开教师团队会议，讨论并制定针对性的改进计划，包括活动内容、组织形式、沟通方式等方面的优化。将改进计划向家长进行反馈，并征求他们的意见和建议，形成家园共育的良性循环。

图书在版编目(CIP)数据

学前教育数字化教育技术应用/谢忠新主编.
上海:复旦大学出版社,2025.3.--(普通高等学校
学前教育专业系列教材).--ISBN 978-7-309-17559-2

Ⅰ.G612;G40-057

中国国家版本馆 CIP 数据核字第 2024FA2687 号

学前教育数字化教育技术应用
谢忠新 主编
责任编辑/朱建宝

复旦大学出版社有限公司出版发行
上海市国权路 579 号 邮编:200433
网址:fupnet@ fudanpress.com http://www.fudanpress.com
门市零售:86-21-65102580 团体订购:86-21-65104505
出版部电话:86-21-65642845
上海新艺印刷有限公司

开本 890 毫米×1240 毫米 1/16 印张 13.75 字数 436 千字
2025 年 3 月第 1 版第 1 次印刷

ISBN 978-7-309-17559-2/G·2614
定价:59.00 元